पुस्तकालय
एवं
सूचना विज्ञान कोश

पुस्तकालय
एवं
सूचना विज्ञान कोश

कन्हैयालाल चंचरीक

विद्या विहार, नई दिल्ली

प्रकाशक : विद्या विहार, 1660 कूचा दखनीराय, दरियागंज, नई दिल्ली-110002
 / संस्करण : 2017 / मूल्य : पाँच सौ रुपए
मुद्रक : नरुला प्रिंटर्स, दिल्ली ISBN 978-93-86871-18-3

PUSTAKALYA EVAM SUCHNA VIGYAN KOSH
by K.L. Chanchareek ₹ 500.00
Published by Vidya Vihar, 1660 Kucha Dakhni Rai,
Darya Ganj, New Delhi-110002

भारत में पुस्तकालय विज्ञान के पुरोधा
एवं अंतरराष्ट्रीय ख्याति के विद्वान्
स्व. डॉ. शियाली रामामृत रंगनाथन्
तथा
प्रो. एस. दासगुप्ता
की पावन स्मृति में समर्पित
जिनके सान्निध्य और प्रेरणा से
दिल्ली विश्वविद्यालय में पुस्तकालय विज्ञान
का अध्ययन किया।

प्रस्तावना

मानविकी एवं सामाजिक विज्ञान, विज्ञान-प्रौद्योगिकी एवं सूचना क्रांति के आधुनिक युग में 'पुस्तकालय और सूचना केंद्रों' की संस्थापना को भारी महत्त्व प्रदान किया जाता है। वे शिक्षा, वैज्ञानिक अनुसंधान और सूचना स्रोत के रूप में स्वशिक्षा एवं मार्गदर्शन के अभिन्न अंग बन गए हैं। विश्व ज्ञान की कुंजी के रूप में उनकी उपादेयता प्रतिष्ठित हो चुकी है।

भारत के अधिकांश विश्वविद्यालयों में पुस्तकालय एवं सूचना विज्ञान विषयक स्नातकोत्तर से लेकर डाक्टरेट तक की उपाधि के अध्ययन की व्यवस्था है। लेकिन राजभाषा हिंदी और भारतीय भाषाओं में अभी भी मानक ग्रंथों का भारी अभाव है। व्यक्तिगत प्रयासों को छोड़कर इस दिशा में कोई उत्साहजनक-योजनाबद्ध कार्य नहीं हुआ। जबकि विश्वविद्यालय अनुदान आयोग, केंद्रीय हिंदी निदेशालय और नीतिगत स्तर पर भारत सरकार का मानव संसाधन मंत्रालय इस महत्त्वपूर्ण विधा के हिंदी में मौलिक लेखन और अनुवाद कार्य के प्रति सचेष्ट रहा है।

पुस्तकालय और सूचना विज्ञान के प्रबंधन के विभिन्न अंगों जैसे पुस्तकालय प्रशासन और कार्मिक प्रबंध, ग्रंथ अधिग्रहण, परिग्रहण, वर्गीकरण, सूचीकरण, अनुरक्षण, परिचालन, संदर्भ और प्रलेखन, ग्रंथ सूची, स्वचालन और कंप्यूटर विज्ञान विषयक विश्वविद्यालय स्तर के अंग्रेजी ग्रंथ सहजता से उपलब्ध हैं। अब इन अंगों पर भविष्य में राजभाषा हिंदी में मौलिक लेखन और अनुवाद कार्य को आगे बढ़ाने की आवश्यकता को दृष्टिगत रखते हुए राष्ट्रीय स्तर पर एक समन्वित योजना को कार्य रूप में परिणित किया जाना चाहिए।

अरब देशों में उनकी भाषाओं में शिक्षा दी जाती है, जापान में जापानी और यूरोप के सभी देश अपनी-अपनी भाषाओं में सभी विषयों की पढ़ाई करते हैं। भारत को भी इसलिए पीछे नहीं रहना चाहिए। दुनिया के सभी देशों अमेरिका, यूरोप, जापान

के बड़े-से-बड़े वैज्ञानिक शोध केंद्रों और विश्वविद्यालय पुस्तकालयों को मैंने वर्षों देखा ही नहीं, उनमें अध्ययन किया है और मानवता के हित में अंतरराष्ट्रीय महत्त्व के संदर्भ तलाश किए हैं। इससे मैं इसी निष्कर्ष पर पहुँचा हूँ कि भारत में पुस्तकालय और सूचना स्रोतों को दृढ़ किया जाना चाहिए और इनके परिचालन के लिए हिंदी और भारतीय भाषाओं में दीक्षित-प्रशिक्षित कर्मियों को भी बढ़ावा देना उपयुक्त होगा। इसके लिए अपनी भाषाओं में साहित्य सृजन की भारी आवश्यकता है।

श्री कन्हैयालाल चंचरीक को जहाँ तक मुझे पता है कि श्रेय जाता है कि उन्होंने भारत सरकार के केंद्रीय हिंदी निदेशालय/वैज्ञानिक तकनीकी शब्दावली आयोग का सन् 1966 में इस विधा की ओर ध्यान आकृष्ट किया और तत्संबंधी विशेषज्ञ सलाहकार समिति का निर्माण कराने में महत्त्वपूर्ण भूमिका निभाई। वर्षों वे भी इस विशेषज्ञ समिति के सदस्य रहे। इससे पूर्व वे यहाँ अनुसंधान सहायक के रूप में कार्य कर चुके थे।

इस समिति में देश के प्रमुख विश्वविद्यालयों के पुस्तकालय विज्ञान विभाग के आचार्य, राष्ट्रीय पुस्तकालय के पुस्तकाध्यक्ष, इंसडौक के निदेशक, कई विश्वविद्यालयों के पुस्तकाध्यक्ष आदि सदस्य थे जो निसंदेह इस विधा के राष्ट्रीय-अंतरराष्ट्रीय महत्त्व के जाने माने विद्वान् थे। श्री कन्हैयालाल चंचरीक ने इस समिति में भारत सरकार का प्रतिनिधित्व किया।

प्रसिद्ध भारतविद्, भाषाविद् और कोशकार श्री कन्हैयालाल चंचरीक द्वारा संगृहीत-संपादित प्रस्तुत 'पुस्तकालय एवं सूचना विज्ञान कोश' इस विषय का पारिभाषिक शब्द संग्रह है जिसमें वैज्ञानिक-तकनीकी शब्दावली आयोग द्वारा स्वीकृत और स्थिर किए हुए शब्द संग्रह को भी समविष्ट किया गया है, ताकि भविष्य में इस विषय के मौलिक एवं अनुवादित ग्रंथ रचना में इसके द्वारा शाब्दिक एकरूपता का निर्वहन हो।

पुस्तकालय एवं सूचना विज्ञान के अंतरराष्ट्रीय महत्त्व को देखते हुए नई सहस्राब्दि में प्रकाशित यह पारिभाषिक अंग्रेजी-हिंदी कोश अवश्य ही एक नई दिशा प्रदान करेगा।

—प्रो. रमेश चंद्र
कुलपति
बुंदेलखंड विश्वविद्यालय, झांसी (उ.प्र.)
संस्थापक-निदेशक
डॉ. बी.आर. अंबेडकर सेंटर फॉर बायो-मैडीकल रिसर्च
दिल्ली विश्वविद्यालय

भूमिका

आधुनिक पुस्तकालय और सूचना विज्ञान के उद्‌भव और विकास का इतिहास तथा पुस्तकालय एवं सूचना प्रणाली का समस्त साहित्य मूलतः अंग्रेजी भाषा में उपलब्ध है। आज पुस्तकालय एवं सूचना विज्ञान एक पूर्ण विकसित विधा का स्वरूप धारण कर चुका है। उसकी वैज्ञानिक प्रणाली विश्व के ज्ञान-विज्ञान और व्यापक सूचना विस्फोट के प्रबंधन, संरक्षण और संवर्धन करने में पूर्णतया सक्षम है। वह न सिर्फ शोध-प्रक्रिया में सहभागी बनी हुई है वरन् पीढ़ियों के लिए अक्षय ज्ञान-स्रोत को सुरक्षित रखने और आवश्यकतानुसार पुनर्प्रापण करने में भी महती भूमिका का निर्वाह करती है।

पुस्तकालय को वैज्ञानिक पद्धति पर व्यवस्थित करने और पुस्तकालय सेवाओं को शोध-संदर्भपरक बनाने के लिए अनेक बौद्धिक प्रक्रियाओं का आश्रय लेना पड़ता है। जिसका एक बृहद् चिंतन क्षेत्र और शब्द-संसार है।

गत दशकों में स्वचालन (ऑटोमेशन) एवं कंप्यूटर विज्ञान ने इस विधा को नए आयाम प्रदान किए हैं, जिससे यह समस्त मानवीय ज्ञान-विज्ञान के प्रबंधन का स्रोत बन गया है।

आज देश के लगभग सभी विश्वविद्यालयों में स्नातक तथा स्नातकोत्तर स्तर से लेकर डॉक्टरेट की उपाधि तक पुस्तकालय एवं सूचना विज्ञान की शिक्षा का प्रबंध है। कुछ लोग उच्च शिक्षा के लिए विदेशों में भी जाते हैं। देश-विदेश के विश्वविद्यालयों में इस विधा की शिक्षा का माध्यम मुख्यतया अंग्रेजी भाषा है। भारतीय विश्वविद्यालयों सहित नई दिल्ली स्थित इंसडौक और बंगलौर के डी.आर.टी.सी. में अंग्रेजी माध्यम से ही शिक्षा दी जाती है। थोड़े दिनों से हिंदीभाषी क्षेत्रों के विश्वविद्यालयों में हिंदी में शिक्षण की व्यवस्था प्रारंभ हुई है। हिंदी और अन्य भारतीय भाषाओं में आज भी पुस्तकालय एवं सूचना विज्ञान के स्तरीय मानक

ग्रंथों, पाठ्य-पुस्तकों और सहायक ग्रंथों की कमी बनी हुई है।

राजभाषा हिंदी और अन्य भारतीय भाषाओं में अंग्रेजी मानक ग्रंथों के अनुवाद और स्वतंत्र लेखन कार्य को अब थोड़ा बढ़ावा मिला है, लेकिन इनमें प्रयुक्त पारिभाषिक शब्दावली में एकरूपता नहीं है।

पुस्तकालय जगत् में राजभाषा के प्रयोग को बढ़ावा देने, स्तरीय पुस्तकों के लेखन, मानक ग्रंथों के अनुवाद और अंग्रेजी शब्दों के हिंदी पर्याय जानने और उनका व्यावहारिक उपयोग करने की दिशा में योगदान करने के लिए यह पारिभाषिक कोश तैयार किया गया है।

इस पारिभाषिक कोश में पुस्तकालय एवं सूचना विज्ञान की विभिन्न शाखाओं—पुस्तकालय संगठन, प्रबंध, संग्रह-संकलन, वर्गीकरण, सूचीकरण, संयोजित सूचीकरण पद्धति, संदर्भ सेवा, ग्रंथ-सूची, प्रलेखन, पुस्तक-मुद्रण, जिल्दसाजी, कागज, सूचना-स्रोत, स्वचालन विधि और कंप्यूटर प्रणाली के बढ़ते प्रयोग आदि से संबद्ध अंग्रेजी मानक शब्दों के हिंदी पारिभाषिक शब्द और पर्याय प्रस्तुत किए गए हैं।

साथ ही कंप्यूटर विज्ञान के शब्दों की संक्षिप्त परिभाषा और पहचान हेतु उनके सम्मुख कोष्ठक में अंग्रेजी शब्द सी.एस. भी लिखा गया है। पुस्तकालय एवं सूचना विज्ञान के प्रमुख मानक शब्दों की यथासंभव परिभाषाएँ भी दी गई हैं।

इसको तैयार करने में अंग्रेजी के परिभाषा कोशों, पुस्तकालय एवं सूचना विज्ञान के मानक ग्रंथों और वैज्ञानिक तकनीकी शब्दावली आयोग द्वारा निर्मित बृहत् पारिभाषिक शब्द-संग्रह का भी सहारा लिया गया है। इस कोश में इस विधा के अनेक नए पारिभाषिक शब्द भी निर्मित करके संकलित किए गए हैं, जिनके सर्जन में एकरूपता का पर्याप्त ध्यान रखा गया है।

आज पारिभाषिक शब्दों के स्थिरीकरण, प्रचलन, प्रमाणीकरण और स्तरीकरण पर ध्यान केंद्रित करना जरूरी है। बोलचाल के शब्दों को भी नहीं छोड़ना है।

सूचना-स्रोतों के व्यापक विस्फोट, विज्ञान और प्रौद्योगिकी के निरंतर बढ़ते चरण नए-नए शब्दों को जन्म देते हैं, जिनके अर्थों को समेटना, संचित करना कोशकार का धर्म है। कंप्यूटर प्रणाली इसका एक उदाहरण है। सूचना की पारदर्शिता और दृश्य-श्रव्य साधनों की व्यापकता इस परिधि में जोड़ी जा रही है। स्वचालन के पारिभाषिक शब्दों ने अलग से चुनौती दे रखी है। इन तथ्यों को देखते हुए और नए शब्दों के भविष्य में जुड़ने की संभावनाओं से इनकार नहीं किया जा सकता है।

नए ग्रहों से जब हमारा सामना होगा, वैज्ञानिक प्रयोगशालाएँ, तद्विषयक

साहित्य और नवीनतम सूचना-स्रोत भी व्यापक अर्थ लिये तब अस्तित्व में आएँगे। इस विधा की शब्द-संपदा को सहेजने के लिए इक्कीसवीं सदी का यही संदेश है। इसके लिए हमें अभी से तैयारी करनी होगी और तैयार रहना होगा। यूरोप और अमेरिका में पुस्तकविहीन पुस्तकालय की कल्पना को आकार प्राप्त हो रहा है। भले ही यह प्रयोग सीमित है, लेकिन विज्ञान के बढ़ते चरण कौन रोक पाएगा? दूरदर्शन भी लिखित साहित्य को चुनौती दे रहा है। लेकिन पुस्तक-जगत् की उपादेयता अभी कम नहीं हुई है।

आशा है, अंग्रेजी-हिंदी में प्रकाशित यह पारिभाषिक कोश देश के हर छोटे-बड़े पुस्तकालय सूचना एवं अनुसंधान केंद्र के लिए निस्संदेह बहुत उपयोगी और व्यावहारिक सिद्ध होगा। पुस्तकालय एवं सूचना-विज्ञान जगत् के प्रयोगकर्ताओं और सुधी पाठकों के सुझावों की हम आतुरता से प्रतीक्षा करेंगे।

—कन्हैयालाल चंचरीक

A

A.A. (author's alteration)—ले.प. (लेखकीय परिवर्तन)।

AACR-1—ऐंग्लो-अमेरिकन केटेलॉगिंग रूल्स-1।

शब्दकोशीय सूची के लिए उपयुक्त सूचीकरण पद्धति।

AACR-2—ऐंग्लो-अमेरिकन केटेलॉगिंग रूल्स-2।

अमेरिकी पुस्तकालय संघ (ए.एल.ए.), दि लाइब्रेरी ऑफ कांग्रेस (एल.सी.), लाइब्रेरी एसोसिएशन (एल.ए.), दि ब्रिटिश लाइब्रेरी (बी.एल.), दि कनाडियन कमेटी ऑन केटेलॉगिंग द्वारा सन् 1978 में द्वितीय संस्करण का प्रकाशन किया गया।

Abbreviated catalogue card—संक्षिप्त सूचीपत्रक।

Abbreviated entry—संक्षिप्त प्रविष्टि।

Abbreviated name—संक्षिप्त नाम।

Abbreviation—संक्षेप, संकेताक्षर।

Aberrant copy—सदोष प्रति, त्रुटिपूर्ण प्रति।

ABGILA—अबगीला।

एनल्स, बुलेटिन एंड ग्रंथालय ऑफ इंडियन लाइब्रेरी एसोसिएशन।

Abrasion mark—अपघर्षण चिह्न।

Abrasive—अपघर्षी।

Abridged edition—संक्षिप्त संस्करण, लघु संस्करण।

Abridgement—संक्षिप्ति, सार ग्रंथ।

Absolute location—निरपेक्ष स्थान।

Absolute size—यथार्थ आकार, मापित आकार।

Abstract—सार, संक्षेप।

Abstract bulletin—सार बुलेटिन।

Abstracted article—संक्षेपीकृत लेख (देखिए abstract material)।

Abstract entity—अमूर्त पदार्थ, अमूर्त वस्तु।

Abstracting—सार-प्रक्रिया, सार-संक्षेप कार्य।

Abstraction—सार-ग्रहण।

Abstract journal—सार-पत्रिका।

ऐसी पत्रिका जिसमें विषय-वस्तु का सार-संक्षेप दिया गया हो।

Abstract material—संक्षेपित सामग्री।

Abstractor—सारकर्ता, संक्षेपकर्ता, संक्षेपकार।

Abstract periodical—सार-पत्रिका (देखिए abstract journal)।

Abstract service—सार-सेवा, सार-संक्षेपण सेवा।

Accession—परिग्रहण, परिगृहीत सामग्री, पुस्तकालय में प्राप्त पठनीय सामग्री।

Accession clerk—परिग्रहण लिपिक।

Accession date—परिग्रहण तिथि।

Accession department—परिग्रहण विभाग, अनुवृद्धि विभाग; पुस्तकालय में प्राप्त पुस्तकों-प्रलेखों का रिकॉर्ड रखनेवाला अनुभाग।

Accessioning—परिग्रहण प्रक्रिया, परिगृहीत कार्य निष्पादन; पुस्तकों-प्रलेखों का प्राप्ति-क्रम से पंजी या सूची में विवरणात्मक उल्लेखन, अंकन।

Accession list—परिग्रहण-सूची, पुस्तकालय संकलन, पुस्तकालय गृहीत पुस्तक-सूची।

Accession number—परिग्रहण संख्या, अनुवृद्धि संख्या; पुस्तकालय परिग्रहण पंजी में पुस्तक की प्राप्ति-क्रम से प्रदत्त सूचक संख्या।

Accession register—परिग्रहण रजिस्टर, परिग्रहण पंजिका, अनुवृद्धि पंजिका, पुस्तकालय में प्राप्त पुस्तकों-प्रलेखों का क्रमबद्ध परिग्रहण रिकॉर्ड।

Accession section—परिग्रहण अनुभाग।

Accession slip—परिग्रहण परची।

Accession work—परिग्रहण कार्य; परिग्रहण पंजिका में क्रमबद्ध अंकन कार्य।

Access time (C.S.)—प्रवेशकाल।

विशिष्ट सूचना को कंप्यूटर स्मृति से पुन: प्राप्ति में प्रयुक्त समय।

Acquisition—संप्राप्ति, पुस्तक खरीद।

Acquisition list—संप्राप्त पुस्तक-सूची, खरीदी गई पुस्तक-सूची

Acquisition section—संप्राप्ति अनुभाग।

Acquisition work—पुस्तकालय में संप्राप्ति कार्य; क्रय-उपहार रूप में पुस्तकों-प्रलेखों की प्राप्ति का कार्य।

Action period (C.S.)—क्रिया अवधि; समय का खंड विशेष, जिसमें 'स्टोर' से दत्त पढ़े या लिखे जाते हैं।

Active element (C.S.)—सक्रिय तत्त्व, सक्रिय अवयव।

1. अभिकलित्र (कंप्यूटर) का क्रियाशील अवयव।

2. मुख्य निविष्ट संकेत के अतिरिक्त अन्य स्रोत से ऊर्जा प्राप्त करनेवाला परिपथ।

Ada (C.S.)—एडा।

अमेरिकी रक्षा विभाग द्वारा दुर्बोध

आदेश (कमान) और केंद्रीय अनुप्रयोग के लिए निर्मित कंप्यूटर भाषा।

Adaptater—रूपांतरकार।

Added copy—अतिरिक्त प्रति, इतर प्रति।

Added edition—इतर संस्करण।

Added entry—इतर प्रविष्टि।

सूचीकरण में मुख्य प्रविष्टि के अतिरिक्त संपादक, अनुवादक, पुस्तक आख्या इत्यादि के लिए अन्य प्रविष्टियाँ।

Added title page—इतर मुखपृष्ठ।

Addition—परिगृहीतियाँ।

Additional copy—अतिरिक्त प्रति, इतर प्रति।

Addition list—संवृद्धि सूचिका, नवीन पुस्तकों की सूची, परिगृहीतियों की सूची।

Address (C.S.)—पता, संचय स्थल।

1. अभिकलित्र (कंप्यूटर) में पंजी, संचय स्थल या सूचना-स्रोत की पहचान के लिए स्वीकृत, संख्यात्मक या अन्य प्रकार के संकेतात्मक नाम, लेबिल इत्यादि।

2. संदेश प्रेषण में संदेश पहुँचने के स्थान का प्रतीकात्मक निरूपण।

3. किसी अनुदेश का संकार्य भाग।

Adjustable classification—समायोज्य वर्गीकरण।

वर्ण और अंकों की अंकन प्रणाली पर जेम्स डफ ब्राउन द्वारा निर्मित लघु पुस्तकालयों के प्रयोग हेतु वर्गीकरण-पद्धति।

Adjustable list—समायोज्य सूची।

Adjustable periodicals list—समायोज्य पत्रिका-सूची।

Adjustable shelf—समायोज्य निधानी।

Administration (Library)—प्रशासन (पुस्तकालय)।

Administration section—प्रशासन अनुभाग।

Admission card—पुस्तकालय प्रवेश कार्ड।

Admission clerk—पाठकों को प्रवेश कार्ड बनानेवाला लिपिक।

Admission record—प्रवेश अभिलेख।

Admission register—प्रवेश पंजिका।

पुस्तकालय में पाठकों की उपस्थिति दर्ज करने, दरशानेवाला रजिस्टर।

Adult department—प्रौढ़ विभाग।

Adult library—प्रौढ़ पुस्तकालय।

Adult literature—प्रौढ़ साहित्य।

Advance copy—अग्रिम पुस्तक।

Advance cataloguing—उच्चस्तरीय सूचीकरण।

Advanced copy—उच्चस्तरीय ग्रंथ।

Advance feed tape (C.S.)—अग्रिम टेप, अग्रिम फी।

Advance information—पूर्व सूचना।

Aerograph—वातलेखित्र।

After word (epilogue)—उत्तरवाक्य, उपसंहार।

Agency—अभिकरण, एजेंसी।

Agendum call card (C.S.)—कार्य-सूची बोधक पत्रक।

रैखिक पंच प्रोग्राम में प्रश्न आव्यूह के लिए प्रयुक्त कार्य-सूची के एक विषयवाला छिद्रित कार्ड।

Air dried—वायु शोषित।

Aisle—वीथि, गलियारा।

पुस्तकालय की दोनों ओर की अलमारियों के मध्य वीथि रूप में 3-4 फीट का फासला।

Ajour binding—आजूर जिल्द।

ALA Code—अमेरिकन लाइब्रेरी एसोसिएशन (ए.एल.ए.) कोड।

अमेरिकन लाइब्रेरी एसोसिएशन और लाइब्रेरी एसोसिएशन, ग्रेट ब्रिटेन द्वारा सूचीकरण संहिता का निर्माण सन् 1941 में किया गया, जिसे 1949 में संशोधित किया गया।

Album—एलबम।

Alcove—कोष्ठिका, शोधकक्ष।

शोधकर्ताओं के लिए अस्थायी रूप से निर्मित अध्ययन-कक्ष।

Algorithm (C.S.)—ऐल्गॉरिथ्म।

समस्या विशेष के हल हेतु प्रयुक्त विधि अथवा प्रक्रम, जिसके अंतर्गत निश्चित क्रम में क्रियाएँ कर अभीष्ट परिणाम प्राप्त किया जाता है। यथा, महत्तम समापवर्तक निकालने के लिए यूक्लिड की कलन विधि।

Algorithm system (C.S.)—ऐल्गॉरिथ्म-पद्धति।

Algorithm translation (C.S.)—ऐल्गॉरिथ्म अनुवाद।

Allonym—छद्‌मनाम, परनाम, गुप्त नाम, छद्‌मनाम ग्रंथ, परनाम ग्रंथ, गुप्त नाम से लिखित ग्रंथ।

किसी छद्‌मनाम या प्रसिद्धि प्राप्त करने हेतु किसी अन्य नाम-उपनाम से ग्रंथ-लेखन।

All over—सर्वालंकरण।

All purpose computer (G.S.)—सर्वोपयोगी कंप्यूटर, व्यापक उपयोगी कंप्यूटर।

Allusion book—निर्देश ग्रंथ।

Alphabetical—आनुवर्णिक।

Alphabetical arrangement—आनुवर्णिक विन्यास।

Alphabetical catalogue—आनुवर्णिक सूची।

Alphabetical class—आनुवर्णिक वर्ग।

Alphabetical class filling system—आनुवर्णिक वर्ग क्रमीकरण-पद्धति।

सामग्री का वर्गों तथा प्रत्येक वर्ण को पुन: विषयवार उपवर्गों में वर्णक्रम से विभाजित करने की प्रक्रिया।

Alphabetical code—वर्ण संकेत।

कंप्यूटर के प्रयुक्त सूचक वर्णों और शब्दों के रूप में परिणाम बतानेवाली वर्ण-पद्धति।

Alphabetical codification—वर्ण संकेतीकरण-प्रक्रिया।

Alphabetical coding—वर्ण

संकेतीकरण।

मशीन हेतु सामान्य भाषा के बदले सूचना तैयार करने में वर्ण संकेत-पद्धति के प्रयोग की प्रक्रिया।

Alphabetical device—आनुवर्णिक युक्ति, वर्ण युक्ति।

मुख्य विषय को स्पष्ट करने और पंक्ति व्यावर्तक प्राप्ति के लिए प्रयुक्त विधि।

Alphabetical index—वर्णानुक्रमणिका, वर्णक्रम से निर्मित अनुक्रमणिका।

Alphabetical indexing—आनुवर्णिक सूचीकरण।

Alphabetical order—वर्णक्रम, आनुवर्णिक क्रम।

Alphabetical sequence—वर्णानुक्रम।

Alphabetical subject catalogue—आनुवर्णिक विषय-सूची, वर्णक्रम से व्यवस्थित विषयवार सूची।

Alphabetical subject entry—आनुवर्णिक विषय प्रविष्टि।

Alphabetico classified catalogue—वर्णक्रम से वर्गीकृत सूची, आनुवर्णिक वर्गीकृत सूची।

ऐसी वर्गीकृत सूची जिसमें मुख्य शीर्षक के अंतर्गत वर्णक्रम से दी गईं प्रविष्टियाँ पुनः विषयवार वर्णक्रम से वर्गीकृत होती हैं।

Alphabetic order table—आनुवर्णिक क्रम-सारणी।

Alphabetic sorter—आनुवर्णिक विभाजक या पट्टिका।

गत्ते या प्लास्टिक का बना विभाजक जिसमें सूची-पत्रकों को वर्णक्रम से विभाजित किया जाता है।

Alphabetic string (C.S.)—वर्ण-लड़ी, वर्णमाला।

Alphabetic subject catalogue—आनुवर्णिक विषय-सूची।

Alphabetic subject filing system—आनुवर्णिक विषय क्रमीकरण-पद्धति।

Alphabetic subject index—आनुवर्णिक विषय अनुक्रमणिका।

Alphabetization—अनुवर्णीकरण, वर्णानुक्रमण।

वर्णमाला क्रम से सूची-पत्रकों को व्यवस्थित करने की प्रक्रिया।

Alphabet mark—वर्ण चिह्न।

Alphameric code (C.S.)—वर्णांक संकेत।

कंप्यूटर में निविष्ट करने के लिए वर्णांक संकेत।

Alphanumeric code (C.S.)—वर्णांक संकेत।

Alternative location—वैकल्पिक स्थान।

वर्गीकरण-पद्धति में सामान्य के अतिरिक्त वैकल्पिक (दूसरा) स्थान नियत करना।

Alternative title—वैकल्पिक आख्या।

पुस्तक के मुख्य शीर्षक के साथ 'अथवा', 'आदि' शब्द लगाकर अन्य शीर्षक नियत करना।

Alternative version—वैकल्पिक पाठ, पाठांतर।

Amalgamation—समामेलन, संलयन।

Ambiguous title—संदिग्ध आख्या, भ्रमात्मक शीर्षक।

संदिग्ध या भ्रम की स्थिति में पुस्तक के शीर्षक के बाद कोष्ठक में टिप्पणी द्वारा व्याख्या प्रस्तुत की जाती है।

Americana—अमेरिकाना, अमेरिकी वाङ्मय, विश्वकोश।

American braille—अमेरिकी ब्रेल।

Ampere classification—ऐंपियर वर्गीकरण।

Amplified class—प्रवर्धित वर्ग।

Amplified main classes—प्रवर्धित मुख्य वर्ग।

Analog computer (C.S.)—अनुरूप अभिकलित्र (कंप्यूटर)।

इस तरह के कंप्यूटर में स्थानांतरण, घूर्णन, वोल्टता इत्यादि भौतिक चरों का प्रयोग होता है।

Analog converter (C.S.)—अनुरूप अंकीय परिवर्तक।

भौतिक गति या विद्युत्-वोल्टता आदि के रूप में व्यक्त, अनुरूप अभिकलित्र (कंप्यूटर) के निर्गत संदेशों (सिग्नलों) को समानुपाती अंकीय रूप में परिवर्तित करनेवाला परिवर्तक।

Analog network (C.S.)—परिपथ जाल अनुरूप।

भौतिक चरों का द्योतक परिपथ, जो गणितीय संबंध इस तरह प्रकट करता है कि मापक परिमाण सतत और प्रत्यक्ष जाना जा सके।

Analogy—सादृश्य।

Analysed title—विश्लेषित आख्या।

Analysis—विश्लेषण।

Analytical bibliography—वैश्लेषिक ग्रंथ-सूची, विस्तृत तथ्यात्मक ग्रंथ-सूची।

Analytical cataloguing—वैश्लेषिक सूचीकरण।

विश्लेषणात्मक प्रविष्टियोंवाली सूचीकरण-पद्धति।

Analytical classification—वैश्लेषिक वर्गीकरण, गहन वर्गीकरण।

Analytical code—वैश्लेषिक संहिता, वैश्लेषिक कोड।

Analytical documentation—वैश्लेषिक प्रलेखन।

Analytical entry—वैश्लेषिक प्रविष्टि।

ऐसी प्रविष्टि जो पुस्तक के किसी अनुच्छेद, परिच्छेद या भाग के लिए निर्मित की गई हो।

Analytical index—वैश्लेषिक अनुक्रमणिका।

विशिष्ट शीर्षक और विशिष्ट विषयों के अंतर्गत निर्मित वर्गीकरण तालिका।

Analytical list of additions—वैश्लेषिक संवर्धन-सूची।

नवीन प्रकाशनों की ऐसी पुस्तक-सूची जिसमें संदर्भित सामग्री विशिष्ट शीर्षकों और विषयों के अनुरूप निर्मित की गई हो।

Analytical method—वैश्लेषिक विधि।

Analytical note—वैश्लेषिक टिप्पण।

Analytical subdivision—वैश्लेषिक उपविभाजन।

Analytico-synthetic classification—विश्लेषसंश्लेषमूलक वर्गीकरण।

डॉ. रंगनाथन द्वारा निर्मित द्विबिंदु वर्गीकरण-प्रणाली, जिसमें वर्गांक निर्मित करने पड़ते हैं।

Anastatic printing—चित्र अंतरण मुद्रण।

Anastatic process—चित्र अंतरण प्रक्रिया।

Anastatic reprint—चित्र अंतरण पुनर्मुद्रण।

Aneillary subject—अनुषंगी विषय।

Anepigraphon—आख्या पृष्ठहीन ग्रंथ।

Angle top guide—कोणीय शिखर संदर्शक।

Anglo-American code—ऐंग्लो अमेरिकन कोड।

अमेरिका के पुस्तकालयों द्वारा सर्वमान्य सूचीकरण विधि सर्वप्रथम 1883 में निर्मित हुई, जिसे 1900 में और 1908 में संशोधित किया गया। इसमें आवश्यकतानुसार संशोधन होते रहे हैं। विश्व भर में इन नियमों की मान्यता है।

Annalistic arrangement—प्रकाशनानुसारी कृति-सूची।

Annals—कालवृत्त, वर्षवृत्त।

Annexure—संलग्नक।

पुस्तक के अंत में जोड़ी गई सामग्री, संलग्न सामग्री।

Annotate—टिप्पण लेखन।

Annotated bibliography—सटिप्पण ग्रंथ-सूची।

ऐसी ग्रंथ-सूची जिसमें सम्मिलित विषयवार प्रविष्टियों का सटिप्पण विवरण हो।

Annotated catalogue—सटिप्पण-सूची।

ऐसी सूची जिसमें ग्रंथ संबंधी टिप्पण दिया गया हो।

Annotated list of additions—सटिप्पण नए प्रकाशनों की सूची।

Annotation—टिप्पण।

सूची-पत्र या ग्रंथ-सूची में प्रदत्त विवरण, जिसमें पुस्तक की विषय-सामग्री का मूल्यांकन, विश्लेषण, व्याख्या या विशद वर्णन हो।

Annotation standards—टिप्पण मानक।

विषय-सामग्री के मूल्यांकन या विश्लेषण विषयक स्थापित मानक।

Annotator—टिप्पणीकार, टीकाकार।

Annual index—वार्षिक अनुक्रमणिका।

Annual number (volume)—वार्षिक अंक।

Annual stock taking (verification)—वार्षिक संग्रह-निरीक्षण।

Anonym—अनामक ग्रंथ, छद्मनाम।

Anonymous—अनाम, अनामक।

ऐसी पुस्तक या रचना जिसमें लेखक का नाम न दिया गया हो।

Anonymous classic—अनामक श्रेष्ठ ग्रंथ।

Anonymous publication—अनामक रचना, अनाम प्रकाशन।

Anopisthographic block book—एक पार्श्वमुद्रित ग्रंथ।

Anteriorising common Isolate—पूर्वस्थापक सामान्य वियोजक।

Anteriorising digit—पूर्वस्थापक अंक।

Anteriorising numerical class—पूर्ववर्ती संख्यात वर्ग।

Anterior sub-division—पूर्ववर्ती उपप्रभाग।

ग्रंथ-सूची में विषय के सामान्य विवेचन से पूर्व उसके उपविभाग रखने की क्रिया।

Anthology—चयनिका, संग्रह, संकलन।

Antiqua—ऐंटिका।

Antiquarian—पुरातनिक, ऐंटिक्वेरियन।

Antiquarian book—प्राचीन पुस्तक, पुराग्रंथ।

Antiquarian bookseller—प्राचीन पुस्तक-विक्रेता।

Antiquarian bookshop—प्राचीन पुस्तकों की दुकान।

Antiquarian booktrade—प्राचीन पुस्तक-व्यवसाय।

Antiquarian value—पुरातनिक मूल्य।

Antique—पुरावस्तु, पुरातन, प्राचीन।

Antique finish—खुरदरा परिष्करण, ऐंटिक फिनिश।

Antique paper—ऐंटीक पेपर।

Antique tooling—ऐंटीक अलंकरण।

Antonymous—विरुद्धार्थी शीर्षक।

Apoconym—विनाम, विकृतनाम।

Apocryphal book—अप्रमाण पुस्तक, संदिग्ध प्रमाण पुस्तक।

ऐसी कृति जिसके लेखक की प्रामाणिकता के बारे में संदेह हो।

Apograph—मूलकृति की प्रति।

मूल पांडुलिपि की हस्तलिखित प्रतिलिपि।

Appendix—परिशिष्ट, अनुलग्नक।

Armorial bearings—कुलांक, आयुधांक।

Armorial binding—आयुधांकित जिल्द।

Armorial bookplate—कुलांकित ग्रंथ-पट्ट।

Arrangement—क्रम।

Arrangement of books—ग्रंथ-क्रम।

Arrangement of cards—सूची-पत्रकों का क्रम।

Array—सारणी, पंक्ति अंतर्वेधन स्थान।

Array (C.S.)—सारणी।

1. पंक्तियों एवं स्तंभों में व्यवस्थित अवयवों का निकाय।

2. प्रेक्षण समूह का स्पष्ट निरूपण, विशेष रूप से प्रेक्षणों का परिमाप क्रम में विन्यास।

Arrester—समापक।

Artificial language—शृंखला प्रक्रिया विधि के अंतर्गत वर्गीकरण की कृत्रिम भाषा।

Assign (C.S.)—निर्धारित करना।

कंप्यूटर-प्रणाली के एक भाग (प्राय: उपांत इकाई) को किसी विशेष उद्देश्य के लिए आरक्षित करना।

प्रोग्रामिंग के दौरान आरक्षण किया जाता है।

Assigned book—आरक्षित पुस्तक।

माँग परची पर पाठक हेतु आरक्षित पुस्तक।

Assignment—निर्धारण (विषय)।

किसी लेखक को लेखन हेतु मिला विषय।

Associated book note—असंगिक ग्रंथ टिप्पणी।

Author—लेखक, रचनाकार, ग्रंथकार।

किसी ग्रंथ, प्रलेख इत्यादि का मूल रचयिता, पुस्तक-लेखक।

Author bibliography—लेखक ग्रंथ-सूची।

वह ग्रंथ-सूची जिसमें लेखक की संपूर्ण कृतियाँ तथा उससे संबद्ध कृतियाँ, प्रलेख विषयवार या क्रमानुसार व्यवस्थित किए गए हों।

Author catalogue—लेखक पुस्तक सूची।

Author entry—लेखक-प्रविष्टि।

Author guild—लेखक-संघ।

Author heading—लेखक-शीर्षक, ग्रंथकार शीर्षक।

Author index—लेखक-अनुक्रमणिका।

Authorised edition—अधिकृत संस्करण।

लेखक या रचनाकार की सहमति से प्रकाशित अधिकृत संस्करण।

Authorised publication—अधिकृत प्रकाशन।

Authorised sale—अधिकृत बिक्री।

Authority card—अधिकार-पत्र।

Authority file—शीर्षकावली।

सूची-पत्र में प्रदत्त शीर्षकों की सूची, सूची-पत्रों में शीर्षकों के संदर्भ।

Author list—लेखक-सूची।

Author number—लेखक-नंबर।

कटर द्वारा निर्धारित लेखक-नंबर, संख्या।

Auto abstract (C.S.)—स्वत: सार।

प्रलेख से ऐल्गॉरिथ्म द्वारा चयनित मुख्य शब्दों की सार्थक क्रम में प्रस्तुत सार-सूची।

Auto coding (C.S.)—स्वतः प्रक्रम।

प्रोग्राम के लिपिक कार्य को सरल बनानेवाली कोई भी तकनीक जिसमें कंप्यूटर का प्रयोग किया जाता है।

Automatic coding (C.S.)—स्वतः प्रक्रम।

Automatic error correction (C.S.)—स्वतः त्रुटि-सुधार, स्वचलित त्रुटि-संशोधन।

ऐसी तकनीक जिसमें त्रुटि-संशोधन संकेत और त्रुटि-अभिज्ञान संकेत का प्रयोग होता है। इसमें स्वतः पुनः संचरण का भी प्रयोग होता है। संचरण-संबंधी त्रुटियाँ स्वतः शोधित हो जाती हैं।

Automatic lending system—स्वचलित पुस्तक निर्गम-प्रणाली।

Automatic Punching (C.S.)—स्वचलित छिद्रण।

ऐसी कंप्यूटर-प्रक्रिया जिसके अंतर्गत कार्ड मशीन में स्वतः छिद्रण होता है।

Automatic tape punch (C.S.)—स्वचलित टेप छिद्रक, स्वचलित फीता छिद्रक।

Automatic verifier (C.S.)—स्वतः सत्यापक।

छिद्रित कार्डों के सत्यापन हेतु युक्ति, कंप्यूटर में छिद्रित कार्डों के सत्यापन की स्वचलित प्रणाली।

Automation—यंत्रीकरण।

Automation (Library) (C.S.)—स्वचलन, यंत्रीकरण (पुस्तकालय)।

पुस्तकालय की विभिन्न सेवा-प्रणालियों का स्वचलित कंप्यूटराइजेशन।

Azure tooling—समरेखीय अलंकरण।

ऐसी पुस्तक जिल्द जिसमें सजावट हेतु आड़ी समानांतर रेखाओं का प्रयोग किया गया हो।

□

B

Back—पृष्ठ, पिछला भाग।

Back board—पिछला गत्ता, पृष्ठ पट्टिका।

Back bone—पोट, कगर।

Back cloth—पुश्त का कपड़ा।

Back cover—पृष्ठभाग आवरण।

Back edge—पिछली कोर, पश्च कोर, पीठ उपांत।

Back file—पिछले अंक।

किसी पत्र-पत्रिका के पहले छपे अंक, पुराने अंक, पुराने अंकों की फाइल।

Back fly leaf—पिछला खाली पन्ना।

पुस्तक का पिछला खाली पृष्ठ।

Back ground book—आधार ग्रंथ।

Back grounder—पृष्ठभूमि लेख, पृष्ठभूमिका।

Background literature—आधार साहित्य, पृष्ठभूमि साहित्य।

Background processing (C.S.)—परोक्ष प्रक्रमण, परोक्ष संसाधन।

प्रोग्राम में अप्रत्यक्ष रूप से सहायक प्रक्रमण।

Background programme (C.S.)—परोक्ष प्रक्रमण, परोक्ष प्रोग्राम।

वह कंप्यूटर प्रोग्राम जिसमें परोक्ष संसाधन की आवश्यकता होती है।

Backing—पोट निकालना, कगर निकालना।

Back issue—पिछला अंक।

पत्र-प्रत्रिका के पूर्व प्रकाशित अंक (देखिए Back file)।

Back lining—पीठ अस्तर, पश्च अस्तर।

Back margin—पिछला हाशिया, पश्च उपांत।

Back mark—पीठ चिह्न।

Back number—पिछला अंक, पिछली फाइल।

Back record—पिछला अभिलेख, गत अभिलेख।

Back strip—पीठ अस्तर, पश्च अस्तर।

Back title—पश्च आख्या।

Back to back—अगला-पिछला पृष्ठ।

Back up—पलट छपाई, पीठ मुद्रण।

Balopticon—बैलोप्टिकॉन, बैलो-प्रकाश प्रक्षेपक।

प्रक्षेप-उपकरण, जिससे वस्तु द्वारा परावर्तित प्रकाश से प्रतिबिंब का प्रक्षेपण होता है।

Ban—प्रतिबंध।

Banned article—प्रतिबंधित लेख।

Banned book—प्रतिबंधित पुस्तक, निषिद्ध पुस्तक।

आपत्तिजनक या राजद्रोहात्मक सामग्री होने से राज्य द्वारा प्रतिबंधित कृति।

Banned paper—प्रतिबंधित समाचार-पत्र।

Banned periodical—प्रतिबंधित पत्रिका।

Banned poem—प्रतिबंधित गीत।

Bar library—अधिवक्ता पुस्तकालय।

Base—आधार।

Basic—मूल, आधारिक।

Basic class—मूलवर्ग, आधारिक वर्ग।

विश्वज्ञान के विषयों की वर्गीकरण-प्रणाली में मुख्य वर्ग, सामान्य ज्ञान का परंपरित आधारिक वर्ग।

Basic classification—मूल वर्गीकरण, आधारिक वर्गीकरण।

विस्तृत विषयों का वर्गीकरण, सामान्य पाठकों के उपयोग हेतु मूल वर्गीकरण का विवरणात्मक उल्लेख।

Basic language (C.S.)—कंप्यूटर प्रोग्रामिंग की भाषा, बेसिक भाषा।

Basic literature—बेसिक साहित्य, प्रारंभिक साहित्य।

Basic reader—बेसिक रीडर।

Basic subject—मूल विषय।

Basil—तुलसी-पत्र, मेषचर्म।

Bastard title—संक्षिप्त आख्या, सूक्ष्म शीर्षक।

Batch processing (C.S.)—समूह संसाधन।

कंप्यूटर में इकाई के रूप में प्रोग्राम-समूह के संसाधन की प्रक्रिया।

Batch processing mode (C.S.)—समूह संसाधन विधि, समूह प्रक्रमण विधि।

समूह संसाधन-प्रणाली, जिसके अंतर्गत समूह विशेष में आवश्यक समस्त प्रक्रियाएँ (जैसे संकलन, संयोजन, निष्पादन इत्यादि) सतत रूप से निहित होती हैं।

Baud (C.S.)—बॉड।

टेलीग्राफ/टेलीफोन संचरण वेग मापक यंत्र।

Best author—श्रेष्ठ लेखक।

Best book—सर्वोत्कृष्ट कृति, श्रेष्ठ पुस्तक।

Best seller—सर्वाधिक विक्रयवाली पुस्तक, बहु-विक्रीत।

किसी लेखक की वह कृति जिसके कई संस्करण हुए हों और अच्छी बिक्री

हुई हो।

Best title—श्रेष्ठ रचना, श्रेष्ठ पुस्तक।

Bevelled board—प्रवणित बोर्ड।

Biannual—अर्द्धवार्षिक।

Bias relation—अभिनति संबंध।

विषय प्रतिपादन विषयक दृष्टिकोण।

Bibelot—गुटका, छोटी पुस्तक।

किसी पुस्तक का छोटा संस्करण, जेबी पुस्तक।

Bible—बाइबिल।

Bible paper—बाइबिल कागज।

Bible style—बाइबिल शैली।

Biblia-a-biblia—निर्गंथ ग्रंथ।

Biblia pauperum—बिब्लिया पॉपेरम, सचित्र बाइबिल।

Biblical—बाइबिलीय, बाइबिल जैसी।

Bibliogenesis—ग्रंथ निर्माण।

Bibliognost—ग्रंथ विज्ञानी।

Bibliogony—ग्रंथ निर्माण।

Bibliograph—ग्रंथ-सूचीकार।

ग्रंथ-सूची का निर्माता।

Bibliographer—ग्रंथ-सूचीकार।

ग्रंथ-सूची निर्माण करनेवाला, विषय, लेखक के अनुसार ग्रंथ-सूची का निर्माता।

Bibliographical—ग्रंथपरक, ग्रंथ-सूचीपरक।

Bibliographical control—ग्रंथसूचीपरक नियंत्रण।

ग्रंथालय एवं अन्य स्रोतों से उपलब्ध ग्रंथसूचीपरक ज्ञान।

Bibliographic classification—ग्रंथपरक वर्गीकरण।

1. हैनरी एवैलिन ब्लिस निर्मित वर्गीकरण-पद्धति। इसमें संकेतन आनुवर्णिक हैं।

2. पुस्तकों एवं साहित्यिक सामग्री को सुव्यवस्थित वर्गों में विभाजित करने तथा सूची-पत्र एवं ग्रंथ-सूची तैयार करने के लिए प्रयुक्त वर्ग विभाजन की पद्धति।

Bibliographic data, details—ग्रंथपरक डाटा, विवरण।

Bibliographic dictionary—ग्रंथपरक कोश।

Bibliographic index—ग्रंथ-अनुक्रमणिका।

प्रकाशित ग्रंथों की सटिप्पण क्रमबद्ध सूची।

Bibliographic list—ग्रंथपरक सूची।

अभिटिप्पणी युक्त ग्रंथ सूची।

Bibliographic periodical—ग्रंथवृत्तात्मक पत्रिका।

Bibliographic unit—ग्रंथ-सूची एकक।

Bibliographing—ग्रंथ-सूची विमर्श, ग्रंथ-सूची अवलोकन प्रक्रिया।

Bibliographize—ग्रंथ-सूची निर्माण।

Bibliography—ग्रंथ-सूची, ग्रंथवृत्त, ग्रंथविज्ञान।

विषयानुसार या किसी लेखक के बारे में सटिप्पण, क्रमबद्ध ढंग से निर्मित ग्रंथ-सूची।

Bibliography of bibliographies—ग्रंथ-सूचियों की ग्रंथ-सूची, विषय, लेखकवार।

ऐसी ग्रंथ-सूची जिसमें ग्रंथ-सूचियों का संकलन किया गया हो।

Bibliolater—ग्रंथ-पूजक।

Bibliolatry—ग्रंथ-पूजा।

Bibliological—ग्रंथ-विज्ञानात्मक, ग्रंथ-विज्ञानपरक।

Bibliologist—ग्रंथ-विज्ञानी।

Bibliology—ग्रंथ-विज्ञान।

Bibliomania—ग्रंथोन्माद।

Bibliomaniac—ग्रंथोन्मादी।

Bibliomaniatic—ग्रंथोन्मादिता, ग्रंथोन्मादकता।

Bibliomatic—ग्रंथ-सूची परक।

Bibliomatic control—ग्रंथ-सूची परक नियंत्रण।

Bibliomatic study—ग्रंथ-सूची परक अध्ययन।

Bibliometer (Blotting paper tester)—सोख्ता कागज परीक्षित्र।

Bibliopegic—जिल्द संबंधी।

Bibliopegical—जिल्द विषयक।

Bibliopegist—जिल्दसाज।

Bibliopegy—जिल्दसाजी।

Bibliophile—पुस्तक-प्रेमी, ग्रंथ-प्रेमी।

Bibliophile edition—पुस्तक-प्रेमी संस्करण।

Bibliophilism—पुस्तक-प्रेम।

Bibliophobia—ग्रंथभीति।

Bibliopoesy—पुस्तक निर्माण, ग्रंथ निर्माण।

Bibliopole—दुर्लभ ग्रंथ विक्रेता, अलभ्य पुस्तक विक्रेता।

Bibliopoly—दुर्लभ ग्रंथ-विक्रय।

Bibliosoph—ग्रंथविद्।

Bibliotaph—ग्रंथकृपण।

Bibliotheca—1. पुस्तकालय, ग्रंथालय, लाइब्रेरी; 2. ग्रंथ-सूची, पुस्तक-सूची।

Bibliothecal classification—विन्यासात्मक वर्गीकरण।

पुस्तकालय शेल्फों पर पुस्तकों के व्यवस्थापन की वर्गीकरण-पद्धति।

Bibliothecary—1. पुस्तकाध्यक्ष, ग्रंथाध्यक्ष; 2. ग्रंथपाल, पुस्तकपाल; 3. पुस्तकालयाध्यक्ष, ग्रंथालयाध्यक्ष; 4. ग्रंथालय, पुस्तकालय।

Bibliotheque—पुस्तकालय, ग्रंथागार, ग्रंथालय, लाइब्रेरी, पोथीखाना।

Bibliotherapy—पुस्तकरक्षण, पुस्तक की देखभाल।

Bibliothetic—ग्रंथविन्यासात्मक।

Bifircate classification—द्विधावर्गीकरण।

Bifurcation—द्विभाजन।

Bilingual—द्विभाषी।

Bilingual dictionary—द्विभाषी कोश।

Bill—बिल, बीजक।

Bill drafting—बिल प्रारूपण।

Billed Order book—आदेशित देय पुस्तक।

Bill register—पुस्तकालय बिल पंजिका।

Bimonthly—अर्द्धमासिक।

Binary (C.S.)—द्विआधारी, द्वयाधारी।
जिसका आधार दो हो, यथा वास्तविक संख्याओं की संकेतन-पद्धति के संदर्भ में जिसका आधार दस के स्थान पर दो हो।

Binary code (C.S.)—द्विआधारी कोड, द्वयाधारी संकेत।
द्विआधारी अंकों में निरूपित संकेत या चिह्न।

Binary coded decimal BCD (C.S.)—द्विआधारी कूट दशमलव, द्विआधारी कोडित दशमलव।
द्विआधारी अंकों द्वारा दशमिक संख्या के निरूपण की पद्धति, जिसके अंतर्गत प्रत्येक दशमिक अंक द्विआधारी अंकों (द्विअंकों) के संयोजन द्वारा निरूपित होता है।

Binary counter (C.S.)—द्विआधारी गणक।
द्विआधारी मापनी (स्केल) में अभिलिखित अंकों की गिनती करनेवाला (गणक)।

Binary digit (C.S.)—द्विआधारी अंक, द्विआधारी संकेत।

Binary mechanism—द्विआधारी तंत्र।

Binary principle—द्विआधारी सिद्धांत।

Binary system—द्विआधारी पद्धति, द्विआधारी सिद्धांत।

Binder—जिल्दसाज।

Binder line—पृष्ठशीर्ष।

Binder's board—जिल्दसाजी गत्ता, जिल्दीगत्ता।

Binder's date—जिल्द तारीख।

Binder's ticket—जिल्दसाज लेबल।

Binder's title—जिल्दसाज आख्या।

Binder's waste—अस्तरी कागज।

Bindery—जिल्दसाजी कक्ष, जिल्दसाजी सामान का कमरा, जिल्दसाजी विभाग, जिल्दसाजी एकक।

Bindery record—जिल्द विवरण।

Bindery register—जिल्द पंजिका।

Binding—जिल्द, जिल्दसाजी, जिल्दबंदी।

Binding book—जिल्दबंदी (रजिस्टर) बुक।
वह पुस्तक या रजिस्टर जिसमें जिल्दसाजी की पुस्तकों का अभिलेख हो।

Binding clerk—जिल्दबंदी लिपिक।

Binding department—जिल्द विभाग, जिल्दसाजी विभाग।

Binding edge—जिल्दकोर, जिल्दसाजी कोर।

Binding margin—जिल्द हाशिया, सिलाई हाशिया।

Binding proof—जिल्दबंदी प्रूफ।

Binding record—जिल्दबंदी रिकॉर्ड।

Binding register—जिल्दबंदी पंजिका, जिल्दसाजी रजिस्टर।

Binding sample—1. जिल्द नमूना, 2. जिल्दसाजी नमूना, 3. नमूना जिल्द।

Binding sequence—जिल्द अनुक्रम।

Binding slip—जिल्दसाजी परची।

Binding specimen—नमूने की जिल्द (देखिए Binding sample)।

Binding with circuit edges—गोलकोर की जिल्द।

Binding with cords—रस्सी-सिलाई।

Bio-bibliographical catalogue—सचरित ग्रंथ-सूची।

अनेक लेखकों द्वारा लिखित पुस्तकों की सूची, जिसमें लेखकीय परिचय सम्मिलित किया गया हो।

Bio-bibliography—सचरित ग्रंथ-सूची (देखिए Bio-bibliographical catalogue)।

Biographer—जीवनीकार, जीवनचरित लेखक।

Biographical arrangement—जीवनचरित विन्यास।

Biographical details—जीवनीपरक विवरण।

Biographical dictionary—जीवनी कोश, जीवनचरित कोश।

वह संदर्भ ग्रंथ जिसमें जीवनियों का संकलन हो।

Biographical note—जीवनचरितात्मक टिप्पण।

Biography—जीवनी, जीवनचरित।

Biography file—जीवनचरित फाइल, परिचारिका फाइल।

Biography note—जीवनचरित टिप्पण।

Biography writer—जीवनचरित लेखक।

Biography writing—जीवनी लेखन, जीवनचरित लेखन।

Biscoe time number—बिस्को समय संख्या, बिस्को समयांक।

शेल्फ पर काल क्रमानुसार पुस्तकें व्यवस्थित करने हेतु बिस्को द्वारा निर्धारित पद्धति से संक्षिप्त रूप में तिथि बतानेवाली पुस्तक-संख्या।

Bit—पदांश।

Bit (C.S.)—द्वयंक, द्विआधारी अंक।

द्विआधारी अंक का सांकेतिक रूप।

Bit density (C.S.)—द्वियंकघनत्व।

लंबाई या क्षेत्र के प्रत्येक एकांक में संचित द्वियंकों की संख्या।

Bit location (C.S.)—द्वियंक स्थान।

द्वियंक के संचयन योग्य संग्रहकार की जगह।

Bit rate (C.S.)—द्वियंक दर।

संचारवाहिका में द्विआधारी स्थानांतरण की गति।

Bit string (C.S.)—द्वियंक शृंखला, द्वियंक माला, द्वियंक लड़ी।

आँकड़ों के संकेत रूप में निरूपण हेतु द्विआधारी अंकों का सतत अनुक्रम।

Biting of the acid—संक्षारण।

Biweekly—अर्द्धसाप्ताहिक।

Biweekly paper—अर्द्धसाप्ताहिक पत्र।

Black step—काला चिह्न।

Blank cover—खाली आवरण।

Blanking—उभरी छपाई, खुदी नक्काशी।

Blank leaf—खाली पृष्ठ।

Blank page—कोरा पन्ना, अमुद्रित पृष्ठ।

Bleed illustration—प्रतिमुद्रित चित्र।

Blind Blocking—गर्भित मुद्रण, बिना स्याही छपाई।

Blinded in—समुद्भृत।

Blind men's library—अंध-पुस्तकालय।

Blind reference—अंध निर्देश।

Block accession—सामूहिक परिग्रहण।

पुस्तकालय में एक साथ बहुत सी पुस्तकों का परिग्रहण, उसमें पुस्तक विशेष को कोई संख्या या चिह्न प्रदान नहीं किया जाता।

Block arrangement—एक साथ स्थूल व्यवस्थापन।

पुस्तकों को शेल्फों में वर्गीकरण के अनुसार व्यवस्थित करने की विधि।

Block plan—स्थूल व्यवस्थापन (B.N.B.–देखिए British National Bibliography)।

Board—गत्ता, दफ्ती।

Board binding—गत्ते की जिल्द।

Board cover—गत्ते का आवरण।

Board label—लेपित लेबल।

Board (library)—लाइब्रेरी बोर्ड।

Bold letter—बड़े अक्षर।

Book—पुस्तक, ग्रंथ, पोथी, किताब।

Book accessioning—पुस्तक परिग्रहण कार्ड।

Book advertisement—पुस्तक विज्ञापन।

Book arrangement—ग्रंथव्यवस्था, ग्रंथविन्यास।

Book automobile—पुस्तक वाहन।

Book band—पुस्तक पट्टिका।

Book bargain—पुस्तक सौदा।

Book Bin—पुस्तक बिन।

Book Binder—जिल्दसाज।

Book Binder's cloth—जिल्दसाजी का कपड़ा।

Book Binder's craft—जिल्दसाजी।

Book Binder's press—जिल्दसाज प्रेस।

Book Binder's tool—जिल्दसाज औजार।

Book binding—जिल्दसाजी।

Book binding stamp—जिल्दसाजी मुहर।

Book Box—पुस्तक पेटी।

Book brace—पुस्तक अवलंब।

Book budget—पुस्तक बजट।

Book buying—पुस्तक खरीद।

Book capacity—पुस्तक धारिता।

Book car—पुस्तक वाहन।

Book card—पुस्तक कार्ड।

Book carrier—पुस्तक वाहन।

Book case—पुस्तक केस।

Book catalogue—पुस्तक सूची।

Book ceiling—पुस्तक छत।

Book chute—ग्रंथ सर्पिका।

Book classification—पुस्तक वर्गीकरण।

Book cloth—जिल्द कपड़ा।

Book club—पुस्तक क्लब।

Book collecting—पुस्तक संग्रहण।

Book collection—पुस्तक संकलन।

Book collector—पुस्तक संग्राहक।

Book conveyor—पुस्तक वाहन।

Book coupon—पुस्तक कूपन।

Book cover—पुस्तक आवरण।

Book cradle—पुस्तक धारक।

Book critic—पुस्तक समीक्षक।

Book Delivery Act—बुक (बुक्स) डिलीवरी अधिनियम।

Book display—पुस्तक प्रदर्शन।

Book display case—पुस्तक प्रदर्शन केस।

Book display rack—पुस्तक प्रदर्शन रैक।

Book distribution—पुस्तक वितरण।

Book distributor—पुस्तक वितरक।

Book drive—पुस्तक प्राप्ति अभियान।

Book elevator—पुस्तक उत्थापक।

Book end—पुस्तक अवलंब।

Book-end-paper—अस्तर कागज।

Booketeria—बुकेटीरिया।

Book exchange—पुस्तक विनिमय।

Book exhibition—पुस्तक प्रदर्शनी।

Book exhibit rack—पुस्तक प्रदर्शन रैक।

Book fair—पुस्तक मेला।

Book holder—पुस्तक धारक।

Book hungry—पुस्तक व्यसनी।

Book hunter—पुस्तक अन्वेषी।

Book index entry—पुस्तकानुक्रमणी प्रविष्टि।

Book inventory—पुस्तक सूची।

Bookish—किताबी।

Bookish knowledge—किताबी ज्ञान।

Book issue—पुस्तक निर्गम।

Book jacket—पुस्तक जैकिट।

Book label—पुस्तक लेबिल।

Booklet—पुस्तिका।

Book lift—पुस्तक उत्थापक, पुस्तक लिफ्ट।

Book lining paper—अस्तर कागज।

Book list—पुस्तक सूची।

Book listing—पुस्तक सूची बनाना।

Book lover—पुस्तक प्रेमी।

Book maker—लिक्खाड़, लेखक।

Book mark—पुस्तक चिह्न।

Book marker—पुस्तकपर्णी।

Book market—पुस्तक बाजार।

Book number—पुस्तक अंक।

Book numbering—पुस्तकों पर नंबर लगाना।

Book on loan—उधार पर पुस्तक।

Book order—पुस्तक क्रयादेश।

Book order clerk—पुस्तक क्रयादेश लिपिक।

Book order list—पुस्तक क्रयोदश सूची।

Book packet—पुस्तक पैकिट।

Book paper—पुस्तकीय कागज, किताबी कागज।

Book processing—पुस्तक प्रक्रमण।

Book processing section—पुस्तक प्रक्रमण अनुभाग।

Book production—पुस्तक उत्पादन।

Book publication—पुस्तक प्रकाशन।

Book publisher—पुस्तक प्रकाशक।

Book purchase—पुस्तक खरीद।

Book rack—पुस्तक रैक, ग्रंथाधार।

Book reader—पुस्तक का पाठक।

Book record—पुस्तक निर्गम अभिलेख।

Book repair—जीर्ण पुस्तक सुधार।

Book replacement—पुस्तक प्रतिस्थापन।

Book reservation—पुस्तक सुरक्षित कराना।

Book review—पुस्तक समीक्षा।

Book room—पुस्तक कक्ष।

Book selection—पुस्तक चयन।

Book selection committee—पुस्तक चयन समिति।

Book seller—पुस्तक विक्रेता।

Book shop—पुस्तकों की दुकान।

Book slip—पुस्तक स्लिप।

Books on approval—अनुमोदनार्थ पुस्तकें।

Book stack—पुस्तक भांडार।

Book stamp—पुस्तक मुहर।

Book stand—पुस्तक आधार।

Book stock—पुस्तक संग्रह।

Book store—पुस्तक भांडार।

Book support—पुस्तक अविलंब।

Book thief—पुस्तक चोर।

Book trade—पुस्तक व्यापार।

Book trade journal—पुस्तक व्यापार पत्रिका।

Book tray—पुस्तक ट्रे।

Book trolley—पुस्तक ट्रॉली, पुस्तक वाहिका।

Book week—पुस्तक सप्ताह।

Book worm—पुस्तक कीट, किताबी कीड़ा।

Book writer—पुस्तक लेखक।

Boolean instruction (C.S.)—बूलीय संक्रिया।

बूलीय बीजावली के अनुसार क्रियाशील संक्रिया।

Borrower—गृहीता।

पुस्तकालय से पुस्तकें लेने के लिए अधिकृत पाठक, वह व्यक्ति जो पुस्तकें उधार लेने के लिए अधिकृत किया गया हो।

Borrower card—गृहीता कार्ड।

पुस्तकालय द्वारा जारी किया गया वह कार्ड जिसपर गृहीता द्वारा पुस्तकें लेने का प्रावधान हो।

Borrower card number—गृहीता कार्ड संख्या।

Borrower index—गृहीता-सूची।

Borrower record—गृहीता रिकॉर्ड या अभिलेख।

Borrower Rule—गृहीता नियम।

Borrower ticket—गृहीता प्रवेश-पत्र।

Borrowing—पुस्तकें उधार लेना।

Borrowing privilege—पुस्तक ग्रहणाधिकार।

Borrowing time—पुस्तकें ग्रहण करने का समय।

Bottom edge—निचला कोर।

Bottom note—पाद टिप्पण।

Bottom of the page—पृष्ठ पाद।

Bound—जिल्दबद्ध।

Bound book form—जिल्दबद्ध पुस्तक स्वरूप।

प्रारंभ में पुस्तकालय-सूची पुस्तकाकार जिल्दबद्ध होती थी।

Bound volume—सजिल्द खंड।

Box pocket—बक्सी पॉकेट।

Bracket shelf—ब्रैकेट निधानी।

Braille literature—ब्रेल साहित्य, अंधों के लिए साहित्य, ब्रेल-पद्धति पर पठन सामग्री।

Branch department—ब्रांच विभाग, शाखा विभाग।

Branch instruction (C.S.)—शाखा चयन अनुदेश।

प्रोग्राम-निष्पादन को अपेक्षित दिशा प्रदान करने में प्रयुक्त अनुदेश या हिदायत।

Branch librarian—शाखा पुस्तकाध्यक्ष, शाखा ग्रंथालयी, ग्रंथालयाध्यक्ष।

Branch library—शाखा पुस्तकालय, ग्रंथालय।

Branch office—शाखा कार्यालय।

British Museum Code for ninety one rules—इक्यानबे नियमों की ब्रिटिश म्यूजियम संहिता (सूचीकरण सिद्धांत, प्रकाशन वर्ष 1841)।

British National Bibliography (B.N.B.)—ब्रिटिश राष्ट्रीय ग्रंथ-सूची।

Broad classification—विस्तृत या स्थूल वर्गीकरण।

Broad illet—चौड़ी पट्टिका, विस्तृत पट्टिका।

Broken backed—भग्नपृष्ठ भाग।

Broken binding—टूटी जिल्द।

Broken file—अपूर्ण फाइल, अधूरी जिल्द या फाइल।

Broken sequence—खंडित क्रम।

Broker's circular—दलाल परिपत्र।

Brown's adjustable classification—ब्राउन का समायोज्य वर्गीकरण।

Browse—स्वच्छंद ग्रंथावलोकन।

Browsing room—स्वच्छंद ग्रंथावलोकन कक्ष।

Budget—बजट।

Buffer (C.S.)—बफर।

दत्त/सूचना के संग्रह की ऐसी सहायक युक्ति जिसमें अस्थायी रूप में दत्त/सूचना को रखा जाता है और जो प्रणाली में अन्य कार्यों में

समकालिकता लाने में सहायक होती है।

Buffered input output (C.S.)—बफर निवेश-बफर बहिर्वेश।

केंद्रीय संसाधित्र में से समकालिकता के लिए अस्थायी रूप से लगाई गई या निकाली गई दत्त/सूचना।

Buffer store—बफर संचय।

स्थान विशेष जहाँ सूचना को अस्थायी तौर पर ऐसी स्थिति में संचित रखा जाता है कि एक एकक से दूसरे एकक को भेजा जा सके।

Bulk order—एकमुश्त खरीद आदेश, बल्क ऑर्डर।

Bulk purchase—थोक खरीद, एकमुश्त खरीद।

Burnished edge—चमकीली कोर।

Burnishing—चमकाना।

□

C

Cabinet—1. कैबिनेट, पुस्तकालय-सूची कार्ड रखने का कैबिनेट, 2. कंप्यूटर (अभिकलित्र) कैबिनेट।

Cabinet edition—पुस्तकालय संस्करण (देखिए Library edition)

Cabinet size—आधा साइज।

Calendar—क्रम पंजी, कैलेंडर।

Calendared document—विवरणित दस्तावेज।

Calf binding—वत्सचर्म जिल्द।

Calf leather—वत्सचर्म।

Calf skin—वत्सचर्म।

Call card—माँग परची।

Calligrapher—सुलेखक।

सुंदर अक्षर लिखनेवाला।

Calligraphic type—सुलेख टाइप।

Calligraphist—सुलेखक।

सुंदर अक्षर लिखनेवाला।

Calligraphy—सुलेखन, सुलेख।

सुंदर अक्षर लिखने की कला।

Call instruction (C.S.)—आह्वान अनुदेश, प्रेषित अनुदेश।

प्रोग्राम नियंत्रक को उपनेमका की ओर भेजनेवाला अनुदेश।

Call mark—बोध चिह्न।

Call number—बोध संख्या।

वह अक्षर, अंक या संख्या जो पृथक्त: या मिलकर ऐसी बोध संख्या बनाए जिससे शेल्फ पर पुस्तक के स्थान का ज्ञान हो सके। वह वर्ग संख्या व पुस्तक संख्या को मिलाकर बनाया जाता है।

Call slip—माँग परची (देखिए Call card)।

Cambridge style—कैंब्रिज स्टाइल।

Cameo binding—केमियो जिल्द।

जिल्दसाजी की ऐसी प्राचीन शैली जिसमें गत्तों के बीच में प्राचीन रत्नों या मैडलों के प्रतिरूप का ठप्पा लगाया जाता है।

Cameo stamp—कैमियो स्टांप।

Cameragraph—कैमराग्राफ।

फोटो स्टेट मशीन के समान ऐसी मशीन जिससे कागज के दोनों ओर

लेखन की प्रतिलिपि प्राप्त की जा सके।

Cancel—निरसन।

Cancelandum—निरसित पत्र।

Cancelens—निरासक।

Cancellation—निरसन, रद्द करना।

Cancelled leaf—निरसित पत्र।

Cancelled publication—निरसित प्रकाशन।

Canevari binding—केनवरी जिल्द।

ऐसी जिल्द जिसका नाम केनवरी (539-635 ई.) के नाम से जुड़ा है। इस जिल्द के बीच में धँसे भाग में रत्नाकृति अलंकरण चिपका या छपा होता है।

Canon—अभिनियम, उपसूत्र।

पुस्तकालय-पद्धति का ऐसा आधारभूत नियम जो सत्य, प्रामाणिक और आधार के रूप में सर्वमान्य हो।

Canon of ascertainability—निर्धार्यता नियम।

किसी प्रलेख अथवा पुस्तक के आख्या पृष्ठ तथा अतिरेक पृष्ठों (overflow pages) पर दी गई सूचनाओं के अनुसार विभिन्न अनुच्छेदों के वरण (choice) तथा उपकल्पन (rendering) का निर्धारण करना चाहिए।

Canon of book number—पुस्तक संख्या अधिनियम।

किसी प्रलेख वर्गीकरण-पद्धति में उस पुस्तक संख्या पद्धति का समावेश जिससे ज्ञान के उसी वर्ग में आनेवाले प्रलेखों को पृथक् किया जा सके।

Cannon of classics—श्रेण्य ग्रंथ अभिनियम।

वर्गीकरण-पद्धति में श्रेण्य ग्रंथों के सब संस्करणों, अनुवादों इत्यादि को एक साथ रखना और तत्पश्चात् उस ग्रंथ की टीका के अन्य संस्करण रखना तथा इसी प्रकार प्रत्येक टीका के बाद उसके सारे संस्करण रखने का क्रम।

Canon of collection number—संकलन संख्या अधिनियम।

वर्गीकरण-पद्धति में संग्रह संख्या सारणी का ऐसा प्रबंध जिससे प्रलेखों को उनके कलेवरी, दुर्लभता, उपयोग या अन्य किसी कारण से उनकी विलक्षणता के आधार पर पृथक् किया जा सके।

Canon of concomitance—सहवर्तिता अभिनियम।

समष्टि के वर्गीकरण में प्रयुक्त किन्हीं दो लक्षणों का सहवर्ती होना।

Canon of consistence—अनुगति अभिनियम।

प्रलेख की सभी इतर प्रविष्टियों का उस प्रलेख की मुख्य प्रविष्टि से संगति होना। यह संगति शीर्षक एवं अन्य अनुच्छेदों के वरण, उपकल्पन तथा लेखन शैली में होती है।

Canon of consistency—संगति अभिनियम।

समष्टि के वर्गीकरण में प्रयुक्त

होनेवाला ऐसा लक्षण जो वर्गीकरण के उद्देश्य में परिवर्तन न होने तक उसी क्रम में प्रयुक्त होता रहे।

Canon of consistent sequence—संगत अनुक्रम अभिनियम।

जब तक उद्देश्य या उपयोगिता में विशेष अंतर न हो तब तक विभिन्न पंक्तियों में एक जैसे वर्ग आने पर उन सब पंक्तियों में उनका क्रम समानांतर होना।

Canon of context—प्रसंग अभिनियम।

सूची संहिता के नियमों का निरूपण, पुस्तक उत्पादन की रीति से संबद्ध पुस्तक के सूचीकरण लक्षणों की प्रचलित प्रकृति, ग्रंथालय सेवा की रीति और कोटि से संबद्ध ग्रंथालय के संगठन की प्रचलित प्रकृति तथा प्रकाशित ग्रंथ-सूचियों के अस्तित्व के प्रसंग में होना। इसके अतिरिक्त परिवर्तित प्रसंग के अनुसार नियमों का भी समय-समय पर संशोधन।

Canon of coordinate classes—समकक्ष वर्ग अभिनियम।

अधिक सादृश्यवाले वर्गों या पंक्तियों के बीच किसी कम सादृश्यवाले वर्ग या पंक्तियों का न आना।

Canon of cross classification—प्रति वर्गीकरण अभिनियम।

उन दो या अधिक लक्षणों का एक ही पंक्ति में उपयोग जिससे संगति अभिनियम तथा अनन्यता अभिनियम का उल्लंघन हो जाए।

Canon of currency—प्रचलन अभिनियम।

वर्गीकृत सूची की वर्ग निर्देश प्रविष्टि तथा शब्दकोशीय सूची की विषय प्रविष्टि में प्रचलित रूप को मान्यता प्राप्त होना।

Canon of decreasing extension—ह्रासी विस्तार अभिनियम।

वर्गीकरण में शृंखला गत वर्गों के निर्माण में उसकी प्रथम कड़ी से लेकर अंतिम कड़ी तक प्रत्येक श्रेणी में वर्गों का गुणांक बढ़ता जाना चाहिए और उसका विस्तार प्रत्येक कदम पर घटता जाना चाहिए।

Canon of differenciation—विभेवन अधिनियम।

समष्टि के वर्गीकरण में प्रयुक्त लक्षणों का अपने कुछ तत्त्वों में भेद करना अर्थात् कम-से-कम दो वर्ग बनाना।

Canon of distinctiveness—सुस्पष्टता अभिनियम।

वर्गीकरण पद्धति में वर्ग संख्या, पुस्तक संख्या तथा संकलन संख्या का एक-दूसरे से स्पष्ट रूप से अलग-अलग लिखा जाना।

Canon of enumeration—गणन अभिनियम।

वर्गीकरण-पद्धति में शब्द का अर्थ ऐसे उपवर्गों (निम्न शृंखलाओं) के अनुसार निश्चित करना जो उसी वर्ग

की समान कड़ीवाली विभिन्न श्रृंखलाओं में वर्णित हो।

Canon of exclusiveness—अनन्यता अभिनियम।

वर्गों की पंक्ति में वर्गों का आपस में अनन्य होना।

Canon of exhaustiveness—नि:शेषता अभिनियम।

वर्गों की पंक्ति में वर्गों का अपनी निकटतम समष्टि के पूर्ण रूप से नि:शेष हो जाना।

Canon of expressiveness—अभिव्यंजकता अभिनियम।

प्रत्येक लक्षण का अभिव्यंजन उस अंक में होना चाहिए जिससे वर्ग संख्या का निर्माण किया जाए।

Canon of favoured sequence—वांछित अनुक्रम अभिनियम।

वर्ग क्रम में वर्ग का कोई भी स्थान होने पर भी उसे प्राथमिकता देना।

Canon of helpful sequence—अनुकूल अनुक्रम अभिनियम।

पंक्ति में वर्गों का उन सबके अनुकूल होना जिनके वे अभीष्ट हों।

Canon of hierarchical notation—श्रेणीबद्ध अंकन अभिनियम, क्रम परंपरित अंकन अभिनियम।

ऐसा अंकन जो यह बताए कि दो शब्द एक ही पंक्ति या एक ही श्रृंखला के हैं।

Canon of hospitality in array—पंक्तिगत ग्रहणशीलता अभिनियम।

किसी पंक्ति में प्रस्तुत वर्ग संख्याओं में बाधा डाले बिना प्रत्येक वर्ग संख्या में किसी भी स्थान पर असंख्य समकक्ष वर्गों को ग्रहण करने की क्षमता।

Canon of hospitality in chain—शृंखलागत ग्रहणशीलता अभिनियम।

किसी शृंखला की वर्ग संख्याओं में बाधा डाले बिना शृंखला के अंत में वर्ग संख्या की असंख्य समकक्ष वर्गों को ग्रहण करने का सामर्थ्य।

Canon of individualization—व्यष्टित्व अभिनियम।

किसी भी सत्ता का नाम जिसे सूची प्रविष्टि में शीर्षक रूप में व्यवहार किया जाता हो, उसे व्यष्टीकरण तत्त्वों द्वारा पूर्णरूपेण व्यष्टिकृत होना चाहिए।

Canon of local variation—स्थानीय विभिन्नता अभिनियम।

वर्गीकरण-पद्धति में विशेष स्थानीय महत्त्व के लिए वैकल्पिक वर्ग क्रमों को रखने की व्यवस्था।

Canon of mixed notation—मिश्र अंकन अभिनियम।

वर्गीकरण की अंकन पद्धति में मिश्रित अंकों का प्रयोग करना।

Canon of mnemonics—स्मरण युक्ति अभिनियम।

किसी वर्ग संख्या के वियोजक संख्या में प्रयुक्त किसी विशिष्ट संकल्पना का प्रतिनिधित्व करनेवाले अंक का उसी संकल्पना के सभी वर्ग संख्याओं या वियोजक संख्याओं में

एक समान रहना, यदि इस संगति के प्रतिनिधित्व से कोई अत्यधिक महत्त्वपूर्ण आवश्यकता का उल्लंघन न होता हो।

Canon of modulation—संक्रम अभिनियम।

ज्ञान लोक से एक शृंखला के वर्गों के विभाजन की प्रत्येक शृंखला पर सही विश्लेषण क्षमता के आधार पर व्युत्पादित करना चाहिए।

Canon of non-hierarchical notation—अश्रेणीबद्ध अंकन अभिनियम।

प्रत्येक लक्षण का अभिव्यंजन उस अंक में नहीं होना चाहिए जिससे वर्ग संख्या का निर्माण किया जाए।

Canon of permanence—अपरिवर्तनीयता अभिनियम।

1. प्रविष्टि का कोई भी तत्त्व सूची संहिता के नियमों के अधीन तब तक परिवर्तित नहीं होना चाहिए जब तक स्वयं नियम में प्रसंग के उपसूत्र के कारण परिवर्तन नहीं हो जाते हैं।

2. ज्ञान लोक के वर्गीकरण के लिए जिस लक्षण का उपयोग किया गया हो, वह उस समय तक अस्थायी एवं अपरिवर्तनीय रहना चाहिए जब तक वर्गीकरण के उद्देश्य में कोई परिवर्तन न हो।

Canon of prepotence—प्रबलता अभिनियम।

सूची में अनेक प्रविष्टियों के मध्य एक प्रविष्टि का स्थान निर्धारण के लिए जहाँ तक संभव हो, प्रबलता (शक्ति या सशक्तता) को पूर्ण रूपेण अग्र अनुच्छेद में एकत्र करना चाहिए। अग्र अनुच्छेद में भी, जहाँ तक संभव हो, इसको (प्रबलता को) प्रविष्टि तत्त्व में एकत्र करना चाहिए। यदि अग्र अनुच्छेद में संपूर्ण एकत्रीकरण संभव न हो तो प्रबलता को न्यूनतम रूप से अगले अनुच्छेदों में जाने देना चाहिए और इतना ही नहीं, बल्कि प्रबलता का यह महत्त्व अगले अनुच्छेदों में तीव्रता के ह्रासमान अनुक्रम के सिद्धांत पर आधारित होना चाहिए।

Canon of pure notation—शुद्ध अंकन अभिनियम।

वर्गीकरण-पद्धति में अंकन का शुद्ध (अमिश्रित) होना।

Canon of relativity—सापेक्षता अभिनियम।

वर्ग संख्या में अंकों की संख्या का निरूपित-वर्गों के क्रम का समानुपाती होना।

Canon of relevance—प्रसंगानुकूलता अभिनियम।

वर्गीकरण के आधार रूप में प्रयुक्त लक्षणों का वर्गीकरण के उद्देश्य के अनुसार प्रयोग करना।

Canon of relevant sequence—प्रसंगोचित क्रम अभिनियम।

वर्गीकरण के आधार रूप में प्रयुक्त लक्षणों का वर्गीकरण के उद्देश्य के

अनुसार लगातार एक क्रम में प्रयोग करना।

Canon of resolving power—विश्लेषण क्षमता अभिनियम।

ज्ञान-लोक के तात्कालिक प्रथम क्रम की पंक्ति में उपवर्गों को उनके उचित स्थान में प्रकट करने की विश्लेषण क्षमता।

Canon of reticence—संयतता अभिनियम।

वर्गीकरण-पद्धति में किसी वर्ग का ऐसा सूचक शब्द जिससे वर्गीकरण प्रणेता का अभिमत व्यक्त न हो या शब्द स्वत: ही समीक्षात्मक न हो।

Canon of scheduled mnemonics—अनुसूचित स्मृति सहायक अभिनियम।

प्रत्येक वर्गीकरण-पद्धति के अंतर्गत समस्त अथवा अनेक वर्गों की पंक्ति क्रम में प्रकट होनेवाले प्राथमिक समूह को सम्मिलित किया जाना। दूसरे शब्दों में, प्रत्येक वर्गीकरण-पद्धति द्वारा कुछ अनुसूचियाँ निर्मित की जाती हैं जिनका प्रयोग किसी भी मुख्य वर्ग के साथ किया जाता है।

Canon of seminal mnemonics—बीजभूत स्मृति सहायक अभिनियम।

वर्गीकरण-पद्धति में बीजभूत अवधारणाओं का प्रतिनिधित्व करने हेतु एक ही तथा समान अंक का प्रयोग करना, चाहे वह अवधारणा किसी भी पंक्ति अथवा वर्ग संदर्भ में विभिन्न शब्दों में प्रयुक्त हुई हो।

Canon of subordinate classes—अधीनस्थ वर्ग अभिनियम।

एक वर्ग के सभी उपवर्गों का, चाहे वे किसी भी शृंखला में आएँ, बिना एक-दूसरे से अलग हुए एक साथ आना या किसी अन्य वर्गों से पृथक् न होना।

Capacity of reader—पाठक क्षमता।

Cape morocco—केप मोरक्को।

Capitals—बड़े अक्षर।

Caption—शीर्षक।

Caption title—मुख्य शीर्ष।

Carbon copy—कार्बन प्रति।

Card—कार्ड।

Card board—गत्ता।

Card board box—गत्ते का बक्सा।

Card board cover—गत्ता जिल्द, गत्ता आवरण।

Card board cutter—गत्ता काटने की कैंची।

Card Box—कार्ड बक्सा।

Card cabinet—कार्ड कैबिनेट।

Card case—कार्ड केस।

Card catalogue—कार्ड-सूची।

Card catalogue cabinet—कार्ड-सूची कैबिनेट।

Card copy—कार्ड प्रति।

Card drawer—कार्ड दराज।

Card file—कार्ड फाइल।

Card form—कार्ड प्रतिरूप।

Card frame—कार्ड फ्रेम।

Card guide—कार्ड संदर्शक।

Card index—कार्ड-सूची, कार्ड-सूचक।

मानक आकार (75 मि.मी. × 125 मि.मी.) के कार्डों पर तैयार की गई अनुक्रमणिका।

Card loader (C.S.)—पत्रक प्रोग्राम भारक, कार्ड लोडर।

छिद्रिक कार्डों में उपलब्ध प्रोग्रामों को संग्रहाकार में भेजनेवाली नेमका।

Card number—कार्ड संख्या।

Card pass—कार्ड पास।

Card pocket—कार्ड पॉकेट।

Card punch buffer (C.S.)—कार्ड छिद्रक बफर, पत्रक छिद्रक बफर।

युगपत् कार्ड छिद्रक द्वारा कार्ड छिद्रित होने से पहले सूचना रखे जाने का स्थान।

Card punching (C.S.)—कार्ड छिद्रण, पत्रक छिद्रण।

अक्षरों, अंकों अथवा संप्रतीकों के छिद्र कार्ड में निरूपित करने की क्रिया।

Card repertory—समेकित सूची।

Card sorter—कार्ड शॉर्टर, कार्ड छाँटनेवाला।

Card system—कार्ड-पद्धति।

Card-to-magnetic tape converter (C.S.)—पत्रक चुंबकीय टेप।

छिद्रित कार्ड से सीधे चुंबकीय टेप पर सूचना का रूपांतरण।

Card to tape (C.S.)—पत्रक से फीता।

छिद्रित कार्ड से पेपर टेप पर सूचना का सीधा रूपांतरण।

Card tray—कार्ड ट्रे।

Career book—व्यवसाय विवरण पत्रिका।

ऐसी पत्रिका जिसमें विभिन्न व्यवसायों का उल्लेख, मार्गदर्शन हो।

Caret—लोपचिह्न, काकपद।

Caretaker—अनुरक्षक, रखवाल, पुस्तकालय का रखवाला।

Carolingian—कैरोलिंजियन।

Carrel—अनुसंधान कक्ष, अध्ययन कक्ष।

Cartobibliography—मानचित्र वर्णन।

Cartographer—मानचित्रकार, नक्शानवीस।

Cartographer case—मानचित्रकार मंजूषा, मानचित्रकार खोल (आवरण)।

Cartographer entry—मानचित्रकार प्रविष्टि।

Cartographic record—मानचित्रीय अभिलेख।

Cartography—मानचित्रकारी, मान-चित्रकला।

Cartoon—व्यंग्य चित्र।

Cartoon book—व्यंग्य चित्र पुस्तक।

Cartouche title—कार्तूश शीर्षक, कार्तूश आख्या।

Cartridge—संपुटिका, कारट्रिज।

Case book—वस्त्रावरणी पुस्तक।

ऐसी पुस्तक जिसकी जिल्द केस

(बक्से) के रूप में अलग से तैयार की गई हो।

Case work—केस जिल्द।

Casual paper—अनियमित पत्र।

Casual reader—अनियमित पाठक।

Catalogue—सूची-पत्र, सूची-पत्रक।

1. किसी ग्रंथालय या संकलन में उपलब्ध प्रलेखों या पाठ्य-सामग्री की सूची।

2. सूची से तात्पर्य उस व्यवस्थापन (arrangement) से है, जो किसी सुनियोजित योजना के अनुरूप किया गया हो।

Catalogue braille literature—अंधों के लिए लिखित पुस्तकों की सूची।

Catalogue card—सूची कार्ड, सूचक कार्ड।

ऐसा सौदा या लाइनदार कार्ड (75 मि.मी. × 125 मि.मी.) जिसपर सूची प्रविष्टि अंकित हो या अंकित की जाए।

Catalogue code—सूची संहिता।

पुस्तकालय में प्रलेखों, पुस्तकों, मानचित्रों, फिल्मों, टेपों, पत्र-पत्रिकाओं इत्यादि की सूची की संरचना तथा संरक्षण के लिए सूचीकारों के निर्देशन हेतु संहिता या नियमावली।

Catalogue department—सूची विभाग।

Catalogue drawer—सूचक दराज।

Catalogue in book form—पुस्तक रूपेण-सूची।

ऐसी सूची जो मुद्रित और पुस्तक रूप में हो।

Catalogue of anonymous literature—अनामक साहित्य सूची-पत्र।

ऐसी सूची जिसकी पुस्तकों के लेखकों का नाम वगैरह न हो।

Catalogue of banned books—प्रतिबंधित पुस्तकों की सूची।

राज्य द्वारा प्रतिबंधित पुस्तकों की सूची, जिसे पुस्तकों सहित सुरक्षित रखा गया हो।

Catalogue of book bargains—पुस्तक सौदा सूची-पत्र।

Catalogue of bound periodicals—जिल्द की गई पत्रिकाओं की सूची।

Catalogue of journals—पत्रिका-सूची।

Catalogue of periodicals—पत्रिका-सूची।

Catalogue of persons and places—व्यक्तियों और स्थानों की सूची।

Cataloguer—सूचीकार, कैटेलोगर।

ग्रंथालय सूचना विज्ञान में प्रशिक्षित वह पुस्तकाध्यक्ष जो सूची-पत्र की प्रविष्टियाँ तथा ग्रंथपरक विवरण तैयार करता है। पुस्तकों का वर्गीकरण और विषयों का निर्धारण भी अकसर वही करता है।

Catalogue raisonee—वर्गीकृत

सूची-पत्र, वर्गीकृत सूचक।

Catalogue section—सूचीकरण अनुभाग।

Cataloguing—सूचीकरण।

Cataloguing-in-source—प्रकाशनगत सूचीकरण।

प्रकाशक संघ/प्रकाशन समूह किसी एजेंसी/संस्था द्वारा प्रकाशन पूर्व सूचीकरण की प्रक्रिया।

Cataloguing rules—सूचीकरण नियम।

Cataloguing service—सूचीकरण सेवा।

Catch letters—सूचक अक्षर।

Catch word—सूचक शब्द, संकेतक।

Catch word index—सूचक शब्द अनुक्रमणिका।

अनुक्रमणिका में प्रस्तुत/प्रयुक्त वह महत्त्वपूर्ण शब्द जिसे प्रविष्टि में प्रथम स्थान दिया जाता है।

Categorisation—संवर्गीकरण।

Category—संवर्ग।

Cathedral binding—कैथेड्रल जिल्द।

Central—केंद्रीय।

Central catalogue—केंद्रीय सूची/मुख्य सूची।

केंद्रीय पुस्तकालय की सूची, जिसमें शाखा/घटक पुस्तकालयों के सूची-पत्र सम्मिलित होते हैं।

Central control unit (C.S.)—केंद्रीय नियंत्रण एकक।

केंद्रीय संसाधन एकक का एक भाग, जो प्रोग्राम निष्पादन को नियंत्रित करता है।

Central data processing (C.S.)—केंद्रीय दत्त संसाधन।

संस्था विशेष की दत्त संसाधन अपेक्षाओं का किसी एक दत्त संसाधन केंद्र में समूहीकरण।

Centralized book purchase—केंद्रीकृत पुस्तक खरीद।

Centralized catalogue—केंद्रीकृत सूची।

Centralized library—केंद्रीकृत पुस्तकालय।

Centralized registration—केंद्रीकृत पंजीकरण।

Centralized service—केंद्रीकृत सेवा।

Central library—केंद्रीय ग्रंथागार, केंद्रीय पुस्तकालय।

कई शाखाओं, विभागोंवाला प्रधान पुस्तकालय, केंद्रीय पुस्तकालय, बड़ा पुस्तकालय।

Central processor unit (C.S.)—केंद्रीय संसाधन एकक।

Central shelf list—केंद्रीय निधानी सूची।

मुख्य या केंद्रीय पुस्तकालय की पुस्तकों की सूची अथवा केंद्रीय एवं घटक पुस्तकालयों की संयुक्त पुस्तक सूची।

Central terminal (C.S.)—केंद्रीय टर्मिनल।

हार्डवेयर एकक, जिसमें विभिन्न टर्मिनलों से अनियत सूचना आती है और जो संसाधनार्थ संचित रखी जाती है, फिर केंद्रीय एकक को भेजी जाती है।

Centre—मध्य।

Centre note—मध्यटिप्पण, मध्यटिप्पणी।

Certificate course—सर्टिफिकेट कोर्स।

पुस्तकालय विज्ञान का तीन माह का प्रमाण-पत्र पाठ्यक्रम।

Certified bindery—प्रमाणित जिल्दघर।

Chafed—आघर्षित, चिकनाया हुआ।

Chain—शृंखला।

Chained library—शृंखलित पुस्तकालय।

Chain formation—शृंखला निर्माण।

वर्ग संख्या को एक शृंखला के रूप में किसी निश्चित विधि के अनुसार व्यक्त करना।

Chain indexing—शृंखला सूचीकरण।

शृंखला-प्रक्रिया के जन्मदाता डॉ. रंगनाथन के अनुसार, यह एक विधि है जिसके द्वारा वर्ग संख्या से कमोवेश यांत्रिक रूप (मेकैनिकल वे) में वर्ग निर्देशित प्रविष्टि (क्लास इंडेक्स एंट्री) प्राप्त की जाती है। इसे चेन प्रोसीजर शृंखला-प्रक्रिया भी कहा जाता है।

Chaining search (C.S.)—शृंखलाबद्ध अन्वेषण।

शृंखला-सूची में व्यवस्थित सूचना की खोज।

Chain library service—शृंखलाबद्ध पुस्तकालय सेवा।

Chain procedure—शृंखला-प्रक्रिया।

वह विधि जिसके द्वारा वर्ग संख्या से वर्ग निर्देशी प्रविष्टि प्राप्त की जाए।

Chain stitch—जुजबंदी (जिल्द), शृंखला सींवन।

Chain with gap—सविवर शृंखला।

Chalk manner (crayon manner)—चाक-पद्धति, क्रेयान-पद्धति।

Changed author—परिवर्तित लेखक।

Changed matter—परिवर्तित विषय।

Changed name—परिवर्तित नाम।

Changed publisher—परिवर्तित प्रकाशक।

Changed title—परिवर्तित आख्या, परिवर्तित शीर्षक।

Channel—वाहिका, चैनल।

Channel of book distribution—पुस्तक वितरण माध्यम।

Channel of promotion—पदोन्नति के माध्यम (चैनल)।

Chap—सस्ती बुक, सस्ती किताब, बाजारू संस्करण।

Chap book—बाल पुस्तक।

Chapter—अध्याय।

Chapter heading—अध्याय आख्या।

Character (C.S.)—चिह्न, संप्रतीक।

दत्त संसाधन प्रणाली में प्रयोग में आनेवाला प्रतीक समुच्चय का कोई

सदस्य, यथा—अंक, अक्षर, विराम-चिह्न इत्यादि।

Characteristic—विशेषता।

Character string (C.S.)—चिह्नमाला।

स्मृति या किसी माध्यम में चिह्नों की एकविम पंक्ति।

Charge—निर्गमलेखा।

Charge allowance—कार्यभार भत्ता।

Charge sheet—आरोप पत्रक।

Charging—निर्गम।

Charging card—निर्गम कार्ड, पत्रक।

Charging clerk—निर्गम लिपिक।

Charging department—निर्गम विभाग।

पुस्तकालय का वह विभाग जहाँ से पुस्तकों का निर्गम होता है।

Charging desk—निर्गम डेस्क।

वह डेस्क जहाँ से पाठकों को पुस्तकें निर्गत की जाती हैं।

Charging file—निर्गम मिसिल, निर्गम फाइल।

Charging guide—निर्गम संदर्शिका, निर्गम निदेशिका।

Charging Librarian—निर्गम ग्रंथालयी।

Charging machine—निर्गम मशीन, निर्गम यंत्र, चार्जिंग मशीन।

निर्गत पुस्तक लेखा मशीन।

Charging method—निर्गम विधि, निर्गम प्रणाली।

पाठकों को पुस्तकें आगत-निर्गत करने की विधि।

Charging record—निर्गम अभिलेख।

Charging system—निर्गम-पद्धति।

Charging tray—निर्गम ट्रे।

लकड़ी/स्टील/अल्यूमिनियम की ऐसी ट्रे जिसमें निर्गम रिकॉर्ड रखा जाए।

Chart—चार्ट।

Chart book—चार्ट पुस्तक।

Chartered Librarain—चार्टर्ड लाइब्रेरियन, सनदी ग्रंथालयी, चार्टरित पुस्तकालयाध्यक्ष।

Charter hand—अदालती लिखावट।

Charter roll—अधिकार-पत्र, खर्रा।

Chaste language—सुसंस्कृत भाषा।

Cheap book—सस्ती पुस्तक।

Cheap edition—सस्ता संस्करण।

Check character (C.S.)—जाँच-चिह्न।

चिह्न, जो किसी चिह्न-समूह का भाग हो और संचयन या स्थानांतरण के समय अन्य चिह्नों की स्वीकार्यता की जाँच करे।

Checking clerk—जाँच-पड़ताल करनेवाला लिपिक।

Checking copy—जाँच प्रति।

Checking list—जाँच-सूची।

Checking programme (C.S.)—जाँच प्रोग्राम।

अभिकलित्र का वह प्रोग्राम जो अन्य प्रोग्रामों की त्रुटियाँ बताए।

Check list—चिह्नांकन-सूची, जाँच-सूची।

पुस्तकों, पत्र-पत्रिकाओं एवं अन्य पाठ्य-सामग्री की ऐसी संपूर्ण सूची जिसमें पुस्तकों का कम-से-कम विवरण हो। जिससे पुस्तकों के संबंध में जानकारी हासिल की जा सके।

Check list classification—जाँच-सूची वर्गीकरण।

संपूर्ण पुस्तक सूची का जिसमें कम विवरण हो, उनका वर्गीकरण।

Check system—जाँच-विधि।

पुस्तक संकलन की जाँच-विधि।

Chief Editor—प्रमुख संपादक।

Chief Librarian—मुख्य पुस्तकालयाध्यक्ष, प्रधान ग्रंथालयी।

Chief News Editor—मुख्य समाचार संपादक।

Children library—बाल पुस्तकालय।

Children literature—बाल साहित्य।

Children's Book Trust—बाल साहित्य न्यास, बाल साहित्य ट्रस्ट।

Children's book week—बाल साहित्य सप्ताह।

Children's collection—बाल संग्रह, बाल साहित्य।

Children's department—पुस्तकालय का बाल विभाग।

Children's edition—बाल-संस्करण।

Children's encyclopedia—बाल-विश्वकोश।

Children's library—बाल-पुस्तकालय।

Children's reading habit survey—बाल-अध्ययन आदत सर्वे।

China paper (Chinese paper)—चीनी कागज।

China style—चीनी शैली।

Chinehing—रज्जु बंधन, रस्सी बंधन।

Chineh mark—बंधन-चिह्न।

Chinese language library—चीनी भाषा पुस्तकालय।

Chink ink—काली स्याही।

Chirography—हस्तलेखन कला।

Choroschematic map—वर्णप्रतीकी मानचित्र।

Chrestomathy—संकलनिका, उद्धरणिका।

Chromo—क्रोमो कागज, वर्णात्मक।

Chromographist—वर्णलेखक।

Chromography—वर्णलेख।

Chromo-lithography—क्रोमोलिथोग्राफी, रंजित शिला मुद्रण।

Chromo paper—क्रोमो कागज, क्रोमो पेपर, इकलेपी कागज।

Chromos—क्रोमो कागज।

Chronicle—इतिवृत्त।

Chronogram—तिथिबंध, तारीख बीजाक्षरी।

Chronological—कालानुक्रमिक।

Chronological device—कालानुक्रमिक युक्ति।

Chronological only—कालानुक्रम।

ऐसा तिथिवार क्रम जिसमें पुस्तकों

को कालक्रम से व्यवस्थित किया गया हो; प्रविष्टियों का कालानुक्रम से व्यवस्थापन।

Chronological record—कालानुक्रमिक अभिलेख।

Chronological sequence—कालानुक्रम।

Chronological table—कालानुक्रम सारिणी।

Chronology—कालानुक्रम, तैथिकी।

Chronology of events—घटनाक्रम।

Chrysography—स्वर्णाक्षर लेखन।

Church library—चर्च पुस्तकालय।

चर्च से संबद्ध पुस्तकालय।

Church literature—चर्च साहित्य, धार्मिक ईसाई साहित्य।

चर्च में संकलित धार्मिक साहित्य।

Chute—ग्रंथसर्पिका।

Circulating library—परिचालन पुस्तकालय।

Circulation—परिचालन।

पुस्तकालय में आगत-निर्गत प्रक्रिया।

Circulation date—1. परिचालन तिथि, 2. प्रकाशन तिथि।

Circulation department—परिचालन विभाग, निर्गमागम विभाग।

पुस्तकालय का वह विभाग जहाँ पुस्तकों का निर्गम-आगम संपन्न होता है।

Circulation desk—परिचालन डेस्क।

वह डेस्क जहाँ से पुस्तकों का निर्गम-आगम होता है।

Circulation file—परिचालन फाइल।

Circulation librarian—परिचालन पुस्तकालयाध्यक्ष।

निर्गत-आगत करनेवाला पुस्तकालयाध्यक्ष।

Circulation record—परिचालन अभिलेख, परिचालन रिकॉर्ड।

निर्गत-आगत पुस्तकों का तिथिवार अभिलेख।

Circulation register—परिचालन पंजिका, परिचालन रजिस्टर।

छोटे पुस्तकालयों में वह परिचालन रजिस्टर जिसमें पुस्तकों का निर्गत-आगत अभिलेख दर्ज रहता है।

Circulation table—परिचालन टेबल।

Circulation tray—परिचालन ट्रे।

Circulation work—परिचालन कार्य।

Citation—उद्धरण।

City library—नगर पुस्तकालय।

Clandestine—गुप्त।

Clandestine book—गुप्त या गोपनीय पुस्तक।

Clandestine literature—गुप्त साहित्य, गोपनीय साहित्य।

Clandestine press (underground press)—गुप्त प्रेस, गोपनीय मुद्रणालय।

Clasp—पकड़।

Class—वर्ग, श्रेणी, संवर्ग।

Class book—पाठ्य-पुस्तक, कक्षा ग्रंथ।

Class catalogue—वर्गीकृत सूची।

वर्गीकरण-पद्धति के अनुसार विषयवार व्यवस्थित की गई सूची।

Class content—वर्ग विषय, वर्गाशय।

Classed library—वर्गीकृत पुस्तकालय।

Class entry—वर्ग प्रविष्टि।

Classer—वर्गकार।

Class guide—वर्ग निदेशिका, वर्ग संदर्शिका।

Class heading—वर्ग शीर्षक।

Classic—कालजयी, अभिजात कृति, श्रेण्य ग्रंथ, गौरव ग्रंथ, क्लासिक।

ऐसे गौरवपूर्ण-उत्कृष्ट ग्रंथ जिनके अन्य भाषाओं में कई रूपांतरण-अनुवाद हुए हों, जो साहित्य-समाज के लिए प्रेरणा स्रोत हों, अक्षय ग्रंथ हों।

Classical author—क्लासिकी लेखक, श्रेण्य ग्रंथ लेखक।

श्रेण्य ग्रंथ का लेखक क्लासिकी लेखक कहलाता है।

Classical edition—क्लासिकी संस्करण।

Classical library—क्लासिकी पुस्तकालय।

Classical literature—क्लासिकी साहित्य।

Classic device—श्रेण्य ग्रंथ युक्ति।

इसके माध्यम से एक श्रेण्य ग्रंथ के सभी संस्करण एक स्थान पर आते हैं।

Classification—वर्गीकरण।

1. वर्गीकरण वह प्रक्रिया है जिसके आधार पर पुस्तक को उचित स्थान पर रखने, उसे पुन: प्राप्त करने आदि में सहायता मिलती है।

2. वर्गीकरण पुस्तक जगत् की पुस्तकों के गुण-धर्म के आधार पर व्यवस्थान तथा भविष्य में संदर्भ हेतु प्राप्त करने में सहायक विधा है। वर्गीकरण विधा पुस्तक की तलाश में मदद करती है।

Classification book—वर्गीकरण पुस्तक।

Classification by dichotomy—द्विवर्गीकरण।

Classification by language—भाषा से वर्गीकरण।

Classification by size—आकार से वर्गीकरण।

Classification chart—वर्गीकरण चार्ट।

Classification code—वर्गीकरण संहिता।

वर्गकार के मार्गदर्शन हेतु वर्गीकरण नियम संहिता।

Classificationist—वर्गकार।

Classification language—वर्गकार भाषा।

वर्गीकरण-पद्धति में प्रयुक्त संख्याओं और विशिष्ट शब्दों की निश्चित सांकेतिक भाषा।

Classification note—वर्गीकरण टिप्पण।

Classification number—वर्गीकरण संख्या।

वर्गीकरण-पद्धति की निश्चित-मानक संख्या।

Classification schedule—वर्गीकरण अनुसूची।

वर्गीकरण-पद्धति की सर्वमान्य रूपरेखा।

Classification scheme—वर्गीकरण-पद्धति।

Classification system—वर्गीकरण विधि या पद्धति।

वर्गीकरण की कोई मान्य पद्धति, जैसे—द्विबिंदु वर्गीकरण (डॉ. रंगनाथन) या दशमलव वर्गीकरण (मेल विल डीवी)।

Classification table—वर्गीकरण सारणी।

Classification terms—वर्गीकरण शब्दावली।

Classified—वर्गीकृत।

Classified abstract—वर्गीकृत सार।

Classified arrangement—वर्गीकृत क्रम।

वर्गीकरण-पद्धति के आधार पर निश्चित किया गया क्रम।

Classified catalogue—वर्गीकृत सूची।

Classified catalogue card—वर्गीकृत सूची-पत्रक।

Classified catalogue code—वर्गीकृत सूची संहिता।

सूचीकरण एवं सूची संहिता के क्षेत्र में वैज्ञानिक विधि का उपयोग सन् 1937 से डॉ. रंगनाथन ने निर्धारित किया। इसके कई संस्करण निकले हैं। इसमें पुस्तकों तथा आवधिक प्रकाशनों (पीरियोडिकल पब्लिकेशंस्) आदि के सूचीकरण की व्यवस्था है। इसमें शृंखला-प्रक्रिया को अपनाया गया है। आख्या और अतिरेक पृष्ठों को महत्त्व प्रदान किया गया है।

Classified document—वर्गीकृत दस्तावेज या अभिलेख।

ऐसे अभिलेख जिन्हें परिचालन हेतु नहीं रखा जाता वरन् विशिष्ट लोगों के लिए संदर्भ हेतु सँभालकर ताले में रखा जाता है। इसका अलग रजिस्टर अथवा रिकॉर्ड रखा जाता है।

Classified filing system—वर्गीकृत फाइल पद्धति।

विषयानुसार ऐसा तार्किक क्रम जो संख्याओं या संकेतों से सूचित किया जाता है।

Classified index—वर्गीकृत अनुक्रमणिका।

Classified order—वर्गीकृत क्रम।

पुस्तकों-प्रलेखों का किसी वर्गीकरण-पद्धति के अनुसार निश्चित किया गया क्रम।

Classified part—वर्गीकृत भाग।

Classified section—वर्गीकृत अनुभाग।

Classified subject catalogue—

वर्गीकृत विषय-सूची।

Classified subject index—वर्गीकृत विषय अनुक्रमणिका।

Classifier—वर्गकार, वर्गीकरण कर्ता, वर्गक।

Class letter—वर्ग संकेताक्षर।

Class librarian—कक्षा ग्रंथालयी, कक्षा पुस्तकालयाध्यक्ष।

Class library—कक्षा पुस्तकालय।

Class list—वर्ग-सूची।

Class mark—वर्ग चिह्न।

Class notation—वर्ग अंकन।

Class number—वर्गीकरण संख्या।

वर्गीकरण-पद्धति में पुस्तक-प्रलेख को प्रदत्त वह संख्या जो पुस्तकालय शेल्फ (अलमारी) में विषयानुसार निर्धारित स्थान पर प्रतिष्ठित की जा सके।

Class room collection—कक्षा पुस्तक संकलन।

Class room deposit—कक्षा पुस्तक संग्रह, कक्षा पुस्तक संकलन।

Class room librarian—कक्षा पुस्तकालयाध्यक्ष।

Class room library—कक्षा पुस्तकालय।

Class sequence—वर्गक्रम।

Clearance certificate—बेबाकी प्रमाण-पत्र।

पुस्तकालय का किताबी लेन-देन आदि का हिसाब चुकाने पर प्राप्त बेबाकी प्रमाण-पत्र।

Clearance house for documentation—प्रलेख वितरण केंद्र।

Clearance house for duplicates—अतिरिक्त प्रति वितरण केंद्र।

Clearance house for government documents—सरकारी प्रलेख वितरण केंद्र।

Clearance house for gratis publications—मानार्थ प्रकाशन वितरण केंद्र।

Clearance house for information—पुस्तकालय सूचना प्रसार केंद्र।

Clearance house for literature for neoliterates—नवसाक्षर साहित्य वितरण केंद्र।

Clearance house for Unesco publications—यूनेस्को प्रकाशन वितरण केंद्र।

Cleat—दाँतेदार रैक।

Clergy—पादरी, पादरी वर्ग।

Cliche—छापा, ठप्पा।

Client—पाठकजन।

Clientage—पाठक वर्ग, सेवार्थी।

Clientele—सेवार्थीवृंद, पाठकगण, पाठक वर्ग।

Clipping—कतरन।

समाचार-पत्र या पत्रिका के वांछित भाग या लेख का काटा हुआ हिस्सा।

Clipping bureau—कतरन ब्यूरो या कार्यालय।

Clipping circulation—कतरन परिचालन।

Clipping file—कतरन फाइल।

Clipping room—कतरन कक्ष।

Clipping section—कतरन अनुभाग।

Clipping service—कतरन सेवा।

समाचार-पत्र या पत्रिका से विशेष समाचार लेख काटकर पाठकों के अध्ययन-सूचनार्थ उचित स्थान पर प्रदर्शित करने की प्रक्रिया।

Close—सूक्ष्म।

Close classification—सूक्ष्म वर्गीकरण।

Closed—बंद, प्रतिबद्ध।

Closed access—अप्रवेश्य।

ऐसा संकलन-संग्रह जहाँ पाठक को जाने की मनाही हो अथवा सीमित आज्ञा हो।

Closed array—पूरित पंक्ति।

Closed bibliography—पूर्ण ग्रंथ-सूची।

Closed file—बंद संचिका।

Closed joint—हठ जोड़, दृढ़ संधि।

जिल्दसाजी में मजबूत जोड़, जो गत्तों को जोड़ने से बनता है।

Closed list—संवृत्त सूची।

Closed records—बंद अभिलेख।

Closed register—बंद पंजिका।

Closed reserve—आरक्षित संग्रह।

Co-author—सहलेखक।

COBOL (C.S.)—कोबोल, कंप्यूटर की एक भाषा।

कॉमन बिजनेस ओरिएंटेड लैंग्वेज (CO + B + O + L)।

Code—संहिता।

Code dictionary—कोड कोश, संकेत कोश।

Code encyclopedia—संकेत विश्वकोश।

Code of library ethics—पुस्तकालय आचार संहिता।

Code of library service—पुस्तकालय सेवा संहिता।

Code word—संकेत शब्द, कोड शब्द।

Codex—ग्रंथक, पर्ण पुस्तक, हस्तलिखित पुस्तक।

Codification—संहिताकरण।

Codified—संहिताबद्ध।

Codifier—संहिताकार।

Coding—संकेतीकरण, कोडीकरण।

Co-editor—सहसंपादक।

Cole size card—कोल-आकारी कार्ड।

Collaboration—सहयोग, सहलेखन।

Collaborator—सहलेखक।

ऐसा लेखक जो एक या अधिक लेखकों के साथ लेखन कार्य करे।

Collate—परितुलन करना।

Collated document—मिलाया हुआ दस्तावेज, परितुलित अभिलेख।

Collated edition—पाठ शोधित संस्करण, परितुलित संस्करण।

Collateral array—संवर्ग पंक्ति, संपार्श्विक पंक्ति।

एक ही क्रम की पंक्तियाँ, जो उसी

विषय में पाई गई हों।

Collateral book—सहायक पुस्तक।

Collateral class—संपार्श्विक वर्ग।

Collating—मिलाना; विषय, अभिलेख या मिसिल-मिलान।

Collating mark—मिसिल-मिलान चिह्न।

Collation—ग्रंथेक्षण।

Collected documents—संगृहीत प्रलेख।

Collected works—कृति संग्रह, संपूर्ण वाङ्मय।

एक लेखक या रचनाकार की संपूर्ण कृतियों का संकलन, एक लेखक की विभिन्न कृतियों का एक आकार में एक प्रकाशक द्वारा (संपूर्ण वाङ्मय) प्रकाशन।

Collection—संग्रह, संकलन।

लेखक या रचनाकार की रचनाओं का संकलन।

Collection entry—संग्रह प्रविष्टि।

Collection number—संकलन अंक।

ऐसी संख्या जो मुख्य संग्रह के अतिरिक्त अन्य संग्रह का संकेत करे।

Collection of rental books—सशुल्क पुस्तकों का संग्रह।

Collective bibliography—संकलित ग्रंथ-सूची।

Collective biography—जीवनी संग्रह।

Collective entries—समुच्चित प्रविष्टियाँ।

Collective title—समुच्चित आख्या।

पुस्तक के ऐसे शीर्षक जिनके लेख अलग-अलग लेखकों द्वारा लिखित हों। इसकी प्रविष्टि सूची-पत्र में दी गई आख्या के अनुसार होगी।

Collector—संग्रहक, संग्रहकर्ता, संकलक।

College librarian—कॉलेज ग्रंथालयी, महाविद्यालय पुस्तकालयाध्यक्ष।

College library—कॉलेज लाइब्रेरी, महाविद्यालय पुस्तकालय।

College of library science—पुस्तकालय विज्ञान कॉलेज।

Colon—द्विबिंदु।

Colon abbreviation—द्विबिंदु संक्षेप।

Colon book number—कोलन पुस्तक संख्या।

कोलन-पद्धति द्वारा पुस्तकों-अभिलेखों के व्यष्टीकरण हेतु पुस्तक संख्या विधि।

Colon classification—द्विबिंदु वर्गीकरण।

डॉ. रंगनाथन द्वारा आविष्कृत द्विबिंदु वर्गीकरण-पद्धति।

Colonial edition—औपनिवेशिक संस्करण।

Colophon—पुष्पिका।

Colophon date—पुष्पिका तिथि।

Colour book—रंगीन पुस्तक।

Coloured map—रंगीन नक्शा, रंगीन मानचित्र।

Coloured paper—रंगीन पेपर, रंगीन कागज।

Coloured plate—रंगीन प्लेट।

Colour sensitivity—वर्ण सुगाहिता।

Colour separation—रंग पृथक्करण।

Colour slide—रंगीन स्लाइड।

Colour transparency—रंगीन पारदर्शिका।

Colour wood engraving—रंगीन काष्ठ उत्कीर्णन।

Colour work—रंगीन छपाई, रंगीन मुद्रण, वर्ण मुद्रण।

Columnar classification—स्तंभ वर्गीकरण।

Column binary (C.S.)—बाइनरी कॉलम।

कार्डों के कॉलम में द्विआधारी चिह्न निरूपण।

Column head—स्तंभ शीर्ष।

Column inch—कॉलम इंच, स्तंभ इंच।

Columnist—कॉलम लेखक।

Combination of numbers—संख्या संयोजन।

Combined author—संयुक्त लेखक।

Combined edition—संयुक्त संस्करण।

Combined issue—संयुक्तांक।

Comb pattern—कंकत प्रतिरूप।

Commemoration volume (festschrift)—अभिनंदन ग्रंथ।

Commemorative volume—स्मारक ग्रंथ।

Commentary—टीका, समीक्षा।

Commentator—टीकाकार, समीक्षक।

Commerce—वाणिज्य, व्यापार।

Commercial Intelligence And Statistics Library—वाणिज्यिक आसूचना एवं सांख्यिकी पुस्तकालय।

Commercial language (C.S.)—व्यावसायिक भाषा; जैसे कोबोल, लोट्स।

Commercial library—वाणिज्यिक पुस्तकालय, व्यापारिक ग्रंथालय।

Committee of book selection—पुस्तक चयन समिति।

Common business oriented language (C.S.)—कोबोल।

Common Isolate—सामान्य वियोजक।

Common language—सामान्य भाषा।

Common language (C.S.)—सामान्य भाषा, साधारण भाषा।

दत्त या सूचना का संसाधन प्रणाली के एककों के लिए सुबोधगम्य रूप में प्रस्तुतीकरण ताकि सूचना को विभिन्न एककों के बीच स्थानांतरित किया जा सके।

Common storage area (C.S.)—सामान्य संचय-क्षेत्र।

Communication devices (C.S.)—संचार युक्ति।

Communication library—संचार पुस्तकालय।

Community development library—सामुदायिक विकास

पुस्तकालय।

Community reading habits—सामुदायिक अध्ययन आदत।

Community study—सामुदायिक अध्ययन।

Compact shelving—संहत संग्रह।

पाठ्य-सामग्री संग्रह हेतु निर्मित ऐसी चल निधानी जो संग्रह कक्ष में एक जगह से दूसरी जगह आसानी से ले जाई जा सके।

Company file—कंपनी फाइल।

Company history file—कंपनी इतिवृत्त फाइल।

Compare (C.S.)—मिलान।

दत्त/सूचना अभिलेखों का मिलान।

Comparison relation—तुलना संबंध।

वह कला संबंध जिसमें कला-1 की तुलना कला-2 के साथ की जाती है।

Compartment—खाना, डिब्बा, कंपार्टमेंट।

Compass map—कंपास मानचित्र, कंपास नक्शा।

Compendium—सार संग्रह, संग्रह, संक्षेप।

किसी प्रकाशन का सार-संग्रह।

Competition—प्रतियोगिता।

Competition success review—प्रतियोगिता साफल्य रिव्यू।

Competitor file—प्रतियोगियों की फाइल।

Compilation—संकलन।

Compilation time (C.S.)—रूपांतरण अवधि।

Compilator—संकलनकर्ता।

लेख-रचनाएँ संकलित करनेवाला संग्राहक।

Compiler—संकलन, संकलनकर्ता।

अनेक स्रोतों से लेख, आँकड़े या अन्य रचनाएँ एकत्र करके मुद्रण हेतु संकलन-संपादन करनेवाला।

Compiler (C.S.)—रूपांतरक।

स्रोतभाषा से लक्ष्यभाषा तक प्रोग्राम के रूपांतरण का समय।

सॉफ्टवेयर प्रोग्राम का मशीनी (यांत्रिक) भाषा में रूपांतरण।

Compiler entry—संकलनकर्ता प्रविष्टि।

पुस्तक सूची की वह प्रविष्टि जो संकलनकर्ता के नाम से तैयार की गई हो।

Complete assortment—निश्शेष वर्गीकरण।

लक्षण क्रम के आधार पर किसी समष्टि की प्रविष्टियों के वर्गीकरण की ऐसी क्रिया जिसमें अंत में कोई गुणन शेष न रहे।

Complete bibliography—पूर्ण ग्रंथ-सूची।

Complete chain—पूर्ण श्रृंखला, अनाबद्ध प्राथमिक श्रृंखला।

ऐसी श्रृंखला जिसमें मूल समष्टि उस श्रृंखला की प्रथम कड़ी और एक

विषयक वर्ग की अंतिम कड़ी है।

Complete division—पूर्ण विभाजन।

Complete edition—पूर्ण संस्करण।

Complete in manuscript—हस्तलिपि में पूर्ण।

Complete series—पूर्ण ग्रंथमाला।

Complete works—पूर्ण ग्रंथमालिका, ग्रंथावली, समग्र वाङ्मय।

Complex—जटिल, सम्मिश्र।

Complex array isolate—सम्मिश्र पंक्ति वियोजक।

ऐसा पंक्ति वियोजक जो दो या अधिक, एक या अधिक पंक्तियों में उनको मिलाने से पाया जाए और जो उन दोनों का संबंध भी बताए तथा उनके अध्यारोपण से भिन्न हो।

Complex class—सम्मिश्र वर्ग।

ऐसा वर्ग जो दो या अधिक मूल वर्गों के योग से बने तथा उनके संबंध को अभिव्यक्त करे।

Complex isolate—सम्मिश्र वियोजक।

दो या अधिक वियोजकों के मेल से एक तथा एक ही मुख में निर्मित वह वियोजक जो अध्यारोपण के अतिरिक्त आपसी संबंध को अभिव्यक्त करे।

Complex transcription—सम्मिश्र लिप्यंतरण, सम्मिश्र लिप्यंकन।

Complimentary—मानार्थ।

Complimentary copy—मानार्थ प्रति।

Complimentary list—मानार्थ सूची।

Composer—रचयिता, रचनाकार।

Composite classification—सम्मिश्र वर्गीकरण।

Composite volume—सम्मिश्र जिल्द, सम्मिश्र संपुट।

Composition—निबंध, प्रबंध।

Compound—संयुक्त, यौगिक।

Compound catchword—संयुक्त सूचक शब्द।

Compound class—संयुक्त वर्ग।

ऐसा वर्ग जिसमें एक मूल मुख तथा एक या अधिक वियोजक मुख हों।

Compound family name—अनेक पद गृहनाम।

Compound heading—संयुक्त शीर्षक।

Compound name—संयुक्त नाम।

Compound number—संयुक्त संख्या।

Compound subject—संयुक्त विषय।

Compound subject heading—संयुक्त विषय शीर्षक।

ऐसा विषय शीर्षक जो वाक्यों या दो शब्दों से मिलकर बना हो।

Compound subject name—संयुक्त विषय नाम।

Compound title—संयुक्त शीर्ष।

Comprehensive—विशद, व्यापक।

Comprehensive abstracting service—व्यापक सारांश सेवा।

Comprehensive bibliography—व्यापक ग्रंथ-सूची।

Comprehensive cataloguing—व्यापक सूचीकरण।

Comprehensive news service—विशद समाचार सेवा।

Compte classification—कांपटे का वर्गीकरण।

Computer (C.S.)—कंप्यूटर, अभिकलित्र, अभिकलक।

वह यांत्रिक उपकरण जिसके द्वारा सूचना को ग्रहण कर उसे निर्धारित प्रक्रमों में लागू करने के पश्चात्, तदनुरूप परिणामों को प्रस्तुत किया जा सके।

अभिकलित्र (कंप्यूटर) में निवेश एवं बहिर्वेश उपकरण, संचयक, अंक-क्रिया, तर्कसंगत एकक तथा नियंत्रक एकक का प्राधान्य होता है।

Computer language (C.S.)—अभिकलित्र की निर्धारित-नियंत्रित भाषा, कंप्यूटर की भाषा।

Computer personnel (C.S.)—अभिकलित्र कर्मचारी वर्ग।

1. अभिकलित्र का कार्य करनेवाले तकनीकी व्यक्ति।

2. अभिकलित्र परिचालन से संबद्ध प्रशिक्षित कर्मचारी समुदाय।

Computer programme—अभिकलित्र प्रोग्राम।

अभिकलित्र में प्रयुक्त अनुदेशों का समुच्चय, जिसकी सहायता से अपेक्षित कार्य का निष्पादन हो सके।

Computer programmer—कंप्यूटर प्रोग्रामर।

Computer system—अभिकलित्र प्रणाली।

केंद्रीय संसाधित्र तथा समीपस्थ परिधीय एकल, जो संसाधित्र के युगपत् होते हैं या हो सकते हैं। इनसे अभिकलित्र-व्यूह निर्मित होता है, जिसे 'विन्यास' भी कहते हैं।

Computer typesetting—अभिकलित्र अक्षर योजन, अभिकलित्र टाइपसेटिंग।

Concealed joint—प्रच्छन्न जोड़।

जिल्द में अस्तर कागज का ऐसा जोड़ जिसमें कपड़ा कागज से ढका हुआ हो।

Concentration—एकाग्रता, ध्यान स्थिरता।

Concept—संकल्पना।

Concilium bibliographicum—कंसीलियम बिबलियोग्राफिकम।

Concise—संक्षिप्त।

Concise edition—संक्षिप्त संस्करण।

Concordance—शब्दानुक्रमणिका, विषयानुक्रमणिका।

Concotive—मनगढ़ंत।

Concrete entity—मूर्त पदार्थ।

Concurrent—समवर्ती।

Condemn—अनुपयोगी।

Condemned book—निषिद्ध पुस्तक।

Condensation—संघनन।

Condensed article—संक्षिप्त लेख।

Condensed edition—संक्षिप्त संस्करण।

Condensed form—संक्षिप्त रूप।

Condensed magazine—संक्षिप्त पत्रिका।

Condensed periodical—संक्षिप्त पत्रिका।

Conditional stop instruction (C.S.)—सोपाधिक विराम अनुदेश।

ऐसा अनुदेश जो किसी निश्चित स्थिति या स्थितियों में प्रोग्राम को रोक देता है।

Conference—सम्मेलन।

Conflation—पाठ-समेकन, समेकित पाठ।

Conjugate—संयुग्मी।

Conjugate leaves—संयुग्मी पृष्ठ, संयुग्मी पन्ने।

पुस्तक के ऐसे दो पन्ने जिन्हें सिलाईवाले मोड़ पर से फैलाने पर कागज का एक ही टुकड़ा प्राप्त हो।

Connecting digit—संयोजक अंक।

ऐसा अंक जो वर्ग संख्या में योजक का काम करे, उसे वर्गीकरण की भाषा में 'संयोजक अंक' कहा जाता है।

Connecting element—संयोजक अवयव।

Connecting symbol—संयोजक प्रतीक।

ऐसा प्रतीक जो एक या एक से अधिक विषयों या मुखों को जोड़ने का कार्य करे।

Connective catalogue—संयोजी सूची, अंतर्निर्देशी सूची।

ऐसी शब्दकोशीय सूची जिसमें प्रतिनिर्देशों की योजना से प्रविष्टियों को एक समग्र रूप में प्रस्तुत करने हेतु मिलाया जाता है।

Conservation—संरक्षण।

Conservation of document—दस्तावेज संरक्षण।

Console display register (C.S.)—कंसोल प्रदर्श रजिस्टर।

विशेष रजिस्टर, जिसमें कंसोल प्रदर्श पर सूचना प्रदर्शित की जाती है।

Console typewriter (C.S.)—कंसोल टाइपराइटर, कंसोल टंकित्र।

उपयोक्ता और अभिकलित्र (कंप्यूटर) के बीच संचार का माध्यम।

Consolidated abstract—समेकित सार।

Consolidated entry—समेकित प्रविष्टि।

Consolidated general entry—समेकित सामान्य प्रविष्टि।

Consolidated index—समेकित अनुक्रमणिका।

किसी पुस्तक के कई खंडों, क्रमिक या धारावाहिक प्रकाशनों की एक संयुक्त अनुक्रमणिका।

Consolidated list of book—समेकित पुस्तक सूची।

Consolidated list of new arrivals—नए प्रकाशनों की समेकित सूची।

Consolidated series—समेकित ग्रंथमाला।

Consolidated specific entry—समेकित विशिष्ट प्रविष्टि।

Consolidated trade catalogue—समेकित व्यापारिक पुस्तक सूची।

Contact language—संपर्क भाषा।

Contact literature—संपर्क साहित्य।

Contact paper—संपर्क पत्र।

Contact with catalogue—सूची संपर्क।

Contemporary—समकालीन, समकालिक।

Contemporary literature—समकालीन साहित्य।

Contents—विषय-सूची।

Contents book—विषय-सूची पुस्तिका।

Contents card—विषय-सूची पत्रक।

Contents note—विषय-सूची टिप्पण, विषय-सूची विवरण।

Continuation—अनुवर्ती।

Continuation card—अनुवर्ती कार्ड, अनुवर्ती पत्रक।

Continuation file—अनुवर्ती फाइल।

Continuation list—अनुवर्ती सूची।

Continuation publication—अनुवर्ती प्रकाशन।

Continuation order—अनुवर्ती ऑर्डर, आदेश।

Continuation record—अनुवर्ती रिकॉर्ड/अभिलेख।

Continuation register—अनुवर्ती पंजिका/रजिस्टर।

Continued card—अनुबद्ध कार्ड।

Continuing—अविरत, अनुवर्ती।

Continuous array—अविरत पंक्ति।

Continuous pagination—अविरत पृष्ठांकन।

Continuous printer—सतत मुद्रक।

Continuous publication—अविरत प्रकाशन।

Continuous registration—अविरत पंजीकरण।

Continuous revision—अविरत संशोधन, अविरत पुनरीक्षण।

Contour line—समोच्च रेखा।

Contour map—समोच्च मानचित्र।

Contract—संविदा।

Contractions—संकुचन, संक्षेप।

Contract system—संविदा-पद्धति।

Contribution—योगदान, अंशदान।

Contributory library service—अंशदायी पुस्तकालय सेवा।

Control computer process (C.S.)—नियंत्रण अभिकलित्र (प्रक्रम)।

(देखिए real time computer)।

Control sequence (C.S.)—नियंत्रण अनुक्रम।

प्रोग्राम के निष्पादन में नियंत्रण स्थापक क्रम।

Control statement (C.S.)—नियंत्रक अनुदेश।

वह अनुदेश जो प्रोग्राम के निष्पादन को नियंत्रित करता है।

Control tape (C.S.)—नियंत्रक टेप।
प्लास्टिक टेप या कागज का टेप, जो मुद्रण की क्रिया को नियंत्रित करता है।

Control totals (C.S.)—नियंत्रक योग।
रिकॉर्डों और फाइलों में अभिलिखित जोड़, जिससे यह जाँच की जा सके फिर विशिष्ट संसाधन-क्रिया के मध्य संसाधन का कार्य रिकॉर्डों में अभिलिखित हो चुका है या नहीं।

Control transfer instruction (C.S.)—स्थानांतरण अनुदेश।
प्रोग्राम निष्पादन की अपेक्षित दिशा देने में प्रयुक्त हिदायत।

Convention—1. सम्मेलन, समागम; 2. प्रचलन, प्रथा।

Conventional name—परंपरागत नाम, प्रचलित नाम।
मूल नाम से हटकर प्रचलित, लोकप्रिय अथवा परंपरागत नाम, जो सूचीकरण में प्रयुक्त होता है। जैसे—गुलुम-उस-सैयदेन, ख्वाजा की जगह सैयदेन, के.जी. के नाम से प्रविष्टि बनाई जाएगी।

Conversation—वार्त्तालाप, संलाप।

Conversational compiler (C.S.)—वार्त्तालाप संकलक।
कंप्यूटर-संक्रिया में वार्त्ताविधि को एकत्र करनेवाला यंत्र।

Conversion rate—परिवर्तन दर।

Conversion table—परिवर्तन सारणी।

Co-operative library—सहयोगी पुस्तकालय।

Co-operation—सहकारिता।

Co-operative book buying—सहकारी पुस्तक क्रयण।

Co-operative book fair—सहकारी पुस्तक मेला।

Co-operative book selection—सहकारी पुस्तक चयन।

Co-operative cataloguing—सहकारी सूचीकरण।

Co-operative documentation—सहकारी प्रलेखन।

Co-operative publication—सहकारी प्रकाशन।

Co-operative purchase—सहकारी खरीद।

Cooper plate—ताम्रपट्टिका।

Co-ordinate classes—समकक्ष वर्ग।

Co-ordinated indexing (C.S.)—समेकित सूचीकरण।
समान स्तर के निरूपक शब्दों द्वारा प्रलेखों की अनुक्रमणीकरण प्रणाली ताकि सूचना संग्रह में एक या अधिक निरूपकों द्वारा खोज संभव हो सके।

Co-ordinated library service—समन्वित पुस्तकालय सेवा।

Co-ordination of terms—पद समन्वय।

Co-ordinator—समन्वय, निर्देशक।

Copy—प्रति, नकल, कॉपी, प्रतिलिपि, पांडुलिपि, अनुकृति।

Copy cat—कॉपीकैट।

Copy cutter—लिपिकर्तक।

Copying—प्रतिलिपीकरण।

Copyist—प्रतिलिपिकार।

Copyletter—प्रति अक्षर।

Copynumber—प्रति संख्या।

Copyright—कॉपीराइट, सर्वाधिकारी, स्वत्वाधिकार।

Copyright act—कॉपीराइट अधिनियम।

Copyright agreement—कॉपीराइट अनुबंध।

Copyright business—कॉपीराइट बिजनेस।

Copyright date—कॉपीराइट तिथि।

Copyright deposit—कॉपीराइट निक्षेप।

Copyright document—स्वत्वाधिकार प्रलेख।

Copyrighted work—स्वत्वाधिकृत रचना।

Copyright fee—कॉपीराइट फी, कॉपीराइट शुल्क।

Copyright librarian—कॉपीराइट पुस्तकालय।

Copyright library—कॉपीराइट लाइब्रेरी।

Copyright list—कॉपीराइट सूची।

Copyright notice—कॉपीराइट सूचना।

Copyright office—कॉपीराइट ऑफिस।

Copyright record—कॉपीराइट रिकॉर्ड।

Copywriter—कॉपी लेखक, वृत्तलेखक, लिपिलेखक, विज्ञापन लेखक।

Coranto—कोरेंटो।

Cordotomy—कार्डोवान्।

Corner marked card—कोणांकित पत्रक, कोणांकित कार्ड।

Corner piece—कोणरक्षी।

Corporate author—समष्टि लेखक, समष्टि ग्रंथकार।

1. समष्टि लेखक ग्रंथ में वर्णित विचारों तथा अभिव्यक्ति का संपूर्ण उत्तरदायित्व रखता है। वह किसी कृति के बौद्धिक या कलात्मक अंतर्वस्तु की सृष्टि के लिए पूर्णरूपेण उत्तरदायी रहता है।

2. कोई सरकार, सरकारी विभाग, समिति, संस्थान, निगम, आयोग जो पुस्तकों के प्रकाशन के लिए उत्तरदायी हो, जिसमें उसका नाम उत्तरदायी निर्माता के रूप में अंकित हो, उसे लेखक मानकर सूचीपत्र में प्रविष्टि की जाती है।

Corporate authorship—समष्टि लेखकत्व।

Corporate body—निगमित निकाय, समष्टि निकाय (देखिए corporate author)।

समष्टि निकाय को इस प्रकार परिभाषित कर सकते हैं—'किसी सामान्य कार्य या उद्देश्य हेतु जब कुछ व्यक्ति सामूहिक रूप से प्रायः

संयुक्त एवं संगठित होकर मिलते हों, जैसे कि विचार-विनिमय, सरकारी कार्य-व्यापार हेतु तथा जो एक सत्ता, संघ या निकाय के रूप में कार्य करते हों उसे 'समष्टि निकाय' कहा जाता है। यथा—भारत सरकार, यूनेस्को, यू.एन.ओ., अमेरिकी पुस्तकालय संघ, भारतीय राष्ट्रीय कांग्रेस, आकाशवाणी आदि-आदि।

Corporate entry—समष्टि शीर्षक, समष्टि प्रविष्टि।

सूची में वह प्रविष्टि जो किसी सरकार, सरकारी विभाग, संस्था, समिति, आयोग, निगम, सम्मेलन, संघ इत्यादि द्वारा अधिकृत एवं प्रकाशित रचना, कृति या प्रकाशन के लिए उसके मूल नाम से की जाए।

Corporate heading—समष्टि शीर्षक।

जब समष्टि निकाय को सीधे उसके नाम के अंतर्गत प्रविष्ट किया जाए।

Corporate name—समष्टि नाम (देखिए corporate author)।

Corporation—निगम।

Corporation card—निगम कार्ड।

Corporation library—निगम पुस्तकालय।

Corpus—ग्रंथ-संग्रह।

Corrected copy—संशोधित प्रति।

Corrected edition—संशोधित संस्करण।

Corrections—संशोधन, भूल सुधार।

Correspondence library course—पत्राचार पुस्तकालय पाठ्यक्रम।

Corrigendum—शुद्धिपत्र।

Cost—मूल्य, लागत।

Cost price—लागत मूल्य।

Cottage binding—कुटीर जिल्द।

Couch roll—कौच रोल।

Counter—काउंटर, पटल।

पुस्तकालय में वह स्थान या पटल जहाँ पुस्तकों की निर्गम-आगम प्रक्रिया संपन्न होती है।

Counter clerk—काउंटर लिपिक, पटल पर नियुक्त लिपिक।

Counter duty—पटल सेवा, काउंटर सेवा।

Counter feit—नकली, जाली।

Counter feit book—जाली किताब

Counter feit edition—जाली संस्करण।

Counter feit publication—जाली प्रकाशन।

Counter librarian—पटल पुस्तकालयाध्यक्ष।

पुस्तकालय पटल/काउंटर पर सेवार्थ नियुक्त पुस्तकालयाध्यक्ष।

Counter mark—प्रतिचिह्न।

Counter service—काउंटर सेवा।

Counter sunk—सगर्त जिल्द।

County librarian—काउंटी लाइब्रेरियन।

County library—काउंटी पुस्तकालय।

Court hand—अदालती लिखावट।

Court literature—दरबारी साहित्य।

Court roll—कोर्ट रोल।

Cover—आवरण।

Cover lining—पीठ अस्तर, आवरण अस्तर।

Cover paper—आवरण कागज।

Cover pocket—आवरण पॉकेट, आवरण जेब।

पुस्तक की जिल्द (सामान्यत: पिछली) के अंदर की ओर लगाई गई ऐसी जेब जिसमें नक्शा या अन्य सामग्री रखी जा सके।

Cover title—आवरण शीर्षक, आवरण आख्या।

पुस्तक का वह शीर्षक जो प्रकाशक द्वारा दी गई जिल्द पर लिखा गया हो। अकसर वह मुखपृष्ठ के शीर्षक से थोड़ा भिन्न होता है।

Cover to cover—आद्योपांत।

Cowcalf principle—गोवत्स न्याय।

एक ही विषय के दो पक्ष अ और ब। एक-दूसरे से भिन्न होते हुए भी अलग नहीं किए जाते हों और एक इकाई माना जाता हो।

Cradle book (Incunabulum)—क्रैडल बुक।

Craft paper (Kraft paper)—बाँसी पेपर, बाँस का कागज।

Craft type—क्राफ्ट टाइप, शिल्प टाइप।

Crash finish—खुरदरी जिल्द।

Crayon paper—क्रेयॉन पेपर।

Cream paper—क्रीम पेपर।

Creased paper—सलवटदार पेपर।

Creative literature—सर्जनात्मक साहित्य।

सर्जनात्मक साहित्य वह मौलिक लेखन है जिसमें मानव-जीवन की रागात्मक और यथार्थवादी झलक प्रस्तुत की गई हो, यथा—काव्य, नाट्य साहित्य, गल्प और औपन्यासिक साहित्य।

Crepe paper—क्रेप पेपर।

Crib—शब्दानुवाद, कुंजी।

ऐसा अनुवाद जो शब्दश: किया गया हो।

Criminal literature—आपराधिक साहित्य।

Criminal uniting—आपराधिक लेखन।

आपराधिक जीवन संबंधी लेखन।

Criminology library—अपराध विज्ञान पुस्तकालय।

आपराधिक विज्ञान संबंधी पुस्तकों का ग्रंथागार।

Critical bibliography—समीक्षात्मक ग्रंथ-सूची।

पुस्तक के भौतिक स्वरूप का अन्वेषण, जिससे पुस्तक निर्माण एवं ऐतिहासिक परिवेश का पता चलता है।

Critical literature—समीक्षा-साहित्य।

Critical writing—आलोचनात्मक लेखन।

ऐसा साहित्य जिसमें आलोचनात्मक दृष्टि से लेखन कार्य संपन्न हुआ हो।

Cropped—छिन्नोपांत।

Cross check—प्रतिपरीक्षण।

Cross classification—प्रतिवर्गीकरण।

Cross head—केंद्रशीर्षक।

Cross reference—प्रतिनिर्देश।

सूची तैयार करते समय एक शीर्षक में दूसरे शीर्षक के लिए दिया गया संदर्भ।

Cross reference card—प्रतिनिर्देश कार्ड।

Cross reference entry—प्रतिनिर्देश प्रविष्टि।

Cross reference index entry—नामांतर निर्देश प्रविष्टि, प्रतिनिर्देश अनुक्रम प्रविष्टि।

नामांतर निर्देश प्रविष्टि निर्देशित शीर्षक से निर्दिष्ट शीर्षक की ओर ले जाती हैं।

Cross reference sheet—प्रतिनिर्देश पत्रक।

Cross ruled—वर्गांकित कागज।

Crown paper—क्राउन पेपर।

Crown size—क्राउन साइज।

Crushed levent—चिकना लेवेंट।

Crushed morocco (Glazled morocco)—चिकना मोरक्को।

Cryptography—कूटलेखन, कूट-लिपि विद्या।

Cryptonymous book—कूटनामी पुस्तक।

Cuirbouilli—मृदु चर्म, क्वीरबूई।

Cuircisele binding—छिन्न चर्म जिल्द, क्वीरसीजले जिल्द।

Cultivated reader—सहृदय पाठक, संस्कारी पाठक।

Culture—संस्कृति।

Cultural library—सांस्कृतिक पुस्तकालय।

Cumdach—ग्रंथायतन।

Cum licentia—प्राधिकृत, अनुमत।

Cum privilego—अनुमति सहित।

Cumulated—समुच्चित।

Cumulated book catalogue—समुच्चित पुस्तक सूची।

Cumulated publication—समुच्चित प्रकाशन।

Cumulated volume—समुच्चित ग्रंथ।

Cumulation—संचय, संग्रह, संचयन।

Cumulative—संचयी, संचित।

Cumulative index—संचित अनुक्रमणिका, समुच्चायक अनुक्रमणिका।

Cumulative list—समुच्चित सूची।

Curiosa—अश्लील साहित्य, अश्लील ग्रंथ।

Current abstracting—सामयिक सारवृत्तीकरण।

Current bibliography—सामयिक ग्रंथ-सूची।

Current comprehensive bibliography—सामयिक वृहद् ग्रंथ-सूची।

Current index to articles—

सामयिक-प्रलेख अनुक्रमणिका।

Current literature—सामयिक साहित्य।

Current selective bibliography—सामयिक चयनित ग्रंथ-सूची।

Custom bound—यथादेश जिल्द।

Cut edges—कटे किनारे, कर्तित कोर।

Cut-in-note—उपांत टिप्पण।

Cutter classification—कटर का वर्गीकरण।

सी.ए. कटर द्वारा निर्मित वर्गीकरण-पद्धति। इस पद्धति में सात संपूर्ण वर्गीकरणों की रूपरेखा में प्रत्येक पिछला वर्ग अगले वर्ग से अधिक सूक्ष्म होता है।

Cutter dictionary catalogue code—कटर डिक्शनरी केटलॉग कोड।

कटर की सूचीकरण संहिता (1876) का प्रकाशन पुस्तकालय विज्ञान जगत् की एक ऐतिहासिक घटना थी।

Cutter-sanborn classification—कटर-सानबोर्न वर्गीकरण।

Cutter table—कटर सारणी।

सी.ए. कटर द्वारा तैयार की गई वर्णानुक्रम योजना। इसमें उपनाम या शब्दों के आद्य अक्षर के साथ दो या तीन अंकों का प्रयोग होता है।

Cybernetics (C.S.)—संत्रात्रिकी, साइबरनेटिक्स।

विज्ञान की वह शाखा जिसमें नियंत्रण प्रणालियों के सिद्धांतों का पशुओं और मनुष्यों के तंत्रिका-तंत्रों तथा मशीनों का तुलनापरक विशेष अध्ययन किया जाता है।

Cycle shift (C.S.)—चक्रीय स्थानांतर (देखिए Cyclic shift)।

Cycle store (C.S.)—चक्रीय संग्रह, चक्रीय संचयन।

संचयन व्यवस्था, जिसके अंतर्गत संचयित सूचना आदि इस प्रकार से रखी गई हो कि विविध वर्गों में संकलित सूचना आधारभूत चक्र में नियत बिंदु के माध्यम से पहुँचाई जा सके।

Cyclic shift (C.S.)—चक्रीय स्थानांतर।

संप्रतीकों अथवा द्वयंकों की माला में यह मानकर किया गया स्थानांतर कि संवृत्त पाशीय माला से एक सिरे पर दिया गया दत्त दूसरे सिरे पर स्वतः आ जाएगा।

□

D

Data—डाटा, आँकड़े, दत्त।

Data (C.S.)—दत्त, आँकड़े, डाटा।

अंकों, वर्णों आदि संप्रतीकों का समुच्चय, जो अनुदेशों के द्वारा रूपांतरित अथवा संसाधित किया जा सके।

कभी-कभी दत्त (डाटा) का प्रयोग सूचना के पर्याय रूप में किया जाता है।

Data adapter (C.S.)—दत्त अनुकूलक।

Data adapter unit (C.S.)—दत्त अनुकूलक एकक।

दत्त संचार वाहिकाओं से केंद्रीय संसाधित्र को जोड़ने के लिए बना एकक।

Data analysis—आधार सामग्री विश्लेषण, दत्त विश्लेषण।

Data analysis display unit (C.S.)—दत्त विश्लेषक प्रदर्शक एकक।

बहिर्वेश यूनिट, जिसमें कैथॉड किरण नालिका चाक्षुष प्रदर्श एककों के द्वारा युगपत् दत्त विश्लेषण की सुविधा सुलभ होती है।

Data Bank—आँकड़े (सूचना) बैंक, सूचना भांडार, सूचना संग्रह।

Data Bank (C.S.)—दत्त बैंक, डाटा बैंक।

परस्पर संबद्ध दत्त या सूचना का विशद संग्रह, जो अविलंब उपयोग या संदर्भ हेतु आसानी से उपलब्ध हो सके।

Data base (C.S.)—दत्त आधार, दत्त मूल।

परस्पर संबद्ध दत्त या सूचना का संचय, जिसे इसलिए रखा या संग्रह किया जाता है ताकि सूचना या आँकड़ों की अतिरिक्तता पर नियंत्रण हो सके और प्रयोगकर्ता की जरूरतों को पूरा करने की दृष्टि से वह एकाधिक रूप से उपलब्ध हो और उसका संसाधन संभव हो।

Data collection (C.S.)—आधार

सामग्री संग्रह, दत्त संग्रह।

एक या अधिक स्थलों से दत्त या सूचना को किसी एक स्थान पर एकत्र करना।

Data collection and analysis (C.S.)—दत्त संग्रह एवं विश्लेषण।

वह प्रणाली जिसमें दत्त संग्रहों के एककों का केंद्रीय संसाधित्र से सीधा संबंध हो, ताकि दत्त या सूचना का संकलन और स्वत: विश्लेषण आवश्यकतानुसार हो सके।

Data collector—दत्त संग्राहक।

दत्त या सूचना संग्रह करनेवाला।

Data communications (C.S.)—दत्त संचार।

यांत्रिक व्यवस्था, जिसके द्वारा संचार उपकरणों के प्रयोग के माध्यम से अपेक्षित दत्त या वांछित सूचना टेलीफोन, टेलीग्राफ या रेडियो संचार परिपथों द्वारा प्रेषित की जाती है।

Data communications exchange (C.S.)—दत्त संचार विनिमय।

विशेष हार्डवेयर एकक, जो केंद्रीय संसाधित्र को संचार जाल (परिपथ) से जोड़ता है।

Data communication system (C.S.)—दत्त संचार प्रणाली।

Data communication terminal (C.S.)—दत्त संचार टर्मिनल।

सुदूर सर्वोद्देशीय संचार-टर्मिनल, जो संयोजित दत्त के प्रेषणार्थ या असंयोजित सूचना के निर्माणवाले अनुप्रयोगों के लिए सीधे इस्तेमाल किया जाता है।

Data compilation—आधार सामग्री-संग्रह, आधार सामग्री-संकलन।

Data compiler—आधार सामग्री संग्राहक।

Data control (C.S.)—दत्त नियंत्रण।

दत्त संसाधन प्रणाली में दत्त या सूचना के आगमन अथवा निर्गमन के नियमन से संबद्ध प्रक्रिया।

Data control system (C.S.)—दत्त नियंत्रण प्रणाली।

Data description (C.S.)—दत्त वर्णन।

प्रोग्राम की भाषा में, दत्त या सूचनार्थ मद के अभिलक्षणों का वर्णन।

Data entry (C.S.)—डाटा प्रविष्टि।

Data format (C.S.)—दत्त आरूप, दत्त फॉर्मेट।

निवेश से बहिर्वेश तक, किसी भी अवस्था में दत्त या सूचना अभिव्यक्त करने का तरीका।

Data level (C.S.)—दत्त स्तर।

स्रोतभाषा में, रिकॉर्ड के अंश के रूप में निर्दिष्ट, विशेष दत्त या सूचना अंश का अन्य अंशों के सापेक्ष क्रम में स्थान।

Data name (C.S.)—दत्त नाम।

सूचना या दत्त विशेष की अवस्थिति की पहचान के लिए कंप्यूटर भाषा में उसे प्रदत्त नाम।

Data preparation (C.S.)—दत्त निर्मिति।

दत्त या सूचना को कंप्यूटर में निवेश योग्य स्वरूप देने की प्रक्रिया।

Data preparation centre (C.S.)—दत्त निर्मिति केंद्र।

Data preparation unit (C.S.)—दत्त निर्मिति एकक।

Data processing (C.S.)—दत्त संसाधन, दत्त प्रक्रमण।

कंप्यूटर में दत्त या सूचना-प्राप्ति अथवा परिणाम विशेष के लिए अपनाई गई पद्धति।

Data processing centre (C.S.)—दत्त संसाधन केंद्र।

दत्त संसाधन की सुविधा से युक्त केंद्र।

Data processing unit (C.S.)—दत्त संसाधन एकक।

Data processing work (C.S.)—दत्त संसाधन कार्य।

Data representation (C.S.)—दत्त निरूपण।

अभिकलित्र प्रणाली में दत्त को संचयन माध्यम के स्वरूप के अनुसार विशेष फॉर्मेट में प्रस्तुत करना।

Data retrieval (C.S.)—दत्त संप्राप्ति।

उपलब्ध दत्त या सूचना के विश्लेषण के आधार पर तीव्र गति से अपेक्षित सूचना या दत्त की संप्राप्ति।

Data retrieval system (C.S.)—दत्त संप्राप्ति प्रणाली।

Data sheet (C.S.)—दत्त पत्रक।

Data statement (C.S.)—दत्त कथन, दत्त विवरण।

मूल प्रोग्राम के अंश के रूप में लिखा विवरण।

Data station (C.S.)—दत्त स्टेशन।

दत्त संसाधन निवेश एवं बहिर्वेश युक्तियों से युक्त एकक, जो केंद्रीय अभिकलित्र से संचार करता है।

Data station console (C.S.)—डेटा स्टेशन कंसोल।

वह एकक जो दत्त स्टेशन पर स्थानीय निवेश एवं बहिर्वेश युक्तियों को नियंत्रित करता है और केंद्रीय अभिकलित्र तथा दत्त केंद्र के मध्य संचार संबंध स्थापित करता है।

Data storage (C.S.)—दत्त या सूचना भांडार।

Data structure (C.S.)—दत्त संरचना।

क्रमबद्ध व्यवस्था, जिसके अंतर्गत दत्त आसानी से संचित व संप्राप्त हो सके।

Data terminal (C.S.)—दत्त टर्मिनल।

केंद्रीय अभिकलित्र से दत्त प्राप्त करने और उसे भेजने में प्रयुक्त टर्मिनल।

Data transmission (C.S.)—दत्त प्रेषण।

एक स्थान, एकक, अभिकलित्र प्रणाली इत्यादि से दूसरे स्थान, एकक, अभिकलित्र प्रणाली इत्यादि में दत्त भेजने की प्रक्रिया।

Data type (C.S.)—दत्त प्रकार।

दत्त की प्रकृति या कोटि को बतानेवाला कथन।

Date—तिथि, तारीख, दिनांक।

Date card—दिनांक पत्रक, तारीख कार्ड।

Dated—दिनांकित।

Date due—वापसी की तिथि, (पुस्तक) लौटाने की तारीख।

Date file—डेट फाइल, तिथि फाइल।

Date guide—तिथि दर्शक, दिनांक दर्शक।

Date label—तिथि लेबल, दिनांक लेबल।

Date of accessioning—परिग्रहण तिथि।

Date of default—चूक की तारीख, त्रुटि की तारीख।

Date of issue—निर्गम दिनांक, निर्गम तिथि, जारी करने की तारीख।

Date of publication—प्रकाशन तिथि।

Date of release—लोकार्पण तिथि, समर्पण तिथि, निर्मोचन दिनांक।

Date of return—वापसी की तारीख।

Date of verification—जाँच तिथि।

Dater—तारीख छापनेवाली मुहर, डेटर।

Date record—तारीख रिकॉर्ड।

Date register—तारीख पंजी (पंजिका), तारीख रजिस्टर।

Date seal—तारीख मुहर।

Date slip—दिनांक परची।

Date stamp—तारीख मुहर।

Date table—दिनांक सारणी।

Day of Publication—प्रकाशन दिवस।

Dead book—मृत पुस्तक, रद्दी पुस्तक।

Dead language—मृत भाषा, अप्रयुक्त भाषा।

Dead record—रिकॉर्ड निर्गत, निष्क्रिय रिकॉर्ड।

Dead stock—निष्प्रयोजन संग्रह।

Deaf and dumb library—बधिर-मूक पुस्तकालय।

बधिर और गूँगों के लिए पुस्तकालय।

Dealing librarian—संबद्ध पुस्तकालयाध्यक्ष।

Debates—वाद-विवाद (संग्रह)।

संसद्, विधानसभाओं के वाद-विवाद के संग्रह।

Decennial—दशवर्षीय।

Decentralization of library services—पुस्तकालय सेवाओं का विकेंद्रीकरण।

Decentralized data processing (C.S.)—विकेंद्रीकृत दत्त संसाधन।

Decentralized library services—विकेंद्रित पुस्तकालय सेवा।

Decimal—दशमलव।

Decimal classification—दशमलव वर्गीकरण।

मेलविल डी वी की दशमलव वर्गीकरण प्रणाली।

Decimal classification scheme—दशमलव वर्गीकरण योजना।

Decimal division—दशमलव विभाजन।

Decimal fraction device—दशमलव युक्ति, दशमलव प्रणाली।

Decimal number—दशमलव संख्या, दशांश संख्या।

Decimal point—दशमलव बिंदु।

Decimal table—दशमलव सारणी।

Decimo octavo—अठारहपेजी।

Decimo sexto—सोलहपेजी।

Decision table (C.S.)—निर्णय सारणी।

चरों और प्राचलों के बीच संबंधों का विशेष रूप से विकसित और सुव्यवस्थित सारणी के रूप में निरूपण।

Deck area—डेक क्षेत्रफल।

Declarative statement (C.S.)—घोषणात्मक कथन।

मूल प्रोग्राम के भाग के रूप में अनुदेश, जो प्रोग्राम अनुवादक के लिए संकार्य के रूप में प्रयुक्त होता है और दत्त अवयवों तथा अचरों के फॉर्मेट, आकार और स्वरूप को भी बताता है।

Decode (C.S.)—विसंकेतन।

किसी कूट, गुप्त संदेश को सुबोध भाषा में स्पष्ट करना।

Decoder (C.S.)—विसंकेतन।

संकेत समुच्चय के अर्थ-निर्धारण पर आधारित कंप्यूटर संक्रियाओं के निष्पादन की युक्ति।

Decorated initial—अलंकृत आद्य अक्षर।

Decorated spine—अलंकृत पीठ।

Decorated title—अलंकृत ग्रंथ।

Dedication—समर्पण।

Dedication book—समर्पण ग्रंथ (पुस्तक)।

Dedication copy—समर्पण पुस्तक (कृति)।

लेखक द्वारा सद्भाव या आदर-स्वरूप समर्पित पृष्ठ। सूचीकार के लिए इसका महत्त्व नहीं।

Dedication date—कृति समर्पण दिनांक।

Dedication page—समर्पण पृष्ठ।

Dedicatory letter—समर्पण पत्र।

Defective book—दोषपूर्ण पुस्तक।

Defective copy—दोषपूर्ण कृति।

Defence library—रक्षा पुस्तकालय।

Definitive edition—प्रमाणित संस्करण।

Degressive description—ह्रासित विवरण।

Deleted copy—निष्कासित प्रति, हटाई गई प्रति।

Deliberate classification—सोद्देश्य वर्गीकरण।

Deliberation—विचार-विमर्श।

Delineavit—मूल आरेखक।

Delinquent—नियम विरोधी, अपचारी।

Delinquent borrower—अपचारी सदस्य, नियमलंघी सदस्य।

Delinquent reader—नियमलंघी पाठक।

Delivery clerk—(पुस्तक-पत्रिकाएँ) आदान-प्रदान लिपिक।

Delivery department—वितरण विभाग, (पुस्तक) आदान-प्रदान विभाग।

Delivery desk—आदान-प्रदान काउंटर।

Delivery service—आदान-प्रदान सेवा।

Delivery time—आदान-प्रदान काल।

Delivery unit—आदान-प्रदान एकक।

Deluxe binding—डीलक्स जिल्द।

Deluxe edition—डीलक्स संस्करण, राज संस्करण।

Deluxe publication—डीलक्स प्रकाशन।

Demonstration library—निदर्शन ग्रंथालय, निदर्शन पुस्तकालय।

Demonstration of books—पुस्तकालय निदर्शन।

Demonym—छद्म नाम।

Demy paper—डिमाई पेपर।

Demy size—डिमाई साईज।

Densimeter—सघनतामापी।

Densitometer—घनत्वमापी, डेंसीटोमीटर।

Dentelle—जरीजिल्द, जरी अलंकृत जिल्द।

Dentelle a l'oiseare—पक्षिचित्र, जरीजिल्द।

Dentelle border—जरीजिल्द किनारा।

Dentelle pictures—जरीजिल्द चित्रालंकरण।

Departmental catalogue—विभागीय सूची।

Departmental charge (library)—विभागीय प्रभार।

Departmental conference (library)—विभागीय सम्मेलन।

Departmental edition—विभागीय संस्करण।

Departmentalized library—विभागीकृत पुस्तकालय।

Departmental shelf list—विभागीय निधानी सूची।

Dependent work—आश्रित ग्रंथ।

Deposit copy—निक्षिप्त प्रति।

Deposited book—निक्षिप्त पुस्तक।

Deposit fee—प्रतिभूति शुल्क, जमानत।

Deposit librarian—निक्षेप पुस्तकालयाध्यक्ष।

Deposit library—निक्षेप पुस्तकालय, निक्षेप ग्रंथालय (देखिए reservoir library)।

Depositor—जमाकर्ता, निक्षेपी।

Depository catalogue—निक्षेप सूची।

Depository invoice—निक्षेप बीजक।

Depository library—निक्षेप पुस्तकालय।

Depository record—निक्षेप रिकॉर्ड।

Deposit receipt—जमा रसीद।

Deposit register—जमा रजिस्टर।

Deposit statement—निक्षेप विवरण।

Deposit station—निक्षेप केंद्र।

Depth analysis—गहन विश्लेषण।

Depth classification—गहन वर्गीकरण।

Deputation—प्रतिनियुक्ति।

Deputy librarian—उपपुस्तकालयाध्यक्ष।

Derome style—डिरोम (अलंकरण) शैली।

Descriptive atlas—वर्णनात्मक एटलस।

Descriptive bibliography—वर्णनात्मक ग्रंथ-सूची, वर्णनात्मक ग्रंथ विज्ञान।

Descriptive catalogue—वर्णनात्मक सूची।

Descriptive cataloguing—वर्णनात्मक सूचीकरण।

Descriptive title—वर्णनात्मक कृति।

Desiderata—वांछित ग्रंथ-सूची।

Designation—पद, पदनाम।

Desk schedule—व्यक्ति कार्य तालिका।

Desk top printing (D.T.P.) (C.S.)—डेस्क टॉप प्रिंटिंग।

कंप्यूटर द्वारा समस्त कंपोज कार्य/टंकन विधि।

Despatch—प्रेषण, रवानगी।

Despatch book—प्रेषण पंजी।

Despatch clerk—प्रेषण लिपिक।

Despatch register (library)—प्रेषण पंजिका, प्रेषण रजिस्टर।

Destination file (C.S.)—गंतव्य फाइल।

प्रोग्राम के किसी भी रन से प्राप्त दत्त या सूचना-संकलन के लिए निर्धारित संचिका।

Destination slip—गंतव्य पर्णी, गंतव्य परची।

Detached copy—वियुक्त प्रति।

Detective literature—जासूसी साहित्य, गुप्तचर साहित्य।

Device—मुद्रक चिह्न।

Diagnostic programme (C.S.)—निदानकारी प्रोग्राम।

वह प्रोग्राम जो प्रोग्रामों की त्रुटियाँ बताए।

Diaper—जालीदार चित्रण।

Diascope—डियास्कोप।

Dicman charging system—डिकमैन निर्गम पद्धति।

Dictionary—कोश, शब्दकोश।

Dictionary catalogue—शब्दकोशीय सूची।

Diffused authorship—विसरित लेखकत्व, अज्ञात कर्तृत्व।

Diffusing screen—विसारी पट।

Digit—अंक।

Digit (C.S.)—अंक।

संकार्य में समुच्चय विशेष से लिया गया संप्रतीक।

Digital clock (C.S.)—अंकीय घड़ी।

Digital computer—अंकीय अभिकलित्र।

Digital converter (C.S.)—अंकीय परिवर्तक।

Diploma in library and information science—पुस्तकालय एवं सूचना विज्ञान में डिप्लोमा।

Diploma in library science—पुस्तकालय विज्ञान डिप्लोमा।

Diplomatic mission library—डिप्लोमैटिक मिशन पुस्तकालय, राजनयिक मिशन (राजदूतावास) पुस्तकालय।

Diptych—द्विपत्री कोडेक्स।

Direct access storage (C.S.)—प्रत्यक्ष अभिगम संचय।

Directing section—निदेशक परिच्छेद।

Direction number—सूचकांक।

Direction sheet—निदेश-पत्रक।

Direction word—निदेशक शब्द।

Director—निदेशक।

Directory—डायरेक्टरी, निर्देशिका।

Dirty copy—गंदी प्रति, दोषयुक्त प्रति।

Dirty proof—त्रुटिबहुल प्रूफ।

Disc—बिंब, चक्र, चक्रिया।

Discard—अमान्य, छँटाई करना, निष्कासित करना।

Discarded books—निष्कासित या अमान्य घोषित कृतियाँ।

पुस्तकालय में ऐसे प्रकाशन या कृतियाँ जिन्हें कारणवश परिचालन से निकाल दिया गया हो या हटा दिया गया हो।

Discard list—निष्कासित पुस्तक सूची।

Discharge—आगम।

Discharging books—पुस्तक आगम, ग्रंथ आगम।

Discharging counter—आगम काउंटर, आगम पटल।

Discharging desk—आगम डेस्क।

Discharging procedure—आगम प्रक्रिया।

Discontinue notice—बंद करने की सूचना।

Discount—बट्टा।

प्रकाशनों की खरीद पर प्रकाशित पुस्तक मूल्य पर पुस्तकालय को मिलनेवाली (मूल्य) छूट या बट्टा।

Discount rate—बट्टे की निर्धारित दर।

भारत सरकार के प्रतिनिधि, पुस्तकालय और प्रकाशनों के बीच 'गुड ऑफिसेज कमिटी' द्वारा प्रकाशनों पर निर्धारित छूट।

Disjunctive treatment—वियोजक विवेचन।

Disjunct leaf—पृष्ठ शेष।

Display panel—प्रदर्शन पट्ट, प्रदर्शन पैनल।

Display rack—प्रदर्शन रैक।

Display room—प्रदर्शन कक्ष।

Display stand—प्रदर्शन स्टैंड।

Display table—प्रदर्शन टेबल।

Display unit—प्रदर्शन एकक।

Display van—पुस्तक प्रदर्शन यान।

Display work—पुस्तक प्रदर्शन कार्य।

Dissemination—विकीर्णन, प्रसार।

Dissemination of information—सूचना प्रसार, सूचना वितरण।

Dissemination of knowledge—ज्ञान प्रसार, ज्ञान वितरण।

Distributed data processing (C.S.)—आवंटित दत्त संसाधन।

Distributing station—वितरण केंद्र।

Distributing unit—वितरण एकक।

Distribution and exchange of publications—प्रकाशन वितरण एवं विनिमय।

Distribution channel—वितरण माध्यम।

Distribution library—वितरण माध्यम।

Distribution of library publications—पुस्तकालय प्रकाशन वितरण।

Distribution system—वितरण-पद्धति।

District librarian—जिला पुस्तकालयाध्यक्ष।

District library—जिला पुस्तकालय, जिला ग्रंथालय।

District library committee—जिला या जनपद पुस्तकालय समिति।

Divinity edges—प्रसृत कोर।

Divisional librarian—मंडल पुस्तकालयाध्यक्ष।

Divisional title page—खंडाख्या पृष्ठ।

Division head—विभागाध्यक्ष, मंडलाध्यक्ष, प्रभागाध्यक्ष।

Division library—मंडल पुस्तकालय, मंडल ग्रंथालय।

Document—प्रलेख, दस्तावेज।

Documentalist—प्रलेखविद्, प्रलेखकार।

Documentary reproduction—प्रलेख पुनर्निर्माण।

Documentary source of information—सूचना का प्रलेखी स्रोत।

Documentation—प्रलेखीकरण, प्रलेखन।

Documentation and abstract service—प्रलेखन एवं संक्षेपीकरण सेवा।

Documentation list—प्रलेख सूची।

Documentation officer—प्रलेखन अधिकारी।

Documentation unit—प्रलेखन एकक।

Document number—प्रलेख संख्या।

Donation book—दान पंजिका।

Donation record—दान विवरण।

Donor's list—दानदाता सूची, दातृ नामावली।

Door checker (Guard)—द्वार जाँचकर्ता, द्वाररक्षक।

Door man (Door checker)—द्वार जाँचकर्ता, द्वाररक्षक।

Dormitory library—आवास पुस्तकालय, आवास ग्रंथालय।

Dorse—पृष्ठ भाग।

Dot map—बिंदु मानचित्र, बिंदु मैप।

Dotted line—बिंदुकित पंक्ति, बिंदु रेखा, बिंदु लाइन।

Dotted matter—बिंदुकित विषय।

Dotted plate—बिंदुकित प्लेट।

Dotted print—(देखिए **Schrolblatt**) बिंदुकित मुद्रण।

Double book—अर्द्धपृष्ठ मुद्रित पुस्तक।

Double column—डबल कॉलम।

Double crown (paper)—डबल क्राउन (पेपर)।

Double Document—दोहरा प्रलेख।

Double entry—दोहरी प्रविष्टि।

Double entry charging system—दोहरी प्रविष्टि निर्गम पद्धति।

Double exposure—दोहरा उद्भासन।

Double faced catalogue cabinet—द्विमुखी सूची दराज, द्विमुखी सूची कैबीनेट।

Double faced shelf—द्विमुखी शेल्फ।

Double fold—दोहरा मोड़।

Double frame—दोहरा फ्रेम।

Double leaded—द्वि अंतरित।

Double leaf—द्विगुणाकार पत्र।

Double letters—संयुक्ताक्षर।

Double perforated film—द्विछिद्रित फिल्म।

Double plate—द्विपृष्ठी चित्र।

Double set—दो सेट।

Double setting—पुनर्विन्यास।

Double sided book case—द्विमुखी पुस्तक केस।

Double title page—आख्यापृष्ठ युग्म।

Double tone paper—द्विच्छाया कागज।

Doublette—यथार्थ प्रतिरूप।

Doubtful author—संदिग्ध लेखक।

Doubtful contents—संदिग्ध विषय।

Doubtful edition—संदिग्ध संस्करण।

Doubtful publisher—संदिग्ध प्रकाशक।

Doubtful ownership—संदिग्ध स्वामित्व।

Doubtful writer—संदिग्ध कृतिकार।

Doyen—वरिष्ठ।

Doyen of library science—ग्रंथालय विज्ञान के वरिष्ठ (विद्वान्)।

Drop-down title—प्रथम पृष्ठस्थ आख्या।

Dropped head—अधोमुद्रणारंभ।

Dry flong—शुष्क फ्लांग।

Dry mounting—सूखी मढ़ाई।

Dry point etching—तीव्र सूची निक्षारण।

Dry process—सूक्ष्म प्रक्रम।

Ducali binding—डुकाली जिल्द।

Due—देय।

Due back—वापसी की तिथि।

Due date—नियत तिथि।

Dummy—डमी, खाका।

Duodecimo—बारहपृष्ठी।

Duplex ledger—दुपर्ती खाता।

Duplex paper—दुपर्ती कागज, दुरंगा कागज।

Duplicate—डुप्लीकेट, अतिरिक्त प्रति।

Duplicate bill—डुप्लीकेट बिल।

Duplicate entry— दूसरी प्रविष्टि।

Duplicate exchange—अतिरिक्त प्रति विनिमय।

Duplicate negative—प्रतिरूप निगेटिव।

Duplicate number—दूसरा नंबर।

Duplicate of bill—बिल अनुलिपि।

Duplicates—अतिरिक्त प्रतियाँ।

Duplicate title—दूसरा शीर्षक, द्वितीय आख्या।

Duplication—पुनरावृत्ति।

Dust cover—जिल्द आवरण।

Duster—झाड़न।

Dusting—धूलिमाजन, धूल झाड़न, (पुस्तकों से) धूल झाड़ना।

Dust jacket (Book jacket)—डस्ट जैकेट, धूलप्रतिरोधी जैकेट।

Dust wrapper—धूलिरोधी रैपर।

Dutch corner—गोल कोण।

Duty chart—ड्यूटी चार्ट।

Duty librarian—ड्यूटी पुस्तकालयाध्यक्ष।

Dwarf book—छोटी बुक।

Dwarf edition—लघु संस्करण।

Dynamic allocation (C.S.)—गतिक नियतन।

प्रोग्राम के निष्पादन के दौरान स्मृति तंत्र में क्षेत्रों का नियतन और पुनर्नियतन।

Dynamic map—गतिदर्शी मानचित्र।

□

E

Early impression—प्रारंभिक छाप।

Early library—प्रारंभिक पुस्तकालय।

Early literature—प्राचीन साहित्य, प्राच्य वाड्मय।

Early Sheets—अग्रिम पत्रक।

Ecclesiastical—चर्च संबंधी।

Ecclesiastical library—चर्च पुस्तकालय।

Eclectic card catalogue rules—इक्लेक्टिक पत्रक सूचीनियम।

लिंडरफेल्ट ने सन् 1889 में इसका प्रकाशन किया था।

Edge gilding—किनारों को चमकाना।

किनारों को सुनहरी रंग से चमकाकर पुस्तक आकर्षित बनाई जाती है।

Edit—संपादन करना।

Edited book—संपादित पुस्तक।

Edited document—संपादित दस्तावेज।

Edited publication—संपादित प्रकाशन।

Editing of publication—प्रकाशन का संपादन।

Edition—संस्करण।

Edition bindery—संस्करण जिल्दघर।

Edition binding—संस्करण जिल्द।

Edition file—संस्करण फाइल।

Edition princeps—आद्य संस्करण, प्रथम संस्करण।

Editor—संपादक।

Editorial—संपादकीय।

Editorial advisory board—संपादकीय सलाहकार मंडल।

Editorial board—संपादकीय मंडल।

Education—शिक्षा।

Educational library—शैक्षिक पुस्तकालय।

Educational material—शैक्षिक सामग्री।

Effective decade—प्रभावी दशाब्दी।

Efficiency measure—दक्षता माप।

Efficient librarian—दक्ष पुस्तकालयाध्यक्ष, कुशल ग्रंथावली।

Egyptian papyrus—मिस्त्री

पपाइरस, मिस्त्री पेपीरस।

Eighteenmo—अठारह पेजी।

Elaborate edition—विशद संग्रह।

Elder librarian—वरिष्ठ पुस्तकालयाध्यक्ष, वयोवृद्ध ग्रंथालयी।

Electric stylus—विद्युत् लेखनी, वैद्युत् लेखनी।

Electric time stamp—वैद्युत् काल सूचक मुहर।

Electronic media—इलेक्ट्रॉनिक संचार-साधन।

Electronic tabulator—इलेक्ट्रॉनिक सारणित्र।

Elementary classification—प्रारंभिक-संक्षिप्त वर्गीकरण।

Elementary school library—प्रारंभिक विद्यालय पुस्तकालय।

Elements of library science—पुस्तकालय विज्ञान के मूल तत्त्व।

Elephant folio—ऐलिफेंट फोलियो।

Elision marks—लोप चिह्न।

Elrod—एलरॉड।

Emblematical poem—चित्रकाव्य।

Emblem book—परिचित्र पुस्तक।

Emboss—समुद्भृत।

Embossed book—समुद्भृत पुस्तक।

Embossed paper—समुद्भृत कागज।

Embossing—समुद्भृत मुद्रण, उभरी छपाई।

Embossing stamp—समुद्भरण मुहर।

Embroidered binding—कसीदेदार जिल्द।

Em-dash—एम-डैश।

Emendation—पाठशोधन।

Emended book—संशोधित पुस्तक।

Emended publication—संशोधित प्रकाशन।

Emeritus professor of library science—पुस्तकालय विज्ञान का प्रतिष्ठित आचार्य।

Emery paper—एमरी कागज।

Eminent librarian—श्रेष्ठ पुस्तकालयाध्यक्ष।

Employee library education—कर्मचारी पुस्तकालय शिक्षा।

Employee magazine—कर्मचारी पत्रिका।

Empty and emptying digit—रिक्त तथा रिक्तकारी अंक।

Emptying systematic digit—रिक्तकारी मुख्यभागीय अंक।

Emquadrat—एमक्वाड्रेट।

Enacting library bill—पुस्तकालय बिल अधिनियमन।

Enamel binding—इनेमल जिल्द।

Enamel paper—इनेमल कागज।

Enchiridion—एन्काइरिडिअन पुस्तिका।

Encipher—चिह्नीकरण।

Encyclopaedia—विश्वकोश।

Encyclopaedic knowledge—विश्वकोशीय ज्ञान।

Encyclopaedic work—विश्वकोशीय कृतित्व।

Encyclopaedist—विश्वकोशकार।

End leaf—अंत्य पत्र।

End matter—अंतिम अंश।

End notes—अंतटिप्पण।

Endorsing ink—अलोप्य मसि।

Endowment library—धर्मादा या दान संचालित पुस्तकालय।

End paper—अंत्य पृष्ठ, अंत्य कागज।

Engrave—उत्कीर्णन।

Engraved seal—उत्कीर्ण मुहर।

Engraved title page—उत्कीर्ण मुख पृष्ठ।

Engraving needle—उत्कीर्णन सूई।

Enlarged edition—परिवर्धित संस्करण, परिशोधित संस्करण।

Enlargement—परिवर्धन।

Enlargement ratio—परिवर्धन अनुपात, परिवर्धन माप (देखिए Scale of enlargement)।

Enquadrat—एन्क्वाड्रेट।

Enquiry counter—पूछताछ पटल।

Enrolled account—कुंडलीबद्ध लेखा।

Enrolment—नामांकन।

Enrolment number—नामांकन संख्या।

Enrolment of readers—पाठक पंजीकरण।

Enrolment of scholars—शोधकर्ताओं का पंजीयन।

En rule—एन रेखा।

Entitled—आख्यायुक्त।

Entrance counter—प्रवेश पटल।

Entrance in library—पुस्तकालय प्रवेश।

Entrance passage—प्रवेश मार्ग।

Entropy—एंट्रोपी।

Entry—प्रविष्टि।

Entry-a-line index—एक पंक्तिक प्रविष्टि अनुक्रमणिका।

Entry card—प्रविष्टि पत्रक।

Entry language—प्रविष्टि भाषा।

Entry name—प्रविष्टि नाम।

Entry word—प्रविष्टि शब्द।

Enumeration—गणना।

Environment library—पर्यावरण पुस्तकालय।

Ephemeral—अस्थायी संग्रह।

Ephemeral—अल्पकालिक।

Ephemerides—दैनिकी, पंचांग।

Epilogue—उपसंहार।

Episcope—ऐपिस्कोप, बिशपों से संबद्ध।

Epistemology—ज्ञान मीमांसा।

Epistolaria—धर्म ग्रंथ।

Epitaph—स्मृति लेख।

Epithet—नाम विशेषण।

Epitome—सार, निष्कर्ष, संक्षेप।

Epitomize—संक्षेप करना।

Epoch—युग, कल्प।

Eponymous—नाम स्रोतीय।

Equivalent—तुल्यमान, सम, समानार्थी।

Equivalent binary digits (C.S.)—तुल्यमान द्विआधारी अंक।

प्रतीकों को दो आधारवाले अंकों द्वारा निरूपित करना। यथा—9, 1011, 1001 एक जैसे दो आधारवाले अंक।

Erotic—शृंगारिक, कामुक, कामोद्दीपक, अश्लील।

Erotica—अश्लील ग्रंथ, कामुक साहित्य।

Errata—शुद्धिपत्र।

Errata slip—शुद्धिपरची।

Erratic pagination—अनियमित पृष्ठांकन।

Error in book—पुस्तक त्रुटि।

Error in printing—मुद्रण त्रुटि।

Error of editing—संपादन त्रुटि।

Error routine (C.S.)—त्रुटि क्रमन। प्रोग्राम में व्यवधान होने पर उसके निराकरण हेतु प्रयुक्त विधा।

Esparto—एस्पार्टो।

Essay periodical—एकल निबंध पत्रिका।

Essential characteristics—अनिवार्य लक्षण।

Essential library hour—अनिवार्य पुस्तक घंटा।

Essential library service—अनिवार्य पुस्तकालय सेवा।

Etcher—निक्षारक।

Ethics of library profession—पुस्तकालय पेशे की नैतिकता।

Ethnic numbers—भाषा समंक।

Etymology—व्युत्पत्ति विज्ञान।

Eulogy—प्रशस्ति।

European braille—यूरोपियन ब्रेल।

European library movement—यूरोपीय पुस्तकालय आंदोलन।

Evaluation—परिगणन।

Evaluation acquisition facet—परिगणन संप्राप्ति मुख।

Evaluation acquisition number—परिगणन संप्राप्ति संख्या।

Evaluation facet—परिगणन मुख।

Evaluation number—परिगणन संख्या।

Evaluation of juvenile literature—किशोर साहित्य का मूल्यांकन।

Even illumination—समद्योतन।

Evening library science classes—सांध्य पुस्तकालय विज्ञान कक्षाएँ।

Even number—सम संख्या।

Even numbered page—सम संख्यात पृष्ठ।

Even page—समांकी पृष्ठ।

Evolutionary order—विकास क्रम।

Evolution of libraries—पुस्तकालयों का विकास।

Exact size—यथार्थ आकार।

Examination for librarianship—पुस्तकालय विज्ञान परीक्षा।

Examination of contents—विषय-वस्तु परीक्षा।

Examination of pages—पृष्ठों की जाँच।

Examination of price—मूल्य जाँच।

Exchange book bank—विनिमय पुस्तक बैंक।

Exchange centre—विनियम केंद्र।

Exchange conversion—विदेशी मुद्रा परिवर्तन।

Exchange library—विनिमय पुस्तकालय।

Exchange of librarians—पुस्तकालयाध्यक्षों का विनिमय, ग्रंथालयियों का विनिमय।

Exchange programmes for librarians—पुस्तकालयाध्यक्षों के लिए विनिमय प्रोग्राम।

Exchange publication list—विनिमय प्रकाशन-सूची।

Exchange rate—विनिमय दर (विदेशी प्रकाशनों हेतु)।

Exclusive right—अनन्य अधिकार, एकमात्र स्वामित्व।

Execute (C.S.)—कार्यान्वयन करना।

Executive department—अधिशासी विभाग।

Exhaustive division—सर्वसमावेशी विभाजन।

Exhibit—प्रदर्श, प्रदर्शन।

Exhibition—प्रदर्शनी।

Exhibition case—प्रदर्शन केस।

Exhibition of books—पुस्तक प्रदर्शनी।

Exhibition officer—प्रदर्शनी अधिकारी।

Exhibition of manuscripts—पांडुलिपियों की प्रदर्शनी।

Exhibition of rare book—दुर्लभ, अलभ्य पुस्तक प्रदर्शनी।

Exhibition room—प्रदर्शन कक्ष।

Exhibition van—प्रदर्शन यान।

Exhibit rack—प्रदर्शन रैक।

Ex-library copy—पुस्तकालय से प्राप्त कॉपी, पुस्तकालय से ली गई प्रति।

Expansion of demand for books—पुस्तक हेतु माँग विस्तार।

Expansion of library services—पुस्तकालय सेवा विस्तार।

Expansive classification—विस्तारी वर्गीकरण।

Expenditure central register—व्यय नियंत्रण पंजी, व्यय नियंत्रण रजिस्टर।

Expiration—समाप्ति, वापसी।

Expiration date—पुस्तक वापसी की तारीख।

Expired date—बीती हुई तिथि, समाप्त हुई (वापसी) की तारीख।

Explanatory guide cards—व्याख्यात्मक दर्शक कार्ड।

Explanatory note—व्याख्यात्मक टिप्पण।

Explanatory text—व्याख्यात्मक पाठ।

Explicit—अंतवाक्य।

Exploiting phase—समुपयोजन अवस्था।

Export of Books unit—पुस्तक निर्यात एकक।

Ex-post facto sanction—कार्योत्तर मंजूरी, कार्योत्तर स्वीकृति।

Exposure meter—उद्‌भासन मापी।

Exposure time—उद्‌भासन काल।

Expression—अभिव्यक्ति।

Expurgated edition—परिष्कृत संस्करण।

Expurgation—परिष्करण।

Extended reprint—प्रवर्धित पुनर्मुद्रण।

Extension card—सतत पत्रक।

Extension of library service—पुस्तकालय सेवा प्रसार, पुस्तकालय सेवा विस्तार।

Extension work—विस्तार कार्य।

External department library—विदेश विभाग पुस्तकालय।

External reader—बाह्य पाठक, असदस्य पाठक।

Extra binder—उत्कृष्ट जिल्दसाज।

Extra binding—उत्कृष्ट जिल्द।

Extra copy—अतिरिक्त प्रति।

Extract—उद्धरण।

Extracted article—पुनर्मुद्रित लेख, लेख की अतिरिक्त प्रति।

Extraction note—उद्धरण देखने हेतु टिप्पणी।

Extra curricular activities—पाठ्येतर क्रियाकलाप।

Extra illustrated—अतिरिक्त चिह्नित।

Extra illustrated edition—अतिरिक्त चिह्नित संस्करण।

Extra illustration—अतिरिक्त निदर्शन।

Extra ordinary gazette—असाधारण राजपत्र, असाधारण गजट।

Extra ticket—अतिरिक्त टिकट।

Eye strain—नेत्र आपास।

□

F

Fabricated matter—विरचित सामग्री, गढ़ी हुई सामग्री।

ऐसी रचना या कृति की विषय-सामग्री जो विरचित या मनगढ़ंत हो।

Face—मुख, मुख पट्ट।

Facelift—सुधारना।

Facet—मुख, मुखिका।

मूल वर्ग या एक विषय के वियोजक का सामान्य नाम।

Facet analysis—मुख विश्लेषण।

वर्गीकरण के नियमों के अनुसार किसी विषय का विश्लेषण यह जानने के लिए कि उस विषय को विभाजित करने के लिए किन लक्षणों का प्रयोग किया जाए।

Facet device—मुख युक्ति।

मूल मुख में नए मुख मिलाकर नया वर्ग बनाने की युक्ति।

Faceted classification—मुखाश्रित वर्गीकरण।

ऐसी वर्गीकरण-पद्धति जिसमें विषय का विश्लेषण करके मुखों को प्राप्त किया जा सके।

Facetial—अशिष्ट परिहास ग्रंथ।

Facet synthesis—मुख विश्लेषण।

Facsimile—प्रतिकृति, अनुलिपि।

किसी पुस्तक ग्रंथेक्षण के संदर्भ में सही प्रतिरूप, जिसमें मूल पुस्तक का आकार या रंग नहीं होता। ऐसा प्रतिरूप फोटोग्राफी, लिथोग्राफी या अन्य ऐसे ही प्रक्रम से बनाया जाता है। जिल्दसाजी में इसका प्रयोग प्रतिकृति जिल्दसाजी में होता है।

Facsimile binding—प्रतिकृति जिल्द।

Facsimile copy—प्रतिकृति प्रति।

Facsimile impression—प्रतिकृति छाप।

Facsimile print—प्रतिकृति मुद्रण।

Facsimile reprint—प्रतिकृति पुनर्मुद्रण।

Facsimile reproduction—प्रतिकृति पुनर्मुद्रण।

Fact—तथ्य।

Fact finding—तथ्य अन्वेषण।

Factual book—तथ्य कृति (रचना), तथ्यबोधिनी।

Faculty—संकाय, फैकल्टी।

Faculty library—संकाय पुस्तकालय।

Faculty member—संकाय सदस्य।

Faculty reading room—संकाय अध्ययन कक्ष।

Faded—धुँधला।

Faded print—मद्धिम प्रिंट।

Fading—मद्धिम पड़ना।

Faint—हलका।

Fair copy—स्वच्छ प्रति, साफ कॉपी, शुद्ध प्रति।

Fair copying—न्याय्य प्रतिलेखन।

Fair knowledge—पर्याप्त ज्ञान।

Fairy story—परी कथा।

Fairy tale—परियों की कहानी, परी कथा।

Fake document—नकली प्रलेख।

False billing—झूठा बिल बनाना।

False date—मिथ्या दिनांक।

False drop—उद्घाचन आभास।

ऐसा संदर्भ-उल्लेख या उद्धरण जिसका संबंध अपेक्षित विषय में नहीं होता।

False imprint—मिथ्या मुद्रांकन।

कानूनी कार्यवाही से बचने, चुराई गई सामग्री पर परदा डालने या लेखक का नाम छिपाने के लिए पुस्तक पर लगाया गया प्रकाशन विवरण का नकली ठप्पा।

False link—आभासी श्रृंखलांग।

वह कड़ी जो वर्ग संख्या न हो, जो अंकों का संयोजक न हो और वर्गीकरण के नियमानुसार जो बोधगम्य न हो या अर्थहीन हो। दूसरे अर्थ में, जो संयुक्त वर्ग संख्या की अंतिम कड़ी हो और शाब्दिक स्तर पर जिसे कोई नाम न दिया जाए।

False title—संक्षिप्त आख्या।

Family borrower's card—कुटुंब गृहीता कार्ड, कुटुंब गृहीता पत्रक।

Family planning library—परिवार नियोजन पुस्तकालय।

Family planning literature—परिवार नियोजन साहित्य।

Fanciful title—विषय अबोधक आख्या।

ऐसा आकर्षक शीर्षक जिससे किसी रचना के विषय का अनुमान न होता हो।

Farmington plan—फर्मिंगटन योजना।

आधी सदी से अमेरिका के साठ से अधिक राष्ट्रीय स्तर के पुस्तकालयों में स्रोत-संचालन विषयक समझौता योजना।

Favoured book—इष्ट कृति, इष्ट ग्रंथ।

Favoured country—इष्ट देश।

मातृदेश को छोड़ जिस देश की पुस्तकें पुस्तकालय में सर्वाधिक संख्या में हों।

Favoured era—इष्ट युग।

पुस्तकालय संग्रह में या ग्रंथ-सूची में जो युग अधिकतम प्रलेखों का वर्गीकरण करने में सहायक हो।

Favoured focus number—इष्ट केंद्र संख्या।

वह संख्या जो इष्ट वर्ग समंक का संकेत देती हो या वह वर्ग समंक जिसमें पुस्तकालय ने विशेषता प्राप्त की हो या जिस विषय में सर्वाधिक प्रलेख हों।

Favoured language—इष्ट भाषा।

पुस्तकालय में विद्यमान अधिकतम पुस्तकों की भाषा।

Favoured script—इष्ट लिपि।

पुस्तकालय की इष्ट भाषा की इष्ट लिपि।

Favoured subject—इष्ट विषय।

पुस्तकालय का वह चयनित विषय जिसमें पुस्तकों की अधिकतम संख्या हो या इष्ट विषय पर अधिकाधिक पुस्तकें हों।

Favoured system—इष्ट प्रणाली।

पुस्तकालय की वह वर्गीकरण, सूचीकरण या अन्य सैद्धांतिक प्रणाली जिसका अनुसरण किया गया हो।

Favoured writer—इष्ट लेखक।

पाठक वर्ग का चहेता लेखक या सर्वाधिक प्रिय लेखक।

Feather weight antique—हलका ऐंटीक।

Feather weight antique paper—हलका ऐंटीक पेपर, पंखी कागज।

Feature article—फीचर लेख, रूप लेख।

Fee card—(पुस्तकालय) फीस पत्रक, शुल्क कार्ड।

Fee record—शुल्क रिकॉर्ड, शुल्क हिसाब।

Fere-Humanistica—फेरे-ह्यूमेनिस्टिका।

Festschrift—अभिनंदन ग्रंथ।

विशिष्ट व्यक्ति के सम्मान में या अभिनंदन में संकलित लेखों का ग्रंथ।

Fibre cover—फाइबर कवर।

Fiction—कथा साहित्य, उपन्यास, गल्प साहित्य।

Fictious—कल्पित, फर्जी।

FID—फिड्, फेडेरेशन ऑफ इंटरनेशनल डॉक्यूमेंटेशन (अंतरराष्ट्रीय प्रलेखन फेडरेशन)।

Fiddle—फिडिल।

Field (C.S.)—फील्ड, क्षेत्र।

संप्रतीकों के समूह का विस्तार, जो कंप्यूटर संसाधन इकाई के रूप में प्रयुक्त होता है।

Field length (C.S.)—फील्ड लंबाई।

क्षेत्र में रखे जा सकने योग्य संप्रतीकों की अधिकतम संख्या। यह उल्लेखनीय है कि संप्रतीकों का निरूपण माध्यम पर निर्भर करता है।

Field library—क्षेत्र पुस्तकालय।

Field practice—क्षेत्राभ्यास।

Field representative—क्षेत्र प्रतिनिधि।

Field research—क्षेत्र अनुसंधान, क्षेत्र शोध।

Field visitor—क्षेत्र निरीक्षण।

Field work—क्षेत्र कार्य।

Figure—चित्र, रेखाचित्र।

File—फाइल, मिसिल।

File (C.S.)—फाइल, मिसिल।

अभिलेखों आदि का सुव्यवस्थित संग्रह।

File box—फाइल बक्स।

File cabinet—फाइल कैबिनेट।

File layout—फाइल विवरण, संचिका विवरण।

मिसिल के अंतर्गत विषय का सुव्यवस्थित उल्लेख।

File maintenance—फाइल सुस्थापन।

फाइल की अंतर्वस्तु में परिवर्धन, परिवर्तन अथवा विलोपन से सूचना में संशोधन।

Filiatory arrangement—संबद्ध अनुक्रम।

किसी भी विषय में सत्त्वों या छद्म सत्त्वों की पूर्ण प्रवर्धित व्यवस्था।

Filigree initial—तारकशी प्रथमाक्षर।

Filing—फाइल करना।

Filing code—फाइल संकेतिका।

नियमावली, जिसके द्वारा सूची में प्रविष्टियों को व्यवस्थित किया जाता है।

Filing of cards—कार्ड लगाना।

Filing term—प्रविष्टि शब्द।

Film division library—फिल्म प्रभाग पुस्तकालय।

Film facsimile—फिल्म प्रतिकृति।

Film issue—फिल्म संस्करण।

Film librarian—फिल्म पुस्तकालयाध्यक्ष।

Film library—फिल्म पुस्तकालय।

Film splicer—फिल्म संयोजक।

Film strip library—फिल्म पट्टी पुस्तकालय।

Film viewer—फिल्म अन्वीक्षक।

Final proof—अंतिम प्रूफ।

Finance Commission Library—वित्त आयोग पुस्तकालय।

Finance Ministry Library—वित्त मंत्रालय पुस्तकालय।

Finding list—खोज तालिका।

Fine art publication—ललित कला प्रकाशन।

Fine art publisher—ललित कला प्रकाशक।

Fine arts library—ललित कला पुस्तकालय।

Fine calculator—जुर्माना परिकलक।

Fine card—जुर्माना पत्रक।

Fine cardboard—पतला कार्डबोर्ड।

Fine copy—परिष्कृत प्रति, शुद्ध प्रति।

Fine edition—परिष्कृत संस्करण।

Fine paper—उत्कृष्ट कागज।

Fine slip—जुर्माना परची।

Fine writing—सुलेख, ललित लेखन।

Finis—समाप्ति।

Finish—तैयारी, परिष्कार, फिनिश।

Finish print—स्वच्छ मुद्रण।

Finite universe—परिछिन्न लोक।

वह ज्ञान लोक जिसमें तत्त्वों की संख्या सीमित हो।

First copy—प्रथम कृति, प्रथम प्रति।

First impression—प्रथम मुद्रण, प्रथम संस्करण।

First indention—लेखक हाशिया।

वह बिंदु जहाँ प्रथम खड़ी रेखा प्रथम पड़ी रेखा को काटती है और जहाँ से अग्र अनुच्छेद प्रारंभ होता है।

First line index—प्रथम पाद अनुक्रमणिका।

First link—प्रथम श्रृंखलांग।

First name—प्रथम नाम।

नाम का वह भाग जो कुल नाम से पहले आता है।

First part of a chain—शृंखला का प्रथम भाग।

First print—प्रथम मुद्रण।

First printing—प्रथम छपाई।

First proof—प्रथम प्रूफ।

First reader—प्रथम पाठ्य-पुस्तक।

First reading—प्रथम वाचन।

First word entry—प्रथम पद प्रविष्टि।

Fist—हस्तचिह्न, फिस्ट।

Five laws of library science—ग्रंथालय विज्ञान के पाँच सूत्र।

Five yearly—पाँच वर्ष की, पंचवार्षिक।

Five year plan—पंचवार्षिक योजना।

Fixed book collection—नियत पुस्तक संकलन।

Fixed location—नियत स्थान, स्थिर स्थान।

शेल्फ की व्यवस्था में वर्गीकरण संख्यानुसार निर्धारित स्थान।

Fixed price—नियत मूल्य।

Fixed unit—नियत एकक।

पुस्तकों का ऐसा संग्रह जो एक यूनिट के तौर पर रखा जाए। जैसे—विभागीय पेपर्स या सेमिनार संग्रह।

Flange—टायय पार्श्व, स्फार, फ्लैंज।

Flap—आवरक, आवरण के दोनों ओर के अंदर का भाग।

Flat Proof—रंगक्रम प्रूफ।

Flat Pull—कच्चा प्रूफ।

Flat stitching—पार्श्व सिलाई।

Fleuron—पुष्प मुद्रण, चित्र सज्जा।

Flexible binding—नम्य जिल्द, लचीली जिल्द।

Flexible classification—नम्य वर्गीकरण, लचीला वर्गीकरण।

वर्गीकरण में क्रम भंग किए बगैर नए विषयों का समावेश।

Flexible notation—नम्य अंकन।

ऐसी अंकन-पद्धति जो किसी भी वर्गीकरण-पद्धति में क्रम भंग किए बिना नए शब्दों का समावेश कर सके।

Flexible policy—नम्य नीति।

Flexible schedule—नम्य अनुसूची।

Flexible sewing—नम्य सीवन, नम्य सिलाई।

Floor case—फर्स केस।

Floor duty—सामान्य पाठक सेवा।

Floral designing—फूलकारी सज्जा।

Floral ornament—पुष्प चित्र सज्जा।

Floreated—पुष्पालंकृत।

Floret—पुष्पक।

Flourish—अक्षर-लहर।

Flow charting (C.S.)—प्रवाह संचित्रण।

एल्गोरिथम में घटनाक्रम को प्रतीकात्मक रूप में प्रस्तुत करने की एक तकनीक।

Flow chart of library services—पुस्तकालय सेवाओं का अनुक्रम चार्ट, प्रवाह चार्ट।

Flow chart symbol (C.S.)—प्रतीक, प्रवाह-संचित्र।

विभिन्न घटनाओं का अभिसामयिक आरेखी चिह्न, जो प्रवाह संचित्र पर दरशाया जाता है।

Flower—पुष्प।

Flowers—फूल छापे।

Flow-line map—प्रवाहगतिक मानचित्र।

Fly leaf—कोरा कागज, कोरा पन्ना।

Fly sheet—लघुपत्रिका।

Fly title—संक्षिप्त आख्या।

Foci—केंद्र बिंदु।

Focus—विभाजित अंश।

Fold—तह।

Fold—वलित आवरक, पुस्तक पेटिका।

Folded book—मुड़वाँ पुस्तक।

Folded leaf—मुड़ा कागज।

Folded leaflet—मुड़ी पुस्तिका।

Folded plate—मुड़ा चित्र।

Folded publication—मुड़ा प्रकाशन, तह किया प्रकाशन।

Folder—फोल्डर, चौपन्ना।

Folding book—मुड़वाँ पुस्तक।

Folding map—मुड़वाँ मानचित्र।

Folding plate—मुड़ी प्लेट।

Folding publication—मुड़वाँ प्रकाशन।

Folding sewing—मोड़ सीवन।

Foliated—बेलबूटेदार।

Foliation—बेलबूटे बनाना।

Folio—पृष्ठ संख्या, फोलियो।

Folio edition—फोलियो संस्करण।

Folio line—फोलियो रेखा।

Folio recto—फोलियो दक्षिण पृष्ठ।

Folio verso—फोलियो वाम पृष्ठ।

Folk culture—लोक-संस्कृति।

Folklore academy—फोकलोर अकादमी।

Follow-up notice—अनुवर्ती स्मरण-पत्र।

Food department library—खाद्य विभाग पुस्तकालय।

Foot—पुस्तक पाद।

Foot band—निचला बैंड।

Foot line—पाद पंक्ति।

Foot note—पाद टिप्पण।

Foot stick—निचला फान।

Foot writing—पाद लेखन।

Foreign Affairs Library—विदेशी कार्य पुस्तकालय, विदेश मंत्रालय पुस्तकालय।

Foreign books—विदेशी पुस्तकें।

Foreign exchange—विदेशी मुद्रा।

Foreign language books—विदेशी भाषा पुस्तकें।

Foreign language school—विदेशी भाषा स्कूल।

Foreign publication—विदेशी प्रकाशन।

Forel—ग्रंथत्राण, फोरल।

Forename—प्रथम नाम।

Foreword—प्राक्कथन।

Forged book—जाली किताब।

ऐसी रचना, कृति या किताब जिसे किसी प्रकाशक ने चोरी से ज्यों-का-त्यों छाप लिया हो; हू-ब-हू मुद्रित पुस्तक जिसमें कोई फेरबदल नहीं किया हो और अन्य प्रकाशक ने जाली छापा हो।

Forged publication—जाली प्रकाशन।

Forgery—जालसाजी, कपट रचना।

Form—1. प्रपत्र, फॉर्म; 2. रूप।

Formal unit—रूपात्मक इकाई।

Format—फॉर्मेट, बाह्य रूप, पुस्तक का आकार।

Format (C.S.)—फॉर्मेट, आरूप।

दत्त या सूचना बताने के लिए प्रस्तुत विवरण।

Form card—फॉर्म पत्रक।

Form class—आधार वर्ग, रूप वर्ग।

Form classification—आधार। वर्गीकरण, रूप वर्गीकरण, प्रलेख रूप।

कृतियों, प्रलेख की विधा एवं रूप को मुख्य मानते हुए किया गया वर्गीकरण।

Form division—रूप विभाजन।

वर्गीकरण में प्रलेख के रूप को मुख्य मानते हुए किया गया वर्गीकरण।

Forme—फर्मा।

यह अकसर अठ पेजी या सोलह पेजी होता है।

Form entry—रूप प्रविष्टि।

सूचीकरण की ऐसी प्रविष्टि जो प्रलेख की विधा एवं रूप को आधार मानकर बनाई जाती है। जैसे—कथा साहित्य, काव्य, नाटक, कोश इत्यादि।

Form facet—रूप मुख।

पुस्तक समंक का वह भाग जो प्रलेख के रूप को दरशाता है।

Form heading—रूप शीर्षक।

Form number—रूप संख्या।

ऐसा वर्गांक जो प्रलेख के कायिक रूप का विवरण दे।

Fortran—फोर्ट्रान।

प्रोग्रामन-तंत्र, जिसके एक अंग, एक भाषा और एक प्रोग्राम अनुवादित्र होते हैं। प्रोग्राम अनुवादित्र द्वारा प्रोग्राम को गणितीय भाषा में लिखा जाता है और फिर अभिकलित्र के माध्यम से उस गणितीय भाषा को मशीनी/यांत्रिक भाषा में अनूदित किया जाता है।

Fortyeightmo—अड़तालीस पृष्ठीय।

Fortymo—चालीस पृष्ठीय।

Forum—फोरम, मंच।

Forwarding—अग्रेषण।

Founding fathers of library movement—पुस्तकालय आंदोलन के निर्माता।

Fount—टाइप वर्ग।

Fount scheme—टाइप वर्ग योजना, मुद्राक्षर वर्ग।

Fraction—अंश, प्रभाग।

Fragment—खंड, अपूर्ण सेट का अंक।

Franchise—विशेष विक्रय प्राधिकार, विक्रय सर्वाधिकार।

Free access—मुक्त प्रवेश, अबाध प्रवेश।

शेल्फों में खुली प्रदर्शित पुस्तकों को देखने-छाँटने और नियमानुसार अध्ययन-ग्रहण करने की अबाध छूट।

Free distribution—मुक्त वितरण।

ऐसी मुद्रित सामग्री जो नि:शुल्क या मुक्त वितरण हेतु हो।

Freedom of press—स्वतंत्र प्रेस, प्रेस-स्वातंत्र्य।

Freedom of speech—वाक् स्वातंत्र्य।

Free-end paper—ढीला अंत पृष्ठ।

Freelance writer—स्वतंत्र लेखक।

Freelance writing—स्वतंत्र लेखन।

Free library—नि:शुल्क पुस्तकालय।

ऐसा पुस्तकालय जहाँ प्रवेश और पुस्तक लेने की मुफ्त सुविधा हो।

Free mailing list—मानार्थ सूची।

ग्रंथ-सूची, सार संक्षेपक आदि भेजने के लिए मानार्थ सूची।

Free press—मुक्त प्रेस, स्वतंत्र प्रेस।

French guard—फ्रेंच गार्ड।

French rule—फ्रेंच रूल।

French sewing—फ्रेंच सिलाई।

Frequency—प्रकाशनावधि, प्रकाशन समय, प्रकाशन तिथि।

Fresco—भित्ति चित्र, लेप चित्र, फ्रेस्को।

Fresh arrival—नए प्रकाशन।

Frisk—पारदर्शी।

Frisked—आवरक।

Frisked paper—पारदर्शी कागज, आवरक कागज।

Front board—अगला गत्ता।

Front cover—मुख आवरण।

Front edge—अग्रकोर।

Frontispiece—प्रतिमुख पृष्ठ।

Front matter—प्रारंभिक सामग्री।

Front page—मुख पृष्ठ।

Front surface mirror—उपरि पृष्ठीय दर्पण।

Front title—मुख आवरण।

Full name—पूर्ण नाम, पूरा नाम।

पूर्ण नाम में व्यक्ति और कुल का नाम आता है।

Functional dictionary—नानार्थ कोश।

Fundamental categories—मूल संवर्ग।

Fundamentals of librarianship—पुस्तकालय विज्ञान के मूल सिद्धांत।

Furniture and fittings of library—लाइब्रेरी फर्नीचर-फिटिंग।

Further copy—अतिरिक्त प्रति।

Fused link—एकीकृत शृंखलांग।

Fused number—एकीकृत संख्या।

Fused unit—एकीकृत एकक, समेकित इकाई।

Fuzziness—अस्पष्टता।

□

G

Galley proof—गेली प्रूफ।

Galley system—गेली पद्धति।

Gallffering—सँवारना।

Gama—गामा।

Gap—अंतराल।

Gap card—लुप्ति कार्ड।

Gap device—लुप्तांश युक्ति, विवर युक्ति।

ऐसी युक्ति जिसमें दो पंक्ति-वियोजक भावों को प्रदर्शित करनेवाले समंकों के बीच खाली स्थान छोड़ा जाता है ताकि जब भी नए वियोजक उत्पन्न हों, उन्हें समलक्षण विन्यास में समाविष्ट किया जा सके।

Gauge—गेज, फर्मा पट्टी।

Gazette—गजट, राजपत्र।

Gazetteer—गजेटियर, राजविवरिणी, राजविवरणिका।

Gazette notification—राजपत्र अधिसूचना।

Gelatine—जिलेटिन।

Gelatine printing—जिलेटिन प्रिंटिंग।

Gelatine process—जिलेटिन प्रक्रिया, जिलेटिन प्रक्रम।

Gelatine transfer—जिलेटिन अंतरण।

Genealogical—वंशावलिक, वंशा-वली।

General book—सामान्य ग्रंथ, साधारण पुस्तक।

General catalogue—सामान्य सूची।

General class—सामान्य वर्ग।

General classification—सामान्य वर्गीकरण।

ऐसा वर्गीकरण जो संपूर्ण ज्ञान लोक को एक युक्तियुक्त रूप में व्यवस्थित कर सके।

General cross reference—सामान्य अंतर्निर्देश।

General editor—प्रधान संपादक।

General entry—सामान्य प्रविष्टि।

Generalia—सामान्य ग्रंथ।

Generalia class—सामान्य ग्रंथ वर्ग।

General index—सामान्य अनुक्रमणिका, साधारण अनुक्रमणी।

General information—सामान्य सूचना।

General information reference card—सामान्य सूचना संदर्भ पत्रक।

General literature—सामान्य साहित्य।

General purpose computer (C.S.)—व्यापक उपयोगी अभिकलित्र।

ऐसा अभिकलित्र जिसमें विभिन्न समस्याओं के समाधान और विभिन्न प्रोग्रामों का संचालन होता हो।

General reference—सामान्य निर्देश।

General relation—सामान्य संबंध।

वह संबंध जो दो कलाओं के बीच विस्तृत या अविवरणात्मक रूप में हो।

General secondary entry—सामान्य इतर प्रविष्टि।

General stock taking—सामान्य पुस्तकालय संग्रह परीक्षण, सामान्य संकलन जाँच।

General stock verification—सामान्य संग्रह जाँच।

General title—सामान्य आख्या।

General work—सामान्य ग्रंथ।

Generated address (C.S.)—जनित पता।

प्रोग्राम में अनुदेशों द्वारा व्यक्त और उस प्रोग्राम के पश्चवर्ती उपयोग के लिए पता।

Generic—जातिपरक।

Generic relation—जाति संबंध।

Geographical—भौगोलिक।

Geographical device—भौगोलिक युक्ति।

Geographical division—भौगोलिक विभाजन।

Geographical entry—भौगोलिक प्रविष्टि।

Geographical numbers—भौगोलिक समंक।

Geographical subdivision—भौगोलिक उपविभाजन।

Geographic filling method—भौगोलिक क्रमीकरण प्रणाली।

Geographic names—भौगोलिक नाम।

Get up—गेट अप, बाह्य सज्जा।

Ghost word—भ्रमपूर्ण शब्द, भ्रामक शब्द।

Ghost writer—छद्म लेखक, अन्यार्थ लेखक।

Gift—उपहार, भेंट।

Gift accession book—उपहार परिग्रहण पंजिका।

Gift accession register—उपहार परिग्रहण रजिस्टर।

Gift binding—उपहार जिल्द, मानार्थ जिल्द।

Gift book—उपहार ग्रंथ।

Gift card—उपहार कार्ड।

Gift periodical—उपहार पत्रिका।

Gift request—उपहार प्रार्थना।

Gift stamp—उपहार सूचक मुहर।

Gild—सोना चढ़ाना।

Gild by hand—हाथ से सोना चढ़ाना।

Gilding—स्वर्णलेखन।

Gilding in the press—प्रेस में सोना चढ़ाने का प्रक्रम।

Girdle book—मेखलाबद्ध पुस्तक।

Given name—प्रदत्त नाम।

जन्म के पश्चात् माता-पिता द्वारा दिया गया नाम।

Given title—प्रदत्त आख्या, प्रदत्त शीर्ष।

Glaire—ग्लेयर।

Glamourous book—दीप्तिमान् पुस्तक, चमकदार पुस्तक।

Glassine paper—ग्लेसाइन कागज।

Glazed grease-proof paper—चमकदार ग्रीसरोधी कागज।

Glazed morocco—काचित मोरक्को चमड़ा।

Glazed paper—चमकीला कागज।

Glossary—शब्दावली।

पारिभाषिक शब्दों की सूची, जिसमें परिभाषाएँ भी दी गई हों।

Glossy—ग्लोजी, चमकदार।

Glossy paper—चमकदार कागज।

Glossy print—चमकदार मुद्रण।

Glyph—उच्चित्र, उत्कीर्ण।

Glyphography—उत्कीर्ण लेखन।

Goat skin—अजा चर्म।

Gold binding—सुनहरी जिल्द।

Golden book—स्वर्ण पुस्तक।

Golden leaf—स्वर्ण-पत्र।

Golden print—स्वर्ण मुद्रण।

Gold paper—सुनहरा कागज।

Gold pressing—प्रेस द्वारा सोना चढ़ाना।

Gold tooling—सुनहरी दागी छपाई।

Good Offices Committee—सद्भाव समिति।

सरकार, प्रकाशक एवं पुस्तकाध्यक्षों के प्रतिनिधियों की वह सर्वमान्य-सद्भाव समिति जो प्रकाशनों की कीमतों पर पुस्तकालय छूट और विनिमय दर तय करे।

Gospel book—सुवार्त्ता पुस्तक, धर्म चर्चा ग्रंथ।

Gothic (type)—गॉथिक टाइप, काला टाइप।

Gouge index—गाउज अभिसूचक।

Government document—सरकारी दस्तावेज।

Government library—सरकारी पुस्तकालय।

Government publication—सरकारी प्रकाशन।

सरकार द्वारा मुद्रित प्रकाशन।

Gradation—ग्रेडेशन, श्रेणीकरण।

Grade—ग्रेड, श्रेणी।

Graded scheme of service—पदक्रमानुसार सेवा-पद्धति।

Graded service—पदक्रमानुसार सेवा।

Grade library—ग्रेड लाइब्रेरी, कक्षा संग्रह पुस्तकालय।

Grade one and a half braille—ड्योढ़ी श्रेणी ब्रेल।

Grade one author—प्रथम श्रेणी लेखक।

Grade one braille—प्रथम श्रेणी ब्रेल।

Grade three braille—ग्रेड तृतीय ब्रेल।

Grade two braille—ग्रेड द्वितीय ब्रेल।

Grading of publication—प्रकाशन श्रेणीकरण।

Gradual division—क्रमिक विभाजन।

Grain—कण-विन्यास।

Grained—कणांकित, दानेदार।

Graining—कणिकांकन, ग्रेनिंग।

Grain leather—ग्रेन चमड़ा, बिंदुकित चर्म।

Grammar school library—ग्रामर स्कूल पुस्तकालय।

Gramophone library—ग्रामोफोन लाइब्रेरी, ग्रामोफोन पुस्तकालय।

Gramulated paper—कणात्मक पेपर, खुरदरा कागज।

Grand display (of books)—भव्य प्रदर्शन् (पुस्तकों का)।

Grand style—भव्य शैली।

Grangerized book—चित्र संयोजित पुस्तक।

Grangerizing—ग्रेंजरीकरण।

Gratis—नि:शुल्क, मुफ्त।

Gratis acquisition—नि:शुल्क प्राप्ति।

Gratis copy—नि:शुल्क प्रति।

Gratis publication—मुफ्त प्रकाशन।

Graver's chisel—उत्कीर्णक छेनी।

Grease spotted—वसा-चिह्नित।

Greek—यूनानी।

Green film—कम सूखी फिल्म, ईषदार्द्र फिल्म।

Green proof—कच्चा प्रूफ।

Grip edge—पकड़कोर।

Grip margin—पकड़ने का स्थान, पकड़ मार्जिन।

Grip mark—पकड़चिह्न।

Grolieresque—ग्रोलियर जिल्द।

Gross cost—सकल लागत।

Group—समूह।

किसी भी ज्ञान लोक के सत्त्व के विभाजन से प्राप्त उपविभाग का समूह।

Group notation—समूहांकन।

संवर्ग वियोजकों या पंक्ति वियोजकों के लिए दशमलव दशांक युक्ति के अंतर्गत दो या अधिक अंशों का प्रयोग।

Group notation device—समूहांकन युक्ति।

Guarantor—गारंटीकर्ता।

Guarantor's card—गारंटीकर्ता कार्ड।

Guarantor's signature—गारंटीकर्ता-हस्ताक्षर।

Guard—पुस्तक आरक्षी, पुस्तक रक्षक, द्वारपाल।

Guard leaf—रक्षी परची, रक्षा परचा।

Guard sheet—रक्षण पत्रक।

Guest editor—अतिथि संपादक।

Guide—संदर्शिका, मार्गदर्शिका, परिदर्शिका।

Guide book—मार्गदर्शिका, संदर्शिका, गाइड बुक।

Guide card—गाइड कार्ड, संदर्शक कार्ड।

Guide key—निर्देश कुंजी।

Guide letter—निर्देश अक्षर।

Guide map—निर्देश मानचित्र, गाइड मैप।

Guide slip—निर्देश परची।

Guide word—निर्देश शब्द।

Guiding principles—निर्देश सिद्धांत।

Guinea edge—गिनी कोर।

Gutter margin—भीतरी उपांत।

Gypsographic print—जिप्सोग्राफिक प्रिंट।

Gypsy—जिप्सी, यायावर।

□

H

Habit of reading—पढ़ाई की आदत, अध्ययन-आदत, अध्ययन की अभ्यस्तता।

Habitual reader—अभ्यस्त पाठक।

Hachure—हैश्चूर।

Hack—भाड़े का लेखक।

Hagiographical writing—संतचरित ग्रंथ।

Hagiography—संतचरित, संतचरित लेखन।

Hagionym—आर्षनाम।

Hair space—केशांतर।

Halation—प्रभाबिंब।

Half-annual—अर्धवार्षिक।

Half-binding—अर्ध चर्म जिल्द।

Half bound—अधमढ़ी।

Half cloth—अर्ध कपड़ा जिल्द।

Half dark type—आधा काला टाइप, मध्यम आकारी टाइप।

Half leather—अर्ध चर्म।

Half linen—अर्ध लिनेन।

Half-monthly—अर्धमासिक।

Half-title—संक्षिप्त आख्या।

पुस्तक का शीर्षक, जो अलग पृष्ठ पर छापकर मुख पृष्ठ से पहले लगाया जाता है। इसमें लेखक-प्रकाशक का विवरण नहीं होता।

Half title page—संक्षिप्त मुखपृष्ठ।

Half tone—हाफटोन।

Half-uncial—बृहदक्षर पांडुलिपि।

Half volume—अर्ध भाग, अर्ध संपुट।

Half yearly—अर्ध वार्षिक।

Hall mark—प्रामाणिकता चिह्न।

Halt (C.S.)—विराम।

किसी बाधा के कारण प्रोग्राम के निष्पादन का रुकना।

Halt instruction (C.S.)—विराम अनुदेश।

प्रोग्राम के निष्पादन को रोकने के लिए मशीनी अनुदेश।

Hand book—हस्तपुस्तिका, पुस्तिका।

Hand book of librarianship—पुस्तकालय विज्ञान पुस्तिका।

Hand book of records—अभिलेख

पुस्तिका।

Hand composition—हाथ से कंपोज करना।

Hand-copied book—हस्तलिखित प्रति।

Hand-copied manuscript—हस्तलिखित पांडुलिपि।

Hand-engraved—हस्ततक्षित।

Hand lettering—हथलिखाई।

Hand list—हस्त-सूची, संक्षिप्त सूची।

Hand made paper—हथबना कागज।

Hand sewing—हथसिलाई।

Hand tooling—अलंकरण।

Hand viewer—फिल्म अन्वीक्षक।

Hand writing—हस्तलेख।

Handy atlas—संक्षिप्त या छोटी एटलस।

Handy book—छोटी पुस्तक।

Hanging indention—प्रत्यनुच्छेद।

सूचीकरण में ऐसा अनुच्छेद जिसमें प्रथम पंक्ति लेखक अनुच्छेद से प्रारंभ हो एवं बाद की पंक्तियाँ शीर्षक अनुच्छेद से।

Hard board binding—गत्ते की जिल्द।

Hard bound—पक्की जिल्द।

Hardner—दृढ़ीकारक।

Hard word—कठिन शब्द।

Harlein style—हार्लेइन शैली।

Harvard system—हार्वर्ड प्रणाली।

Head and tail—शिखर एवं तल।

Head-cap—शीर्ष चर्म।

Heading—शीर्षक।

सूची में प्रविष्टि के ऊपर दिए गए शब्द, जो पुस्तक की विशेषता, यथा—लेखक, विषय, विवरण, श्रृंखला शीर्षक इत्यादि का उल्लेख करे।

Heading section—शीर्षक परिच्छेद।

Headline—शीर्ष पंक्ति।

Headnote—शीर्ष टिप्पण।

Head of acquisition—संप्राप्ति विभागाध्यक्ष।

Head of catalogue division—सूचीकरण विभाग प्रमुख, सूची प्रभागाध्यक्ष।

Head of extension services—प्रसार सेवा प्रभागाध्यक्ष।

Head ornament—अभिशीर्ष अलंकरण।

Head piece—अभिशीर्ष अलंकरण।

Head title—शीर्ष आख्या।

Health department library—स्वास्थ्य विभाग पुस्तकालय।

Heat screen—उष्मा निवारक।

Hectograph—हेक्टोग्राफ, शतलेखित्र।

Hectograph process—शतलेखी प्रक्रम।

Hegel classification—हीगेल का वर्गीकरण।

सन् 1812 में हीगल द्वारा आविष्कृत वर्गीकरण-पद्धति।

Hellenic library—यूनानी पुस्तकालय।

Helpful order—अनुकूल क्रम।

Heraldic device—कुलचिह्न, अस्त्र ध्वजादि चित्रण।

Her Majesty's Stationary Office—महामहिम स्टेशनरी (प्रकाशन) कार्यालय (एच.एम.एस.ओ., लंदन)।

Hierarchical—सोपानिक।

Hierarchical notation—सोपानिक संकेतन।

Hieroglyph—चित्रलेख, चित्रलिपि।

Hieroglyphic script—चित्रलिपि, चित्रात्मक लिपि।

Hieronym—गोत्रनाम।

High commission library—हाई कमीशन लाइब्रेरी, उच्चायोग पुस्तकालय।

High court—हाईकोर्ट।

High level language (C.S.)—उच्च स्तरीय भाषा।

एक या अनेक यांत्रिक भाषा अनुदेशों के अनुरूप अनुदेश या विवरण से युक्त भाषा।

Highlight—प्रकाशबहुल, बहुप्रचारित।

Historial bibliography—ऐतिहासिक ग्रंथ-सूची।

ऐसी ग्रंथ-सूची जिसमें पुस्तक निर्माण, मुद्रण, जिल्दसाजी तथा कागज बनाने का इतिहास दिया गया हो।

Historial manuscript—ऐतिहासिक पांडुलिपि।

Historial subdivision—ऐतिहासिक उपविभाजन, ऐतिहासिक उपविभाग।

Historiated—चित्रालंकृत, चित्रांकित।

Historiated initial—सार्थ चित्राक्षर।

History card—वृत्त कार्ड।

Hoax—नकली, कृत्रिम।

Hobby—रुचि, हॉबी।

Hobby book—रुचि पुस्तक, हॉबी बुक।

Holdings—उपलब्धियाँ, पुस्तक संग्रह।

पुस्तकालय में उपलब्ध पुस्तकें, प्रलेख आदि।

Holdings card—उपलब्धि कार्ड।

Holding section—प्रलेख उपलब्धि कार्ड।

प्रविष्टि का वह अनुच्छेद जो ग्रंथ में उपलब्ध पत्र-पत्रिकादि का विवरण देता है।

Hole—छिद्र।

सूची पत्रक के मध्य भाग में अवस्थित छिद्र। इससे केबिनेट में पत्रकों को व्यवस्थित किया जाता है।

Holiday guide—पर्यटन संदर्शिका।

Holiday issue—अवकारी निर्गम।

Holiday literature—पर्यटन साहित्य।

Hollander—हॉलैंडर।

Holograph—स्वलेख।

Holographed document—स्वलिखित दस्तावेज, स्वलिखित अभिलेख।

Home bindery—गृह जिल्दसाजी,

ग्रंथालय जिल्दसाजी।

Home department library—गृह विभाग पुस्तकालय।

Home journal—गृह पत्रिका।

Home library—गृह पुस्तकालय।

Home reading—गृह पठन।

Home reading department—गृह पठन विभाग।

Home-use library—गृहोपयोगी पुस्तकालय।

Homnymous—समनाम, समनामी।

Homnymous heading—समनामी आख्या, समनाम शीर्षक।

Honorary librarian—अवैतनिक पुस्तकालयाध्यक्ष।

Horror literature—संत्रास साहित्य।

Hospital library—हॉस्पिटल पुस्तकालय।

Host document—आकर प्रलेख, बृहद् प्रलेख।

Hot spot—चमकीला दाग।

House journal—गृह पत्रिका।

House library—गृह पुस्तकालय, संस्था पुस्तकालय।

House magazine—संस्था पत्रिका, गृह पत्रिका।

'House' papers—संसदीय कागज, संसदीय पेपर, संसदीय पत्र।

Humourous paper—हास्यप्रधान समाचार-पत्र।

Hybrid computer—संकर अभिकलित्र।

अनुरूप अभिकलित्र तथा अंकीय अभिकलित्र दोनों युक्तियों से मिश्रित अभिकलित्र।

Hygrometer—आर्द्रता मापी।

Hymeneal—1. यूनानी विवाह देवता, 2. विवाह गीत।

Hymn—स्तोत्र, सूक्त, छंद।

Hymnal—स्तोत्र संग्रह।

Hymn book—स्तोत्र ग्रंथ।

Hyphen—योजक-चिह्न, हाइफन।

Hypo—हाइपो, अधः।

Hypo eliminator—हाइपो विलोपक।

□

I

ICME (International Meeting of Cataloguing Experts)—सूचीकरण विशेषज्ञों का अंतरराष्ट्रीय सम्मेलन, इकमे।

Icon—अनुप्रतीक, अनुसंकेत।

Iconoclasm—रूढ़िभंजन, प्रतिमा-भंजन।

Iconolatry—प्रतिमापूजन, मूर्तिपूजन।

Identification card—पहचान पत्रक, अभिज्ञान पत्रक।

Identification number—पहचान संख्या, अभिज्ञान संख्या।

Identification strip—अभिज्ञान पट्टिका।

Identifier (C.S.)—अभिनिर्धारक।

वह लेबल जिसके द्वारा निवेश/बहिर्वेश में कोई भी फाइल की स्थिति ज्ञात की जा सके अथवा जिससे स्मृति तंत्र के किसी भी विशेष स्थान को ज्ञात किया जा सके।

Identity card—पहचान पत्रक।

पुस्तकालय में प्रवेश के लिए नियमानुसार निर्धारित पहचान-पत्र।

Ideographic characters—भाषा चित्रलिपि, भाव चित्राक्षर।

प्राचीन सभ्यताओं के काल में मनुष्य अभिव्यक्ति का माध्यम भाषा चित्रलिपि को बनाता था।

IFLA (International Federation of Library Associations)—पुस्तकालय संघों का अंतरराष्ट्रीय महासंघ, इफला।

ILA—इंडियन लाइब्रेरी एसोसिएशन, भारतीय पुस्तकालय संघ।

Illuminated book—अलंकृत पुस्तक।

Illuminated initial—अलंकृत आद्यक्षर।

Illuminated manuscript—अलंकृत पांडुलिपि।

Illumination—सजावट, अलंकरण।

Illuminator—सजावटकर्ता, अलंकरणकार।

Illustrated—सचित्र।

Illustrated article—सचित्र लेख।

Illustrated book—सचित्र पुस्तक।

Illustrated cover—सचित्र आवरण, सचित्र जिल्द।

Illustrated edition—सचित्र संस्करण।

Illustrated manuscript—सचित्र पांडुलिपि।

Illustration—पुस्तक चित्रण निदर्शना।

Illustrator—चित्रकार, चित्रक।

Image spacing—प्रतिरूपांतरण, चित्रांतरण।

Imaginative—कल्पनात्मक।

Imaginative literature—कल्पना प्रधान साहित्य, कल्पनात्मक साहित्य।

Imbrigation—शल्क-अलंकरण।

Imitated book—जाली/नकली पुस्तक।

Imitation—अनुकृति।

Imitation binding—नकली जिल्दसाजी।

Imitation chrome board—नकली क्रोम गत्ता।

Imitation parchment paper—नकली चर्मपत्र, नकली पार्चमेंट कागज।

Immature paper—कच्चा कागज।

Immediate commodity—उपस्थित पण्य।

Immediate reference—तात्कालिक संदर्भ।

तात्कालिक अध्ययन या संदर्भ के लिए माँगी गई सामग्री।

Immediate universe—पूर्व लोक।

किसी वर्ग या पंक्ति को जब उस वर्ग या पंक्ति के सापेक्ष देखा जाए तो उस क्रम में उससे ऊपर आनेवाला वर्ग।

Immigrant language—आप्रवासी भाषा।

मातृदेश से अन्य देश में सामाजिक-आर्थिक कारणों से आप्रवासी जनसंख्या द्वारा बोली जानेवाली मातृदेश की भाषा, जिसमें सदियों की काल-यात्रा में थोड़ा-बहुत अंतर स्वाभाविक है।

Imperial size—इंपीरियल आकार, इंपीरियल साइज।

Imposition—इंपोज करना, पृष्ठ-योजन।

Impositor—विन्यासकर्ता।

Imposter—प्रतारक, झूठा दावेदार।

Imposture—छलकृति, प्रतारक कृति।

Impregnated—मोमिया कागज।

Impress—निमुद्रण, ठप्पा, मुहर।

Impression—आवृत्ति, प्रतिमुद्रण।

Imprimatur—मुद्रणानुज्ञप्ति, छपाई आदेश।

Imprint—प्रकाशन विवरण।

मुद्रण की तिथि, स्थान, मुद्रक-प्रकाशक का नाम इत्यादि सूचनाएँ या विवरण सामान्यत: आख्या पृष्ठ के नीचे दिए जाते हैं।

In Boards—गत्ते में कटी जिल्द।

Incitory literature—उत्तेजक साहित्य।

Inclusive edition—अद्यतन ग्रंथ संस्करण, असमय संस्करण।

प्रकाशन के समय तक किसी संस्करण के उस लेखक की सभी कृतियाँ तथा उनके सभी संस्करण।

Inclusive notation—समावेशांकन।

Incorporated—निगमित।

किसी पत्र-पत्रिका समूह का अन्य समूह में निगमन।

Incorporation—निगमन, समावेशन।

Increasing cost—बढ़ती कीमत।

पुस्तकों की बढ़ती कीमतें, जिसके लिए कागज, मुद्रण-जिल्द आदि का बढ़ा मूल्य उत्तरदायी हैं।

Increasing demand—बढ़ती माँग।

शिक्षा के प्रचार-प्रसार के साथ-साथ पुस्तकों-प्रकाशनों की बढ़ती माँग।

Incunabula—आदिमुद्रित ग्रंथ।

1500 ई. पूर्व के मुद्रित ग्रंथ।

In cut note—उपांत टिप्पण।

Indelible ink—अमिट स्याही।

Indent—अंत: हाशिया अतिदाब।

Indention—हाशियांतर, हाशिया।

Indenture—दुपर्ती लेखा।

Indeterminate author—अनिर्णीत लेखक (see Diffused authorship)।

Index—अनुक्रमणिका, अनुक्रमणी।

वह वर्णानुक्रम सूची जिसमें पुस्तक में प्रतिपादित विषयों, विविध नामों आदि (यथा—व्यक्तियों के नाम, समष्टि निकायों के नाम, विभिन्न स्थानों के नाम इत्यादि) को पुस्तक के अंत में प्रासंगिक पृष्ठ संख्या सहित दिया जाता है।

Index entry—अनुक्रमणिका प्रविष्टि।

Indexer—अनुक्रमणिकाकार।

अनुक्रमणिका तैयार करनेवाला व्यक्ति।

Index expurgatorious—निषिद्ध भाग अनुक्रमणिका।

Indexing—अनुक्रमणीकरण।

अनुक्रमणिका तैयार करना।

Indexing periodical—अनुक्रमणीकरण पत्रिका।

ऐसी पत्रिका जिसमें सामयिक पत्रिकाओं में विशेष विषयों पर छपे लेखों तथा नई प्रकाशित पुस्तकों की सूची दी गई हो।

Indexing service—अनुक्रमणीकरण सेवा।

विशेष माँग, अकादमिक हित संवर्धन या सेवा शुल्क के बदले विशिष्ट विषयों या विशिष्ट विषय के प्रकाशनों के लिए निर्मित/प्रस्तुत अनुक्रमणीकरण सेवा।

Index liborum prohobitorum—निषिद्ध ग्रंथ अनुक्रमणिका।

Index map—सूचक मानचित्र।

Index number section—सूचकांक परिच्छेद।

Index of members—सदस्यों की अनुक्रमणिका।

Index of persons—नामानुक्रमणिका।

Index of places—स्थान अनुक्रमणिका।

Index purgatorius—निषिद्ध अनुक्रमणिका।

Index register—इंडेक्स रजिस्टर, अनुक्रमणिका पंजी।

Index sheet—सूचक पत्र।

Index slip—सूचक परची।

Index to articles—लेखक अनुक्रमणिका।

Index to classification—वर्गीकरण अनुक्रमणिका।

Index to contributors—लेखक अनुक्रमणिका।

Index to periodicals—पत्रिका अनुक्रमणिका।

Index to translations—अनुवादित ग्रंथों की अनुक्रमणिका।

Index to writers—लेखक अनुक्रमणिका।

Index translationum—अनुवाद अनुक्रमणिका।

Index verborum—शब्दानुक्रमणिका।

Indiana—इंडियाना, भारत विषयक वाङ्मय, साहित्य।

Indicative abstract—सांकेतिक सारांश, संकेतात्मक सार, संकेत सूचक सारांश।

Indicator—संकेतक, सूचक।

Indicator chart (C.S.)—सूचक चार्ट।

तर्कसंगत अभिकल्प और संकेतन के दौरान प्रोग्राम में सूचकों का प्रयोग बताने के लिए प्रोग्रामक निर्मित चार्ट।

Indicator digit—सूचक अंक।

वर्गीकरण-पद्धति में विभाजन की विधि में किसी परिवर्तन को सूचित करनेवाला अंक।

Indicator paper—परीक्षण कागज।

Indirect subdivision—अप्रत्यक्ष उपविभाग।

Individual bibliography—वैयक्तिक ग्रंथ-सूची, व्यक्तिगत ग्रंथ-सूची।

एक ही विशिष्ट व्यक्ति के व्यक्तित्व और कृतित्व को दरशानेवाली सटिप्पण या विश्लेषणात्मक ग्रंथ-सूची।

Individual entry—व्यक्तिगत प्रविष्टि।

Individualization—एकांगवर्ग व्यष्टीकरण।

वर्गीकरण प्रक्रिया द्वारा ज्ञान लोक में एक सत्त्व का एक विषयक वर्ग में पृथक्करण।

Individualized heading—व्यष्टीकृत शीर्षक।

समष्टि निकाय के नाम में समानता हो या नाम एक जैसा हो जिससे भ्रम उपस्थित हो सकता है तो उनमें व्यष्टीकरण तत्त्वों को जोड़ना।

Individualized word group (in a heading)—(शीर्षक गत) व्यष्टीकृत पद।

शीर्षक में प्रयुक्त एक या अधिक शब्द, जिनसे नाम की संरचना होती हो और यदि उन्हें पृथक् नहीं किया जाता हो तथा उनका व्यवहार एक साथ इसलिए किया जाता हो जिससे नाम अथवा सत्ता बोधगम्य बन सके।

Industrial and Marketing research library—औद्योगिक एवं विपणन शोध पुस्तकालय।

Industrial workers library—औद्योगिक श्रमिक पुस्तकालय।

Inferior letters—पाद अक्षर।

Inflammable film—ज्वलनशील फिल्म।

Influence—प्रभाव।

Influencing relation—प्रभावी संबंध।

वह कला संबंध जिसमें कला-2 का प्रभाव कला-1 पर प्रदर्शित किया जाता है। अर्थात् कला-1 को प्रभावित माना जाता है।

Influential writer—प्रभावी लेखक।

Information—सूचना।

Information (C.S.)—सूचना।

उपयोगी रूप में संसाधित दत्त।

Information bits (C.S.)—सूचना द्वयंव।

दत्त स्रोत से नि:सृत अंक या प्रतीक।

Information Bureau—सूचना ब्यूरो, इन्फॉर्मेशन ब्यूरो।

Information card—सूचना कार्ड।

Information centre—सूचना केंद्र।

1. वह केंद्र जहाँ से पुस्तकालय और तत्संबंधी सेवाओं की सूचना प्राप्त हो सके।

2. वह केंद्र जहाँ के पुस्तकालय में सामान्य पुस्तकें, संदर्भ साहित्य, मानचित्र, समय सूची इत्यादि का संग्रह हो और जो सार्वजनिक उपयोग हेतु कार्यशील हो।

Information channel (C.S.)—सूचना-वाहिका।

दत्त संचरण बंध में दो टर्मिनलों के बीच प्रयुक्त हार्डवेयर। इसमें टेलीफोन, टेलीग्राफ, टेलीप्रिंटर और रेडियो लिंक संचरण का होना आवश्यक है।

Information desk—सूचना डेस्क, सूचना मेज।

Information librarian—सूचना पुस्तकालयाध्यक्ष।

Information media—सूचना माध्यम।

Information officer—सूचना अधिकारी।

Information retrieval (C.S.)—सूचना उद्धरण।

प्रचुर मात्रा में उपलब्ध सूचना के विश्लेषण के आधार पर तीव्र गति से अपेक्षित सूचना-प्राप्ति की प्रणाली।

Information retrieval system (C.S.)—सूचना उद्धरण प्रणाली या तकनीक।

Information science—सूचना विज्ञान।

Information seeking readers—

सूचना जिज्ञासु पाठक।

Information separator (C.S.)—सूचना विभाजक।

सूचना की विभिन्न मदों को अलग-अलग वर्गीकृत करने में सहायक प्रतीक।

Information service—सूचना सेवा।

Information service cadre—सूचना सेवा काडर।

Infra—नीचे।

Infra red light—अवरक्त प्रकाश।

Infra red ray—अवरक्त किरण।

Infringement of copyright—कॉपीराइट उल्लंघन।

Initial—आद्य, प्रारंभिक।

Initial instruction (C.S.)—आद्य अनुदेश, प्रारंभिक अनुदेश।

ऐसा अनुदेश जो हार्डवेयर मशीन में पूर्ण उद्भरण प्रोग्राम को पहुँचाने में सहायक हो।

Initial letter—प्रथमाक्षर, आद्यक्षर।

Inner forme—आंतर फर्मा।

Inner indention—अंदरूनी हाशिया, आंतर अभिप्राय।

सूचीपत्रक के बाएँ सिरे से वह फासला जिससे पूर्व निर्धारित नियमानुसार एक मानक लाइनदार पत्रक पर दूसरी आड़ी रेखा से सामान्यत: शीर्षक शुरू होता है।

Inner location—आंतर स्थान।

Inner margin—आंतर हाशिया।

In progress—क्रियमाण।

Input (C.S.)—निवेश।

परिरेखीय एकक से स्मृति तंत्र में भेजा जानेवाला दत्त और सूचना।

Input area (C.S.)—निवेश क्षेत्र।

परिरेखीय एकक अथवा सहायक स्टोर से दत्त या सूचना के निवेश के लिए स्मृति तंत्र में सुरक्षित स्थान।

Input instruction (C.S.)—निवेश अनुदेश।

प्रोग्राम में दत्त के निवेश के लिए सहायक प्रोग्राम भाषा का अनुदेश।

Input instruction code (C.S.)—निवेश अनुदेश संकेत।

निविष्ट नेमका-लेखन में प्रोग्राम के कार्य के सहज प्रस्तुतीकरण के लिए, स्वत: स्पष्ट भाषा के अंग रूप में अनुदेश-समुच्चय।

Input-output buffer (C.S.)—निवेश/बहिर्वेश बफर।

स्मृति तंत्र का क्षेत्र, जिसमें सूचना परिरेखीय एककों से स्मृति एकक में तथा स्मृति एकक से परिरेखीय एककों में प्रेषण से पूर्व रखी जाती है।

Input-output control (C.S.)—निवेश/बहिर्वेश नियंत्रक।

केंद्रीय संसाधित्र और उसके परिरेखीय क्षेत्रों के बीच पारस्परिक क्रिया का नियंत्रक हार्डवेयर या सॉफ्टवेयर।

Input-output control system (C.S.)—निवेश/बहिर्वेश नियंत्रण प्रणाली।

निवेश/बहिर्वेश संक्रियाओं आदि का नियंत्रण करनेवाला सॉफ्टवेयर।

Input-output device (C.S.)—निवेश/बहिर्वेश उपकरण।

कंप्यूटर हार्डवेयर, जिसके द्वारा दत्त या सूचना स्मृति तंत्र में प्रविष्ट किए जाते हैं और संसाधित दत्त या सूचना जाने जाते हैं।

Input-output library routines (C.S.)—निवेश/बहिर्वेश प्रोग्राम संग्रह।

अभिकलित्र निर्माताओं द्वारा विकसित उपकरणों के उपयोक्ताओं के लिए प्रोग्राम संग्रह।

Input-output table—आगत-निर्गत तालिका।

Input register (C.S.)—निवेश रजिस्टर।

परिरेखीय एकक से, दत्त या सूचना को न्यून गति से प्राप्त कर केंद्रीय संसाधित्र को तीव्रतर गति से भेजने के लिए प्रयुक्त रजिस्टर।

Input storage area (C.S.)—निवेश क्षेत्र, निवेश संग्रह क्षेत्र।

स्मृति तंत्र का निर्धारित क्षेत्र जिसमें परिरेखीय एकक से दत्त या सूचना का निवेश होता है।

Input unit (C.S.)—निवेश एकक।

अभिकलित्र के स्मृति-तंत्र में सूचना का निवेशक परिरेखीय एकक।

Inquires—अबद्ध।

Inscribe—उत्कीर्ण लेखन।

Inscribed copy—हस्ताक्षरित प्रति।

Inscription—शिलालेख।

Inscriptional sources—शिलालेख स्रोत।

Insert—निवेश/निवेशन।

Inserted card—निवेशित कार्ड।

Inserted leaf—निवेशित पृष्ठ।

Inserted paragraph—निवेशित पैरा, निवेशित अनुच्छेद।

Insertion mark—निवेशन चिह्न।

In-service diploma in library science—सेवाकालीन पुस्तकालय विज्ञान में डिप्लोमा।

In-service librarianship training—सेवाकालीन पुस्तकालय विज्ञान प्रशिक्षण।

In-service library science diploma—सेवाकालीन पुस्तकालय विज्ञान डिप्लोमा।

In-service library training—सेवाकालीन पुस्तकालय प्रशिक्षण।

Inset—अंतर्विष्ट।

Inset map—अंतर्विष्ट मानचित्र।

Inset story—गर्भ कथा।

Insetter—अंतर्वेशक।

Insetting—अंतर्विष्ट करना।

Inside cover—आंतरिक आवरण।

Inside margin—पिछला हाशिया, पृष्ठ उपांत।

Inside strip—अंतर्जोड़ पट्टी।

Inspection note—निरीक्षण टिप्पण।

Inspection of library books—

पुस्तकालय की पुस्तकों का निरीक्षण।

Inspection register—निरीक्षण पंजिका।

Institute International Documentation—अंतरराष्ट्रीय प्रलेखन संस्थान।

Institute of library science—पुस्तकालय विज्ञान संस्थान।

Institutional librarian—संस्थागत पुस्तकालयाध्यक्ष।

Institutional library—संस्थागत पुस्तकालय।

Institution of librarianship—पुस्तकालय विज्ञान संस्थान।

पुस्तकालय विज्ञान प्रशिक्षण का संस्थान।

Instruction—अनुदेश।

Instruction (C.S.)—अनुदेश।

द्वयंकों के समूह को दत्त या सूचना में परिवर्तित करने के लिए केंद्रीय संसाधित्र की हिदायत।

Instruction address (C.S.)—अनुदेश पता।

स्मृति तंत्र में उपलब्ध अनुदेश के स्थान का पता।

Instruction address register (C.S.)—अनुदेश पता रजिस्टर।

प्रोग्राम नियंत्रक का भाग, जहाँ प्रोग्राम की संक्रिया के दौरान स्मृति तंत्र से अनुदेशों के उद्धरणों को नियंत्रित करने के लिए अनुदेशों के पते उपलब्ध होते हैं।

Instruction area (C.S.)—अनुदेश क्षेत्र।

अनुदेशों को संचित करने के लिए प्रयुक्त स्मृति तंत्र का क्षेत्र।

Instruction format (C.S.)—अनुदेश फॉर्मेट, अनुदेश आरूप।

अनुदेश के घटकों का विशिष्ट विन्यास।

Instruction fur die ordnung—इंस्ट्रक्शन फुर डाई ऑर्डनंग।

के. डजायट्जको ने सन् 1886 में अपनी सूचीकरण संहिता बनाई थी। एक अमेरिकी लिंडर फेल्ट ने इसका अनुवाद किया था।

Instruction modification (C.S.)—अनुदेश आपरिवर्तन।

अनुदेश के घटकों में परिवर्तन की प्रक्रिया, जिसके कारण प्रोग्राम के स्वरूप में परिवर्तन होता है।

Instructor of librarianship—पुस्तकालय विज्ञान का अनुदेशक।

Instructor's reading room—अनुदेशक का अध्ययन कक्ष।

Instrumental—नैमित्तिक।

Intaglio—उत्कीर्ण आकृति, उत्कीर्ण चित्रकारी।

Intaglio engraving—उत्कीर्ण आकृति।

Intaglio figure—उत्कीर्ण छवि, उत्कीर्ण आकृति।

Intaglio printing—उत्कीर्ण मुद्रण, उत्कीर्ण छपाई।

Integer notation—पूर्णांक अंकन। वर्गीकरण में ऐसी पद्धति जिसमें केवल पूर्ण अंकों का ही प्रयोग होता हो। ऐसी पद्धति में नए विषय का समावेश नहीं होता।

Integral—समाकल, समाकलित।

Integral part—अभिन्न अंग, अविभाज्य अंग।

Integral treatment—समाकलित विवेचन।

Integrated library service—समाकलित पुस्तकालय सेवा।

Intellectual atmosphere—बौद्धिक वातावरण।

Intellectual centre—बौद्धिक केंद्र।

Intellectual property—बौद्धिक संपत्ति।

Intellectual work—बौद्धिक कृति।

Intensive course—गहन पाठ्यक्रम।

Inter branch loan—अंत: शाखा आदान।

Inter branch record—अंत: शाखा रिकॉर्ड।

Intercalation—अंतर्निवेशन, अंतर्निविष्टि।

Interchange of publication—प्रकाशनों का अंतर्विनिमय।

Interests record—कार्याभिरुचि विवरण।

Interim binding—अस्थायी जिल्द।

Interim library report—अंतरिम पुस्तकालय रपट।

Interlacing—अंतर्ग्रथन।

Interlay—अंत: स्थापना।

Interleaf—अंत: पत्र।

Interleaving (C.S.)—अंत: पत्रण। किसी प्रोग्राम को कारणवश बंद करना और पुन: उसी बिंदु से पुनरारंभ।

Interlending—अंतरादान।

Inter library cataloguing—अंत: पुस्तकालय सूचीकरण।

Inter library classification—अंत: पुस्तकालय वर्गीकरण।

Inter library co-operation—अंत: पुस्तकालय सहयोग, अंतरा ग्रंथालय सहयोग।

एक पुस्तकालय का किसी अन्य पुस्तकालय समूह से आदान-प्रदान। सूचीकरण, चयन-अर्जन, प्रलेखन विषयक पारस्परिक सहयोग।

Inter library lending—अंत: पुस्तकालय आदान।

Inter library loan—पुस्तकालय अंतरादान।

Inter library loan facilities—पुस्तकालय अंतरादान सुविधाएँ।

पुस्तकालयों में परस्पर प्रलेख लेने-देने का प्रावधान।

Interlinear—अंत: पंक्तिक।

Interlinear blank—अंत: पंक्तिक रिक्ति।

Interlinear space—अंत: पंक्तिक अंतराल।

Interlinear translation—अंत:

पंक्तिक अनुवाद।

Inter linguistic loan—अंतर भाषा आदान।

Inter media co-operation—अंतः माध्यम सहयोग।

Intermediate class—मध्यवर्ती संवर्ग।

Intermediate department—मध्यवर्ती विभाग।

Intermediate print—मध्यम मुद्रण, मध्यम छपाई।

Intermediate service—माध्यमिक सेवा।

Intern—प्रशिक्षु।

Internal audit of the library—पुस्तकालय आंतरिक लेखा-परीक्षा।

Internal notation—वर्गांत निरूपक संख्या।

ऐसा अंकन जो वर्ग में ही अनेक बार विशेष पुस्तकों या अन्य ग्रंथ संबंधी सामग्री की स्थिति या उनका क्रम बताए।

International bibliographical service—अंतरराष्ट्रीय ग्रंथ-सूची सेवा।

International catalogue card—अंतरराष्ट्रीय सूची कार्ड।

International conference on cataloguing principles—सूचीकरण सिद्धांतों पर अंतरराष्ट्रीय सम्मेलन।

इफला द्वारा सन् 1961 में आयोजित।

International co-operation in library services—अंतरराष्ट्रीय पुस्तकालय सेवा सहयोग।

International copyright—अंतरराष्ट्रीय कॉपीराइट।

बर्न कन्वेंशन सन् 1886-1908 के नियमों के अधीन जो लेखक, कलाकार आदि अंतरराष्ट्रीय कॉपीराइट संघ के सदस्य हैं उन्हें दिए गए सामान्य कॉपीराइट विशेषाधिकार।

International Federation of Library Associations—इफला।

International Writers Conference—अंतरराष्ट्रीय लेखक सम्मेलन

Interpolating digit—अंतर्वेशक अंक।

वर्गीयमान् ऐसा अंक जो अपने पूर्ववर्ती अंक के मूल्य को खत्म कर देता है। (देखिए emptying substantive digit)।

Interpolation—अंतर्वेशन।

Interpolation device—प्रक्षेप युक्ति।

Interpreter—दुभाषिया, भाषांतरकार।

Inter relation—अंत: संबंध, परस्पर संबंध।

Interrogation mark—प्रश्न-चिह्न।

Interspacing—अंतरालन।

Interstate exchange—अंतरराज्यीय विनिमय।

Interstate library co-operation—अंतरराज्यीय पुस्तकालय सहयोग।

Interurban circulation—अंतर्नगरीय परिसंचरण।

Interurban exchange—अंतर्नगरीय विनिमय।

Interurban lending—अंतर्नगरीय परिसंचार, अंतर्नगरीय परिसंचरण।

In the press—मुद्रणाधीन, प्रकाशनाधीन।

In the trade—प्रकाशन व्यवसाय में।

In the vernacular—स्थानीय भाषा में।

Intra array phase relation—अंतरा पंक्ति कला संबंध।

सम्मिश्र पंक्ति वियोजक के पंक्ति वियोजकों का आपसी संबंध।

Intra class phase relation—अंतर वर्ग कला संबंध।

सम्मिश्र वर्ग के घटक वर्गों का आपसी संबंध।

Intra facet phase relation—अंतर मुख कला संबंध।

सम्मिश्र वियोजक के वियोजकों का आपसी संबंध।

Introduction—विषय प्रवेश, प्रस्तावना, भूमिका, आमुख, उपोद्‌घात

Introductory Course—प्रास्ताविक पाठ्‌य-क्रम, प्रवेश पाठ्‌य-क्रम।

Introductory note—प्रास्ताविक टिप्पण।

Invalidation (of membership)—सदस्यता, अमान्यकरण।

Inventory—तालिका, सूची।

Inventory truck—संग्रहपरीक्षण ट्रक।

Inverted commas—उद्धरण-चिह्न।

Inverted entry—विपर्यस्त प्रविष्टि।

Inverted file (C.S.)—व्युत्क्रमित फाइल।

फाइल का विशिष्ट स्वरूप, जिसके अनुसार उसमें सन्निविष्ट विषय के प्रत्येक अभिलक्षण के साथ बाहर की ओर उसका अभिज्ञान-प्रतीक संलग्न कर दिया जाता है।

Inverted heading—विपर्यस्त शीर्षक।

विषय शीर्षक, जिसमें शब्दों की सामान्य व्यवस्था को बदल दिया जाए, जैसे मनोविज्ञान, प्रयोगात्मक।

Inverted number—विपर्यस्त अंक, विपर्यस्त नंबर।

Inverted subject—विपर्यस्त विषय।

Inverted title—विपर्यस्त शीर्ष, विपर्यस्त आख्या।

Investiture ceremony—अलंकरण समारोह, मान-प्रदान समारोह।

Ipso facto—यथातथ्यत:।

Irregular chain—अनियमित श्रृंखला।

Irregular form class—अनियमित रूपवर्ग।

Irremovable attachment—अवर्जनीय अनुबंध।

प्रदत्त नाम के साथ जुड़े कुछ शब्द जो सामान्यत: नाम होते हैं और अवर्जनीय अनुबंध के रूप में सदा

प्रदत्त नाम के साथ लिये जाते हैं।

Irremovale auxiliary word—अवर्जनीय सहायक शब्द।

ISBD (International Standard Bibliographic Description)—अंतरराष्ट्रीय (मानक बिबलियोग्राफिक) ग्रंथपरक मानकीकरण, आई.एस.बी.डी.।

ISBN (International Standard Book Number)—अंतरराष्ट्रीय मानक ग्रंथ संख्या।

Isochromic map—समकालिक मानचित्र।

Iso grams—सममान रेखाएँ।

Isolate—वियोजक, व्यावर्तक।

वियोजक भाव या वियोजक शब्द बताने के लिए सामान्य शब्द।

Isolate at telescoping point—अंतर्वेध स्थान वियोजक।

Isolated class—वियोजित वर्ग।

Issue—1. अंक (पत्रिका), 2. निर्गम (पुस्तक/प्रलेख)।

Issue and return—(पुस्तक) निर्गम एवं आगम।

Issue branch—निर्गम शाखा।

पुस्तकालय की वह शाखा जहाँ पुस्तकों का निर्गम होता है।

Issue department—निर्गम विभाग।

Issue guides—निर्गम संदर्शिकाएँ।

Issue librarian—निर्गम पुस्तकालयाध्यक्ष।

Issue tray—निर्गम ट्रे, इश्यू ट्रे।

Issuing date—निर्गमन तिथि।

पुस्तक निर्गमन की तारीख।

Issuing department—निर्गमन विभाग।

Issuing record—निर्गम अभिलेख।

पुस्तकालय का वह अभिलेख जिससे ज्ञात हो सके कि अमुक तिथि में कितनी पुस्तकों का निर्गम हुआ।

Ivory—हाथी दाँत।

Ivory board—हस्तिदंत गत्ता, चिक्कण गत्ता।

Ivory sides—हस्तिदंत गत्ता।

□

J

Jacket—आवरण।

Jacquard paper—जकार्ड पेपर, जकार्ड कागज।

Jansenist style—जैनसेनी शैली।

Jewelled binding—अलंकृत जिल्दबंदी।

Job analysis of library—पुस्तकालय कार्य विश्लेषण।

पुस्तकालय में किए जानेवाले कार्यों-सेवाओं का विश्लेषण।

Job flow control (C.S.)—कार्य-प्रवाह नियंत्रण।

परिरेखीय एककों और केंद्रीय संसाधित्र अवधि के सार्थक उपयोग को अधिकतम करने की दृष्टि से कंप्यूटर में संसाधित कार्यों के क्रम का नियमन।

Joined hand—संयोजित हस्तलेख।

Joint—जोड़खाँचा।

Joint author—संयुक्त लेखक, सहलेखक।

एक लेखक जो एक या अनेक लेखकों के सहयोग से लिखता है।

Joint author card—सहलेखन कार्ड।

Joint author entry—सहलेखक प्रविष्टि।

Joint catalogue—संयुक्त सूची।

Joint code—संयुक्त संहिता।

Joint compiler—सह संकलक, संयुक्त संकलनकर्ता।

Joint editor—संयुक्त संपादक।

एक संपादक जो एक या अनेक संपादकों के सहयोग से संपादन करता है।

Joint heading—संयुक्त शीर्षक, संयोजित आख्या।

Joint translator—सह अनुवादक।

Journal—पत्रिका, जर्नल।

Journal card—जर्नल कार्ड, पत्रिका पत्रक।

Journal entry—पत्रिका प्रविष्टि।

Journalism—पत्रकारिता।

Journalist—पत्रकार।

Journal of documentation—प्रलेखन पत्रिका।

Journal of library science—पुस्तकालय विज्ञान पत्रिका।

Journal of proceeding—कार्यवाही पत्रिका।

Judicial library—न्यायिक पुस्तकालय।

Jumbled type—सम्मिलित मुद्रण।

Junior book—बालपोथी, बाल पुस्तक।

Junior librarian—कनिष्ठ पुस्तकालयाध्यक्ष।

Junior reader—बालपोथी।

Junior school librarian—जूनियर स्कूल लाइब्रेरियन, बाल पाठशाला पुस्तकाध्यक्ष।

Junior school library—बाल स्कूल पुस्तकालय।

Juvenile book—बाल पुस्तक।

Juvenile department—बाल विभाग।

Juvenile library—बाल पुस्तकालय।

Juvenile literature—बाल साहित्य।

Juvenile magazine—बाल पत्रिका।

Juvenile reader—बाल पुस्तक, बालपोथी।

Juveniles—किशोर साहित्य, बाल ग्रंथ।

Juvenilia—प्रारंभिक रचनाएँ।

□

K

Keeper (of museum)—संग्रहालयाध्यक्ष, म्यूजियम कीपर।

Keeper (of knowledge)—ज्ञान रक्षक।

विश्व ज्ञान-विज्ञान का संग्राहक, रक्षक।

Keepsake—उपहार ग्रंथ, भेंट साहित्य।

Kerf—खाँचा।

Kern—कर्ण।

Kernel title—मूल आख्या, बीज आख्या।

पूर्ण शीर्षक से व्युत्पादित वह सार शीर्षक जिसमें उपयुक्त सार शब्द ही रखे जाते हैं।

Key (C.S.)—कुंजी।

रिकॉर्ड का पता लगाने या उसकी पहचान के लिए एक या अधिक प्रतीक।

Keyboard (C.S.)—कुंजीपटल।

कुंजियों के दबाव से अभिलक्षणों के कोडन के लिए एक युक्ति। यह चयन किए गए संकेत को जनित करता है। जैसे छिद्रित पत्रक में छिद्रण।

Keynote address—मुख्य अभिभाषण।

विद्वद् गोष्ठी, सम्मेलन में प्रमुख विषय को व्याख्यायित करनेवाला मुख्य अभिभाषण।

Key stoning—असमकोणीय प्रक्षेप।

Key (to knowledge)—ज्ञान कुंजी।

Key word—मुख्य शब्द।

प्रलेख या शीर्षक में वह महत्त्वपूर्ण शब्द या वाक्यांश जो प्रलेख का सार बताए।

Kip-calf—किप-चर्म।

Kleidograph—क्लाइडोग्राफ।

Knife—क्षुरिका।

Knife blade—क्षुरिका फलक।

Knowledge—ज्ञान।

Knowledge book—ज्ञान पोथी, ज्ञान कुंजी, ज्ञान पुस्तिका, ज्ञान ग्रंथ।

Knowledge mass—ज्ञान राशि।

Knowledge of the universe—विश्व-ज्ञान।

Knowledge world—ज्ञान लोक।

Know-Low—तकनीकी ज्ञान, तथ्य-जानकारी।

Kulak—सामंत, कुलक।

□

L

Labarum—राजचिह्न, राजप्रतीक।

Label—लेबिल, नाम चिप्पी।

पुस्तक की आवरण पट्टिका (स्पाइन) पर वर्ग संख्या लिखने के लिए गोल या चौकोर कागज की चिप्पी।

Label (C.S.)—लेबिल।

प्रतीकों का वह समूह जो किसी पद के लिए सूचक की भाँति प्रयुक्त हो। जैसे—विवरण, अभिलेख, फाइल इत्यादि।

Label frame—नामपट्टी, फ्रेम।

Label head—लेबिल शीर्ष, विवरण शीर्ष।

Labelling of book—बुक लेबिल, किताब पर लेबिल चिपकाना।

Label title—लेबिल शीर्षक।

Labour library—श्रम पुस्तकालय।

Labour literature—श्रम साहित्य।

Lace work border—फीताबंदी का किनारा।

Lace work tooling—फीताबंदी अलंकरण।

Lacing in—फीताबंदी।

Lacuna—पाठलोप।

Laminating—पटलीकरण।

Laminating machine—पटलीकरण दाब यंत्र।

Laminating press—पटलीकरण संपीडक।

Laminating process—पटलीकरण विधि।

Lamination—लेमिनेशन, पटलीकरण स्तरीकरण।

एक या अधिक अनुकूल वियोजक जोड़कर विषय की गहराई या विस्तरण को कम करते हुए प्रकर्ष को बढ़ाने की क्रिया।

Lamp house—दीपग्रह।

Language barrier—भाषा अवरोध।

Language facet—भाषा मुख।

पुस्तक समंक में भाषा बतानेवाला मुख।

Language librarian—भाषा पुस्तकाध्यक्ष।

विभिन्न भाषाओं के ग्रंथागार में भाषागत पुस्तकाध्यक्ष।

Language number—भाषा संख्या।

किसी प्रलेख के पुस्तक अंक में भाषा बतानेवाली संख्या।

Language sub-division—भाषा उपविभाजन।

Language universal—सार्वभौम भाषा।

Lantern slide—दीप्य चित्र।

Large circulation—व्यापक प्रसार।

Large paper—बड़े कागजवाली पुस्तक।

Large paper copy—बृहदाकार संस्करण, बड़े आकारवाला संस्करण।

Large paper edition—बृहद् आकार वाला संस्करण, बृहदाकार संस्करण।

Large royal—बृहत् रॉयल पेपर।

Large square folio—बृहद् वर्गाकार पुस्तक।

Last link—अंत्य श्रृंखलांग, अंतिम श्रृंखलांग।

Latent image—अव्यक्त प्रतिबिंब।

Latent image fading—अव्यक्त प्रतिबिंब विवर्णता।

Later reference—उत्तर-संदर्भ।

Law—विधि।

Law binding—चमड़े की सादी जिल्द।

Law buckram—चर्मसदृश बुकरम।

Law calf—मृदुचर्म।

Law commission library—विधि आयोग पुस्तकालय।

Law department library—विधि विभाग पुस्तकालय।

Law literature—विधि साहित्य।

Law of impartiality—निष्पक्षता विधि, निष्पक्षता सूत्र।

किसी प्रविष्टि के लिए शीर्ष-चयन में सुदृढ़ आधार पर अधिमानता देने का नियम।

Law of parsimony—कल्पना लाघव सूत्र, लाघव सूत्र।

ऐसा नियम जो किसी विषय के लिए एक या अधिक वैकल्पिक नियमों का पालन करे। उस स्थिति में ऐसे नियम को अधिमानता देनी चाहिए जिसमें जनशक्ति, सामग्री, पैसा तथा समय कम लगता हो।

Law of symmetry—सममिति सूत्र।

उन दो सत्ताओं या परिस्थितियों को जिनको सममित प्रतिरूप की मान्यता दी गई हो, यदि उनमें से एक सत्ता या परिस्थिति को किसी विशेष प्रसंग में अधिक महत्त्व दिया जाता है तो दूसरी सत्ता या परिस्थिति को भी उतना ही महत्त्व दिया जाना चाहिए।

Law-sheep—मेष चर्म जिल्द, भेड़ के चमड़े की जिल्द।

Lay edge—कागज की कोर।

Laying press—शिकंजा।

Layout—अभिन्यास, खाका।

Layout man—अभिन्यासकर्मी,

अभिन्यासकर्ता।

Layout paper—अभिन्यास कागज।

Layout planning—अभिन्यास आयोजन।

LC list of subject readings—लाइब्रेरी ऑफ कांग्रेस लिस्ट ऑफ सब्जेक्ट हेडिंग्स।

लाइब्रेरी ऑफ कांग्रेस द्वारा सन् 1911 में प्रकाशित विषय-सूची। सन् 1966 में सातवाँ संस्करण निकला था।

Leaded matter—सीसे का टाइप।

Leader—संदर्शक बिंदु।

Leader dots—संदर्शक चिह्न, संदर्शक बिंदु।

Leaderette—संपादकीय टिप्पणी।

Leader writer—अग्रलेखकार।

Leading article—अग्रलेख।

Leading line—अग्ररेखा।

Leading section—अग्र परिच्छेद।

वह अग्र परिच्छेद, जो अग्र पंक्ति से शुरू हो तथा उसकी अन्य निरंतर पंक्तियाँ प्रथम खड़ी पंक्ति से शुरू हों।

Lead story—मुख्य समाचार, मुख्य विषय।

Leaflet—पुस्तिका, पर्णिका।

Leaf number—पत्र संख्या, पत्रांक।

Lean type—पतला टाइप।

Learned author—विद्वान् लेखक।

Learned library—विद्वत् पुस्तकालय, शोध ग्रंथालय।

Learned publication—शोधकृति, शोधग्रंथ।

Learned writer—विद्वान् लेखक।

Leather—चर्म, चमड़ा।

Leather board—चर्म फलक।

Leather bound—चर्मबद्ध।

Leatherette—कृत्रिम चर्म, बनावटी चमड़ा।

Leather joint—चर्म संधि, चमड़े का जोड़।

Leather store—चर्म भंडार।

Leather testing—चर्म परीक्षण।

Lectern system—प्रवचन पद्धति, लैक्टर्न प्रणाली।

Lectorium—पाठकक्ष।

Lecture course—व्याख्यान पाठ्यक्रम।

Lecturer of library science—पुस्तकालय विज्ञान का व्याख्याता।

Lecture room—व्याख्यान कक्ष, व्याख्यानशाला।

Ledger catalogue—पृष्ठ-सूची, खाता-सूची।

Ledger charging system—खाता निर्गम प्रणाली।

Legend—संकेतिका।

Legion of Honour—सम्मान पद, प्रतिष्ठा पद, लीजन ऑफ ऑनर।

Legislature library—विधानसभा पुस्तकालय।

Legislative reference library—विधायी संदर्भ पुस्तकालय।

Lemma—मुख शीर्षक, मुखबंध।

Lending—परिदाय।

Lending collection—परिदाय संग्रह।

Lending department—परिदाय विभाग।

Lending desk—परिदाय डेस्क।

Lending form—परिदाय फॉर्म।

Lending librarian—परिदाय पुस्तकालयाध्यक्ष।

Lending library—परिदाय पुस्तकालय।

Lending stock—परिदाय स्टॉक, संग्रह।

Lending system—परिदाय प्रणाली।

Lending time—परिदाय समय।

Lending unit—परिदाय एकक।

Length (C.S.)—लंबाई।

द्वयंकों की संख्या या लक्षण, जो किसी शब्द, अभिलेख या आँकड़े के दूसरे एकक का निर्माण करे।

Let-in-note—उपांत टिप्पण।

Lettera fonda—लेटेरा फांडा।

Letter de batarde—संकर अक्षर।

Letter de forme (pointed church type)—चर्च टाइप (अक्षर)।

Lettering—अक्षरांकन।

Lettering piece—अक्षरांकन चिप्पी।

Letter proof—अक्षरांकित प्रूफ।

Letter ronde (round letter)—गोल अक्षर।

Letter spacing—अक्षर अंतराल।

Letters patent—एकस्व पत्र, लेटर्स पैटेंट।

Letter symbols—आकार-प्रतीक।

Levant—लेवांत चर्म।

Lexical—शब्दगत, कोशीय।

Lexicographer—कोशकार।

Lexicography—कोश विज्ञान, शब्दकोश शास्त्र।

Lexicology—कोशकला।

Lexicon (dictionary)—शब्दकोश।

Librarian—पुस्तकालयाध्यक्ष, पुस्तकाध्यक्ष, ग्रंथालयी।

Libraii—लेखक।

Library—पुस्तकालय।

Library act—पुस्तकालय अधिनियम।

Library automation—पुस्तकालय स्वचालन।

Library binding—पुस्तकालयी जिल्द।

Library board—लाइब्रेरी बोर्ड।

Library book—पुस्तकालय ग्रंथ, पुस्तकालय की किताब, पुस्तकालय से ली गई पुस्तक।

Library building—पुस्तकालय भवन।

Library card—गृहीता कार्ड।

Library catalogue—पुस्तकालय सूची।

Library corner—पुस्तकालय कोण।

Library course—पुस्तकालय पाठ्यक्रम।

Library ethics—पुस्तकालय नैतिकता।

Library hand—पुस्तकालय लेख।

Library hand writing—पुस्तकालय सुलेखन।

Library hour—पुस्तकालय समय, पुस्तकालय का घंटा।

Library journal—पुस्तकालय पत्रिका।

Library literature—पुस्तकालय साहित्य।

Library policy—पुस्तकालय नीति।

Library price—पुस्तकालय दर।

Library profession—पुस्तकालय पेशा, पुस्तकालय वृत्ति।

Library rate—पुस्तकालय दर।

Library reader—पुस्तकालय पाठक।

Library science—पुस्तकालय विज्ञान।

Library software (C.S.)—पुस्तकालय मृदु सामग्री।

पुस्तकालय के लिए मृदु सामग्री (सोफ्टवेयर) प्रोग्राम।

Library statistics—पुस्तकालय संख्यांकन, पुस्तकालय सांख्यिकी।

Library training—पुस्तकालय प्रशिक्षण।

Licence fee—लाइसेंस फीस।

Licence leaf—अनुमति पत्र।

Light-struck-film—प्रकाशाहत फिल्म, मलिनीकृत फिल्म।

Lilliput edition—लिलीपुट संस्करण, ताबीजी संस्करण।

Limited cataloguing—सीमित सूचीकरण।

प्रकाशन बाहुल्य-सूचना विस्फोट को देखते हुए सीमित मात्रा में सूची कार्ड बनाना।

Limp binding—नरम जिल्द।

Limp covers—नरम जिल्द।

Limp leather—चमड़े की नरम जिल्द।

Line block—लाइन ब्लॉक, रेखा ब्लॉक।

Linguistic atlas—भाषा एटलस।

Linguistic bibliography—एकभाषी प्रकाशित ग्रंथों की ग्रंथ-सूची।

Linguistic survey—भाषाई सर्वेक्षण।

Lining—अस्तर।

Lining page—अस्तर पृष्ठ।

Link language—संपर्क भाषा।

Linocut—लाइनोकट।

Linofilm—लाइनोफिल्म।

Linoleum dry point—लिनोलियम शुष्क पॉइंट।

Linoleum print—लिनोलियम प्रिंट।

Lint—लिंट।

List—सूची।

List of books—पुस्तक सूची।

List of contents—विषय-सूची।

List of illustrations—चित्र-सूची।

List price—सूची मूल्य।

Literacy—साक्षरता।

Literacy day—साक्षरता दिवस।

Literacy house—साक्षरता केंद्र।

Literacy movement—साक्षरता अभियान।

Literal translation—शाब्दिक अर्थ।

Literary agent—साहित्यिक अभिकर्ता।

Literary piracy—साहित्यिक चोरी।

Literary warrant—ग्रंथ राशि प्रमाण।

किसी विषय पर मुद्रित प्रलेखों की संख्या या उस विषय पर मुद्रित प्रलेखों की पूर्व अनुमानित संख्या।

Literary works—साहित्यिक ग्रंथ।

Literature explosion—साहित्य विस्फोट।

भारी संख्या में विश्व की ज्ञान विधाओं पर साहित्य लेखन।

Literature search—साहित्य अन्वेषण।

Litho—शिलामुद्रण कागज।

Lithographic paper—लिथो पेपर, शिलामुद्रण कागज।

Lithography—शिलामुद्रण, लिथो-ग्राफी।

ऐसी मुद्रण प्रक्रिया जिसमें विशेष प्रकार के छिद्रित पत्थर या किसी अन्य द्रव्य पर चिकने चाक या स्याही से बनी चित्रकला से मुद्रण किया जाता है।

Lithogravure—शिलोत्कीर्णन, लिथोग्रेवर।

Litho photography—लिथोफोटोग्राफी।

एक अश्म मुद्रणीय प्रक्रम, जिसमें मूल सामग्री को अश्म मुद्रणीय पत्थर या अन्य द्रव्य जैसे धातु प्लेट से पुन: मुद्रित किया जाता है।

Lithoprint—शिलामुद्रित।

Lithotint—लिथोटिंट।

Litterateur—साहित्यकार।

Livres a vignettes—द्राक्षाचित्रित पुस्तकें।

Loaded paper—भारी कागज, भारित कागज।

Loan—परिदाय, परिसंचरण।

Loan collection—परिसंचरण संग्रह।

Loan counter—परिदाय काउंटर।

Loan fee—परिदाय शुल्क।

Loan library—परिदाय पुस्तकालय।

Loan list—परिदाय सूची।

Loan record—आदान-प्रदान रिकॉर्ड, निर्गम रिकॉर्ड।

Loan statistics—परिदाय संख्यांकन।

Local bibliography—स्थानीय ग्रंथ सूची।

Local circulation—स्थानीय परिचालन, स्थानीय परिसंचरण।

Local edition—स्थानीय संस्करण।

Local lending—स्थानीय परिदाय।

Location index—अवस्थिति सूचक।

Location map—अवस्थिति मानचित्र।

Location mark—अवस्थिति चिह्न।

Locking up—परिबंधन, कसना।

Lock-up—फर्मा बंधन।

Lock up table—फर्माबंधन मेज।

Locus section—स्थान निर्देशन परिच्छेद।

Locus sigilli—मुहर की जगह।

Logo—नामशैली।

Logogram—शब्द-चिह्न, अक्षर-प्रतीक, लोगोग्राम।

Logotype—शब्दबंध टाइप, बद्धाक्षर।

Long corner—असमकोणी कागज।

Loose back—पोली पीठ।

Loose chain—अबद्ध शृंखला।

ऐसी शृंखला जिसमें एक विषयक वर्ग उसकी अंतिम कड़ी हो।

Loose covers—अबद्ध आवरण।

Loose leaf binding—अनाबद्ध पत्र जिल्दसाजी।

Lost book indicator—लुप्त पुस्तक सूचक।

Low cost book—अल्प लागत पुस्तक।

low cost collection—अल्प लागत संकलन।

Lower case letters—छोटा टाइप।

Lower edge—अवर कोर।

Lower link—अवर शृंखलांग।

शृंखला प्रक्रिया में आनेवाले शृंखलांगों में एक के नीचे आनेवाला शृंखलांग।

Ludlow machine —लुडलो मशीन।

Luminosity of screen—काच पट्ट की दीप्ति।

Luxury binding—विशिष्ट जिल्द।

Lyonese style—लियोनीज शैली, लियोनीज जिल्द शैली।

□

M

Machine code (C.S.)—यंत्र भाषा।

अभिकलित्र में प्रतिपादित वह संकेतीकरण प्रणाली जिसके अनुदेशों का निरूपण हो।

Machine instruction (C.S.)—मशीन भाषा अनुदेश।

वह अनुदेश जो अभिकलित्र की भाषा में लिखा जाता है अर्थात् जिसे अभिकलित्र यथावत् निष्पादन करता है।

Machine language (C.S.)—मशीनी भाषा, यंत्र भाषा, यांत्रिक भाषा।

यंत्र भाषा में लिखित वह अनुदेश जिसका निष्पादन अभिकलित्र द्वारा रूपांतरण के बिना सीधे हो सके।

Machine-readable bibliographic information (C.S.)—मशीन सुवाच्य ग्रंथपरक सूचना।

Machine-readable cataloguing (C.S.)—मशीन सुवाच्य सूचीकरण, मार्क प्रणाली।

Machine-readable data (C.S.)—यांत्रिक सुवाच्य आधार सामग्री।

Machine run (C.S.)—मशीन संकार्य।

अभिकलित्र पर निवेश से बहिर्वेश तक प्रोग्राम का निष्पादन।

Machine script (C.S.)—यंत्रलिपि।

मशीन संकेत रूप में निरूपित सूचना।

Machine search (C.S.)—यांत्रिक अन्वेषण।

सूची में वांछित प्रलेखों की प्रविष्टियाँ तलाशने के लिए यांत्रिक सहायता।

Machine translation (C.S.)—मशीनी अनुवाद, यांत्रिक अनुवाद।

Machine word (C.S.)—मशीनी शब्द, यांत्रिक शब्द।

1. प्राथमिक स्मृति तंत्र का संबोधन योग्य लघुतम मूल एकक/कुछ अभिकलित्रों में 8 द्वयंक (शब्द का एक भाग) भी संबोधित हो सकता है।

2. कंप्यूटर द्वारा प्रत्येक संक्रिया में

प्रयुक्त अलग-अलग या प्राथमिक कूट अंकों की मानक संख्यावाली सूचना की इकाई।

Macro—बृहद्, विस्तृत।

Macro bibliography—बृहद् प्रलेख संदर्भ सूची।

ऐसी संदर्भ सूची जिसमें केवल बृहद् प्रलेखों का विवरण हो।

Macro document—बृहद् प्रलेख, विस्तृत प्रलेख।

ऐसा प्रलेख जिसमें बृहद् विषय दिया गया हो।

Macro instruction (C.S.)—बहुजनक अनुदेश, बृहद् अनुदेश, गुरु अनुदेश।

मूल भाषा का वह अनुदेश जो यंत्र भाषा के एक से अधिक अनुदेशों के समान होता है।

Macro photography—स्थूल फोटोग्राफी।

Macro thought—बृहद् विषय, बृहद् विचार।

विस्तार योग्य विषय जो पुस्तक रूप में दिया गया हो।

Magazine—पत्रिका।

Magazine circulation—पत्रिका परिचालन।

Magazine editing—पत्रिका संपादन।

Magazine entry—पत्रिका प्रविष्टि।

Magazine record—पत्रिका अभिलेख।

Magazine register—पत्रिका पंजिका।

Magazine section—पत्रिका विभाग।

Magnetic character (C.S.)—चुंबकीय चिह्न।

चुंबकीय पदार्थ से आवृत एक विशेष स्वरूप में मुद्रित चिह्न जो चुंबकीय स्याही पठित्र द्वारा भी पढ़ा जा सकता है।

Magnetic disk (C.S.)—चुंबकीय डिस्क।

कई समतल वृत्ताकार प्लेटों की कोई संचयन युक्ति, जिसमें प्रत्येक प्लेट की दोनों सतहें किसी चुंबकीय पदार्थ से लेपित हों। प्रत्येक सतह में कई पथ (ट्रैक) होते हैं और इन पथों से अथवा इन पथों पर दत्त सामग्री को पठन-लेखन द्वारा पढ़ा या इनमें लिखा जाता है।

Magnetic disk file (C.S.)—चुंबकीय डिस्क फाइल।

दत्त या सूचना की ऐसी फाइल जो चुंबकीय डिस्क पर हो।

Magnetic disk programme (C.S.)—चुंबकीय डिस्क प्रोग्राम।

Magnetic drum (C.S.)—चुंबकीय द्रोण।

चुंबकीय पदार्थ से लेपित सिलेंडर जैसी संचयन युक्ति।

Magnetic ink document reader (C.S.)—चुंबकीय स्याही प्रलेख रीडर।

एक प्रलेखीय पठित्र जो चुंबकीय स्याही से लिखे हुए प्रलेखों को पढ़ता है।

Magnetic memory (C.S.)—चुंबकीय स्मृति, चुंबकीय स्मृति तंत्र।

विद्युत् चुंबकत्व के सिद्धांत पर आधारित संचयन युक्ति।

Magnetic tape (C.S.)—चुंबकीय टेप।

चुंबकीय पदार्थ से लेपित ऐसा टेप जिसपर सूचना अंकित तथा संगृहीत की जा सकती है।

Magnetic tape drive (C.S.)—चुंबकीय टेप चालित्र।

वह निवेश/बहिर्वेश युक्ति जो चुंबकीय टेप से अथवा उसपर सूचना स्थानांतरित करे।

Magnetic tape library (C.S.)—चुंबकीय टेप संग्रहागार।

चुंबकीय टेप फाइलों का संग्रह।

Magnetized ink character (C.S.)—चुंबकीय स्याही प्रतीक।

चुंबकीय पदार्थ से आवृत एक विशेष स्वरूप में मुद्रित चिह्न जो चुंबकीय स्याही पठित्र द्वारा भी पढ़ा जा सकता है।

Mailing list—प्रेषण सूची।

पुस्तकालय द्वारा दूसरे पुस्तकालयों को भेजी जानेवाली सामग्री यथा—ग्रंथ सूची, नए प्रकाशनों की सूची, संक्षेपण सेवा के निमित्त डाक प्रेषण-सूची।

Main catalogue—मुख्य सूची।

Main class—मुख्य वर्ग।

Main entry—मुख्य प्रविष्टि।

Main heading—मुख्य शीर्षक।

Main library—मुख्य पुस्तकालय।

Main memory (C.S.)—मुख्य स्मृति।

एक मुख्य संचय एकक, जिसका केंद्रीय संसाधित्र से सीधा संचार हो।

Main number—मुख्य संख्या।

Main programme (C.S.)—मुख्य प्रोग्राम।

उपप्रोग्राम से भिन्न एक मुख्य प्रोग्राम जो उपप्रोग्रामों के निष्पादन का नियंत्रण करता है।

Main routine (C.S.)—मुख्य रूटीन।

Main schedule—मुख्य सारणी।

Main shelf list—मुख्य निधानी सूची।

Main table—मुख्य सारणी।

Main title—मुख्य शीर्षक।

Major works—प्रमुख कृतियाँ।

एक या अनेक लेखकों के प्रकाशित प्रमुख ग्रंथ।

Majuscule—बृहदक्षर।

Management—प्रबंधन।

Management informatics—प्रबंध सूचना प्रणाली।

Management information system (MIS)—प्रबंध सूचना तंत्र।

प्रबंध कार्यों के निष्पादन में सहायता देने हेतु सूचना आधारित प्रणाली।

Management of the library—पुस्तकालय प्रबंध।

Management of the library services—पुस्तकालय सेवाओं का प्रबंधन।

Manifestation—अभिव्यक्ति, आविर्भाव।

Manpower in the library—पुस्तकालय जनशक्ति, पुस्तकालय कर्मी वृंद।

Manual—नियम पुस्तिका।

Manual of library science—पुस्तकालय विज्ञान पुस्तिका।

Manuscript—पांडुलिपि।

1. लेखक द्वारा हाथ से लिखी या टंकित प्रकाशनार्थ प्रति।

2. प्राचीन हस्तलिखित ग्रंथ।

Manuscript book—हस्तलिखित पुस्तक, पांडुलिपि।

Manuscript card—हस्तलिखित कार्ड।

Manuscript catalogue—हस्तलिखित ग्रंथ-सूची।

Manuscript document—हस्तलिखित प्रलेख, हस्तलिखित दस्तावेज।

Manuscript history—पांडुलिपि-इतिहास।

Manuscript librarian—पांडुलिपि पुस्तकाध्यक्ष।

हस्तलिखित ग्रंथ पुस्तकालय का पुस्तकालयाध्यक्ष।

Manuscript library—पांडुलिपि पुस्तकालय।

Manuscript map—हस्तलिखित मानचित्र।

Manuscript preservation—पांडुलिपि परिरक्षण।

रासायनिक प्रक्रम द्वारा हस्तलिखित पांडुलिपियों के परिरक्षण की व्यवस्था।

Manuscript writing—अलंकृत लेखन।

Map—मानचित्र।

Map-archives—मानचित्र पुरालेख।

Map-pin—मानचित्र।

Mapping—मानचित्रण।

Map rack—मानचित्र रैक।

Map room—मानचित्र कक्ष।

Marbled edges—अबरीदार कोर।

Marbled paper—अबरी।

MARC (Machine Readable Cataloguing)—अमेरिका की लाइब्रेरी ऑफ कांग्रेस द्वारा 1966 में कंप्यूटर-टेपों पर टंकित सूचीकरण।

Marginal—सीमांत, उपांत।

Marginal head—उपांत शीर्षक।

Marginally noted—पार्श्वांकित।

Marginal note—पार्श्व टिप्पण, उपांत टिप्पणी।

Marine library—सामुद्रिक, नौबेड़ा पुस्तकालय।

Mark—चिह्न, अंक, नंबर।

Marked price—अंकित मूल्य।

Marked proof—अंकित प्रूफ।

Marking—बोध संख्या डालना।

Marking and sorting—छँटाई।

Marking up—चिह्नित करना।

Marks of omission—विलोपन चिह्न।

Marks of reference—निदेश चिह्न।

Mass communication library—जनसंपर्क पुस्तकालय।

Mass education programme—जनशिक्षा कार्यक्रम।

Mass literature—जन साहित्य।

Mass Mailing list—जनसमूह डाक प्रेषण-सूची।

1. किसी प्रकाशन की बहुसंख्यक जनता में सामग्री वितरण हेतु डाक प्रेषण-सूची।

2. बहुप्रसारण या व्यापक वितरण हेतु डाक प्रेषण-सूची।

Mass media—जनसंपर्क माध्यम।

Master card—मूल कार्ड।

Master catalogue—मूल सूची।

Master copy—मूल प्रति।

Master file (C.S.)—मास्टर फाइल।

वह संदर्भ फाइल जिसमें विस्तृत एवं स्थायी सूचना हो तथा जो समय-समय पर अद्यावधिक की गई हो।

Master library tape (C.S.)—मास्टर संग्रह टेप।

किसी भी दत्त संसाधन केंद्र में अपेक्षित सभी प्रोग्रामों तथा उपप्रोग्रामोंवाले चुंबकीय टेप।

इसमें सूचना अद्यावधिक की जाती है।

Master microfilm card—मुख्य माइक्रोफिल्म कार्ड।

Master negative film—मूल निगेटिव फिल्म।

Master price—उत्कृष्ट कृति, श्रेष्ठ वचन, सर्वोत्कृष्ट ग्रंथ।

Master program file (C.S.)—मास्टर प्रोग्राम फाइल (देखिए Master library tape)।

Master programming—मास्टर प्रोग्रामिंग।

Material—(पाठ्य) सामग्री।

Material search—सामग्री अन्वेषण।

Matter—सामग्री, टाइप सामग्री।

Measure—मान, पंक्तिमान्।

Mechanical binding—यांत्रिक जिल्द, मशीनी जिल्द।

Mechanical charge—यांत्रिक निर्गम।

Mechanical process—यांत्रिक प्रक्रिया।

Mechanical reproduction—यांत्रिक पुनर्मुद्रण।

Mechanical wood—यांत्रिक लुगदी।

Mechanic's library—कर्मकार पुस्तकालय, यंत्री पुस्तकालय।

Mechanisation—यंत्रीकरण, मशीनीकरण।

Mechanized cataloguing—यंत्रीकृत सूचीकरण।

Media circle—मीडिया क्षेत्र, मीडिया सर्किल।

Media consultant—मीडिया सलाहकार।

Media executive—मीडिया प्रबंधक।

Media file—मीडिया फाइल, विज्ञापन फाइल।

Media of information—सूचना माध्यम।

Media source—माध्यम स्रोत।

Medical abstracting service—आयुर्विज्ञान सार सेवा।

Medical documentation—आयुर्विज्ञान प्रलेखन।

Medical library—आयुर्विज्ञान ग्रंथालय, चिकित्सा पुस्तकालय।

Medium cataloguing—मध्यम सूचीकरण।

Medium faced type—मध्यम आकार का टाइप, मध्यम आकारी टाइप।

Megalithic monument—महापाषाण स्मारक।

Membership card—सदस्यता कार्ड।

Membership deposit—सदस्यता शुल्क अदायगी।

Membership list—सदस्यता सूची।

Memorial volume—स्मरण ग्रंथ।

Memory (C.S.)—स्मृति यंत्र।

Memory address register (MAR) (C.S.)—स्मृति पता रजिस्टर।

वह रजिस्टर जिसमें स्मृति तंत्र के किसी भी शब्द का स्थान निर्देशित हो।

Merger book—संयोजित ग्रंथ।

Merging—विलपन।

Merill book number—मेरिल पुस्तक संख्या।

Message—संकेत।

Message code—संदेश संकेत, संकेत कोड।

Message in clear—सामान्य भाषा संदेश।

Message in code—गुप्त भाषा संदेश।

Message lift—संदेश लिफ्ट।

Message queuing (C.S.)—संदेश पंक्तीकरण।

संदेशों की वह पंक्ति जो संसाधन के लिए प्रतीक्षित हो या जिसे टर्मिनल को भेजा जाना हो।

Message rate system—काल-दर पद्धति।

Message routing (C.S.)—संदेश मार्ग निर्धारण।

किसी सूचना संप्रेषण प्रणाली में हार्डवेयर/सॉफ्टवेयर द्वारा किया गया कार्य। केंद्रीय कंप्यूटर में प्राप्त संदेशों को परीक्षण के बाद वांछित गंतव्य स्थान की ओर भेज दिया जाता है।

Messenger notice—दूत प्रेषण।

Messenger service—दूत प्रेषण सेवा।

Messenger service call (facility)—दूत प्रेषण सेवा सुविधा।

Metal corners—धातु कोण, धातु कोणिक जिल्द।

Metallography—धातु मुद्रण।

Metal mark—धातु चिह्न।

Metal ornaments—धात्विक अलंकार।

Method of compliment—पूरक प्रणाली।

Methodology—कार्य प्रणाली, प्रणाली विज्ञान।

Mezzotint—मेजोटिंट।

M.G. (Machine Glazed)—काचित मशीन।

Micrate card—मिकरेट कार्ड।

Micro—सूक्ष्म।

Micro bibliography—माइक्रो ग्रंथ संदर्भ सूची, सूक्ष्म प्रलेख संदर्भ सूची, माइक्रो बिब्लियोग्राफी।

विषय संदर्भ सूचियों या अनुक्रमणिकाओं का ऐसा संकलन जिसमें परिशिष्ट में दिए गए पूर्ण विषय का सूक्ष्म मुद्रण दिया गया हो।

Micro card—माइक्रो कार्ड, सूक्ष्म कार्ड।

ऐसा कार्ड जिसपर अनेक पृष्ठों का फोटोचित्र अंकित हो।

Micro copy—सूक्ष्म प्रति, सूक्ष्म प्रतिलिपीकरण।

किसी पुस्तक या मुद्रित सामग्री की अत्यधिक छोटी फोटो-प्रति, जो यंत्रों की सहायता के बिना न पढ़ी जा सके।

Micro document—सूक्ष्म प्रलेख।

ऐसा प्रलेख जिसमें सूक्ष्म विषय दिया गया हो।

Micro film—माइक्रो फिल्म, माइक्रोचित्र।

माइको फिल्म पर दिया गया चित्र जो निगेटिव या पॉजिटिव हो सकता है। उसकी चौड़ाई 16 मि.मी., 35 मि.मी. अथवा 70 मि.मी. हो सकती है।

Micro film collection—सूक्ष्म फिल्म संग्रह, माइक्रो फिल्म संग्रह।

Micro film copy—माइक्रो फिल्म कॉपी, सूक्ष्म फिल्म प्रति।

Micro film librarian—माइक्रो फिल्म लाइब्रेरियन, सूक्ष्म फिल्म विभाग पुस्तकालयाध्यक्ष।

Micro film library—माइक्रो फिल्म लाइब्रेरी, सूक्ष्म फिल्म पुस्तकालय।

Micro film projector—माइक्रो फिल्म प्रक्षेपक, सूक्ष्म चित्र प्रक्षप।

माइक्रो फिल्म दिखानेवाला यंत्र।

Micro film reader—माइक्रो फिल्म रीडर।

माइक्रो फिल्म पढ़नेवाली मशीन।

Micro film recorder—माइक्रो फिल्म रिकॉर्डर।

Micro film sheet—माइक्रो फिल्म शीट।

Micro film strip—माइक्रो फिल्म पट्टी।

Micro film viewing table—माइक्रो फिल्मदर्शी मेज।

Micro-opaque card—माइक्रो-ओपेक कार्ड।

किसी पुस्तक या अन्य सामग्री की सूक्ष्म फोटो प्रति, जो कागज या कार्ड पर तैयार की गई हों।

Micro-opaque tape—माइक्रो-ओपेक टेप।

Micropane—माइक्रो पेन।

Microphone—माइक्रोफोन।

Microphone test—माइक्रोफोन परीक्षण।

Microphoto documentation—सूक्ष्मचित्र प्रलेखन।

Microphotographic reproduction—माइक्रोफोटोग्राफिक प्रतिलिपि।

Microphotographist—माइक्रोफोटोग्राफिस्ट।

Microplate—माइक्रोप्लेट।

Microreproduction—सूक्ष्मचित्र पुनरुत्थापन।

Microscope edition—लघु संस्करण।

Microseal—माइक्रोसील।

Microsheet—माइक्रोशीट।

Microslide—माइक्रोस्लाइड।

Microslide projector—माइक्रोस्लाइड प्रोजेक्टर (प्रक्षेपित्र)।

Microstate—माइक्रोस्टेट, माइक्रोप्रतिलिपि।

Microtest—माइक्रोपरीक्षण।

Microtext—माइक्रोपाठ।

Micro-thought—सूक्ष्म विषय।

कम विस्तारवाले विषय, जैसे—पत्रिका में लेख, पुस्तक में अनुच्छेद इत्यादि।

Mill board—दफ्ती।

Mill board sheave—दफ्ती बंडल।

Mill edge—मिलकोर, अपरिष्कृत कोर।

Mimeograph—अनुलेख, अनुलेखित।

Miniature—लघु आकार, लघु रूप।

Miniature book—ताबीजी पुस्तक।

Miniature camera—लघु कैमरा।

Miniature edition—लघु संस्करण।

Miniature painting—लघु चित्र।

Mini book—लघु पुस्तक।

Mini card—लघु कार्ड।

Minification—लघुकरण।

Minion—छोटा टाइप।

Ministry—मंत्रालय।

Mint—नूतनवत्।

Minute book—कार्यवृत्त रजिस्टर, कार्यवाही रजिस्टर।

Minute classification—सूक्ष्मतर वर्गीकरण।

Minute mark—मिनट चिह्न।

Minutes—कार्यवृत्त।

Minutes book—कार्यवृत्त पुस्तक।

Misbound—अपब्रंधित।

Miscellanea—नाना रचना संग्रह, विविध रचना संकलन।

Miscellany—प्रकीर्णिका, विविधा।

Missal—मिसल।

Missing isolate—विलुप्त वियोजक।

किसी शृंखला में जब एक वियोजक विलुप्त हो, जैसे—हिंदू धर्म। धर्म—धार्मिक पुस्तकें—रामायण। हिंदू धर्म विलुप्त वियोजक हुआ।

Missing link—विलुप्त शृंखलांग।

Missing titles—विलुप्त प्रकाशन।

Mission library—मिशन पुस्तकालय।

Mixed composition—मिश्र टाइप विन्यास।

Mixed language—मिश्रित भाषा।

Mixed notation—मिश्रांकन।

ऐसी अंकन-पद्धति जिसका आधार मिश्रित हो अर्थात् वर्गीकरण-पद्धति में विभिन्न अनुभागों को व्यक्त करने के लिए वर्णों और अंकों या अन्य प्रतीकों का मिला-जुला प्रयोग।

Mnemonic characteristics—स्मरणजनक लक्षण।

Mnemonic device—स्मरण युक्ति।

Mnemonics—स्मरण जनक, स्मृति-संकेत।

ऐसे स्मृति संकेत जिनका किसी वर्गीकरण प्रणाली में एक ही अर्थ में उपयोग किया जाता है।

Mobile book exhibition—चल पुस्तक प्रदर्शनी।

Mobile book shop—चल पुस्तक भांडार।

Mobile branch library—चल ग्रंथालय शाखा, चल पुस्तकालय शाखा।

Mobile librarian—चल पुस्तकालयाध्यक्ष।

Mobile library—चल ग्रंथालय, चल पुस्तकालय।

ऐसी पुस्तकालय सेवा जिसमें पुस्तकें शेल्फयुक्त मोटर गाड़ी में रखकर उन स्थानों पर जहाँ कोई पुस्तकालय नहीं होता, सदस्यों की सुविधा व उपयोग के लिए निश्चित समय व दिनों पर पहुँचती है तथा पुस्तकों का लेन-देन करती है।

Mobile library service—चल पुस्तकालय सेवा।

Model library bill—आदर्श पुस्तकालय विधेयक।

Model library service—आदर्श पुस्तकालय सेवा।

Monastic library—मठ पुस्तकालय।

Monastic literature—मठ साहित्य।

Monoperforate film—एक ओर छिद्रित फिल्म।

Monoperforate safety base—एक ओर छिद्रित सुरक्षा आधार।

Monopoly and Restrictive Trade Practices Library (MRTP library)—एकाधिकार एवं प्रतिबंधात्मक व्यापार कार्य पुस्तकालय।

Monotype caster—मोनोटाइप ढलाईकार।

Monotype casting machine—मोनोटाइप ढलाई मशीन।

Monthly Astracting Service—मासिक संक्षेपण सेवा।

Monthly Documentation Service—मासिक प्रलेखन सेवा।

Monthly List of Additions—नवप्रकाशन मासिक सूची।

Monthly periodical—मासिक पत्रिका।

Monthly publication—मासिक प्रकाशन।

Monthly report—मासिक विवरण।

Moon type—मून टाइप।

Mordant—रंगबंधक।

Morgue—संदर्भ फाइल, संदर्भ कक्ष।

Morphological—रूपगत।

Mortice—छिद्र, छेद।

Mosaic binding—चितकबरी जिल्द।

Most popular language—सर्वाधिक लोकप्रिय भाषा।

Mother book—मातृ शिक्षण पुस्तक।

Mother country—मातृदेश, स्वदेश।

Motion picture library—चलचित्र पुस्तकालय, फिल्म पुस्तकालय।

Mottled calf—चितकबरा चर्म।

Mottled finish—चितकबरी परिष्कृति।

Mottled paper—चितकबरा कागज।

Motto—आदर्श वाक्य।

Mould—1. साँचा, 2. फफूँदी।

Moulding—साँचे में ढलाई।

Moulding made paper—साँचा निर्मित कागज।

Mount—1. धारक, आधार; 2. वाहन।

Mounted book—मढ़ी पुस्तक।

Mounted plate—मढ़ा हुआ चित्र।

Mounted samples—मढ़े हुए नमूने।

Movable location—सापेक्ष स्थान।

Movable type—वियोज्य टाइप।

Movie editor—चलचित्र संपादक।

Mull—मलमल।

Multifaceted—बहुमुखीय।

Multifocal—बहुकेंद्रक ग्रंथ।

ऐसा ग्रंथ जिसमें अनेक समानांतर विषय हों।

Multilingual—बहुभाषी।

Multilingual dictionary—बहुभाषी कोश।

Multilingual record—बहुभाषीय अभिलेख।

Multiple class—बहुविषयक वर्ग।

ऐसा वर्ग जिसमें दो या दो से अधिक तत्त्व या विषय हों।

Multiple column headline—बहुस्तंभी शीर्षक।

Multiple corporate heading—बहुविषयी समष्टि शीर्षक।

Multiple group—बहुविषयक समूह।

ऐसा समूह जिसमें दो या दो से अधिक तत्त्व या विषय हों।

Multiple image card—बहुबिंब कार्ड।

Multiple subject heading—बहुविषयी शीर्षक।

ऐसा बहुविषयी शीर्षक जिसमें नाम आदि उत्तरोत्तर वर्गों में आएँ, जैसे—विधि, संविधान, ग्रेट ब्रिटेन।

Multivolumed document—बहुसंपुटक प्रलेख।

अनेक जिल्दों में प्रलेख (बहुखंडों में मुद्रित) या पुस्तकादि, जिसमें विचारों का प्रतिपादन इस प्रकार किया जाता है कि वह पृथक् होते हुए भी एक खंड की विशिष्टता रखते हों।

Multivolumed publication (Book)—बहुसंपुटक प्रकाशन, बहुसंपुटक पुस्तक।

ऐसा प्रकाशन या पुस्तक जिसमें समान अनुक्रमणिका हो, पूरे सेट के ग्रंथों में पृष्ठ क्रम से हों, विषय इस तरह प्रतिपादित हो कि प्रत्येक खंड पूर्ण हो (देखिए Multivolumed document)।

Municipal board—नगरपालिका।

Municipal board library (City library)—नगरपालिका पुस्तकालय।

Music school library—संगीत विद्यालय पुस्तकालय।

Mutilated book—विखंडित पुस्तक, कटी-फटी किताब।

Mythological literature—पौराणिक साहित्य।

□

N

Name—नेम, नाम।

Name and caste—नाम और जाति।

Name authority card—अधिकृत नाम शीर्षक पत्रक।

Name authority file—अधिकृत नाम शीर्षकावली।

Name card—नाम पत्रक।

Name catalogue—नाम सूची।

Name entry—नाम प्रविष्टि।

Name file—नाम फाइल।

Name in religion—व्यक्ति नाम।

Name less title—नामरहित रचना।

Name list—नामावली।

Name pallet—नाम लेबल।

Name portion—नाम हिस्सा।

Name reference—नाम निर्देश।

Name seal—नाम मुहर, नाम मुद्रा।

Name stamp—नाम मुहर।

Name transfer—नामांतरण।

Name (with surname)—कुलनाम समेत, नामोल्लेख।

Narrow book—अल्पायत पुस्तक।

National Archives Library—राष्ट्रीय पुरातत्त्व संग्रहालय पुस्तकालय।

National bibliography—राष्ट्रीय ग्रंथ-सूची।

किसी राष्ट्र में प्रकाशित ग्रंथों की सूची या देश के विषय में, देशवासियों द्वारा स्वदेश अथवा विदेश में लिखित ग्रंथों या उस देश की भाषा में लिखित ग्रंथ-सूची।

National biographical dictionary—राष्ट्रीय जीवनी कोश।

National Book Trust—राष्ट्रीय पुस्तक न्यास।

National calendar—राष्ट्रीय पंचांग।

National capital—राष्ट्रीय राजधानी।

National capital region—राष्ट्रीय राजधानी क्षेत्र।

National catalogue—राष्ट्रीय ग्रंथ-सूची।

National Central Library—राष्ट्रीय केंद्रीय पुस्तकालय।

ऐसा केंद्रीय पुस्तकालय जहाँ से दूसरे सभी प्रकार के पुस्तकालयों की पुस्तकें एवं अन्य सामग्री उधार दी जाती हैं।

National Information Centre—राष्ट्रीय सूचना केंद्र।

National Librarian—राष्ट्रीय पुस्तकालयाध्यक्ष।

National Library—राष्ट्रीय पुस्तकालय।

National library policy—राष्ट्रीय पुस्तकालय नीति।

National Literacy Day—राष्ट्रीय साक्षरता दिवस।

National Literacy Mission—राष्ट्रीयता साक्षरता मिशन।

National Museum Library—राष्ट्रीय संग्रहालय पुस्तकालय।

Natural characteristics—नियत लक्षण, स्वाभाविक लक्षण।

वर्गीकृत वस्तुओं के ऐसे लक्षण जो वस्तु से अलग नहीं किए जा सकते हैं और जिनके बिना वस्तु नहीं रह जाती।

Natural classification—प्राकृतिक वर्गीकरण।

Natural language—शृंखला प्रक्रिया विधि के अंतर्गत वर्गीकरण की प्राकृतिक भाषा।

Natural material—सहज द्रव्य, प्राकृतिक द्रव्य।

मूर्त द्रव्य जो प्रकृति से लिये जाते हैं और प्रकृति में उसी रूप में पाए जाते हैं।

Near natural material—प्रकृतवत् द्रव्य।

ऐसे प्राकृतिक द्रव्य जो थोड़ी मात्रा में बिना मशीन या तकनीक के संसाधित किए जाते हैं ताकि उन्हें इस्तेमाल के योग्य बनाया जा सके।

Near print process—प्रिंट कल्प प्रक्रम, ईषद् संसाधित द्रव्य।

Near sovereign formation—प्रभुकल्च संगठन।

Necrology—निधन सूचना।

Needle work binding—कशीदेदार जिल्द।

Negative copy—निगेटिव प्रति।

Negative document—प्रलेख की निगेटिव प्रति।

Negative film—निगेटिव फिल्म।

Negative photograph—निगेटिव फोटोग्राफ।

Negative stock—निगेटिव स्टॉक।

Neo literates—नवसाक्षर।

Neon sign board—प्रकाश साइन बोर्ड।

Neon sign poster—नियोन साइन पोस्टर, प्रकाशपटल इश्तहार।

Net book—निवल मूल्य पुस्तक।

Net price—निवल मूल्य, शुद्ध मूल्य।

Network (binding)—जालीदार जिल्द।

New acquisition—नई संप्राप्तियाँ।

Newark charging system—न्यूआर्क आदान-प्रदान पद्धति।

एक अमेरिकी पद्धति जिसमें पुस्तकों का रिकॉर्ड रखने के लिए पुस्तक पत्रक पर पुस्तक लेनेवाले का नंबर एवं तिथि लिखी होती है। प्रत्येक सदस्य के पास एक सदस्यता पत्रक होता है जिससे वह नियमानुसार पुस्तकालय से पुस्तकें ले सकता है।

New arrivals—नए प्रकाशन।

Newbery medal—न्यूबेरी मेडल।

New books—नए प्रकाशन।

New document—नव अभिलेख।

New edition—नया संस्करण।

New publication—नया प्रकाशन।

News Agency—समाचार एजेंसी।

News clip—समाचार कतरन।

News conference—संवाददाता सम्मेलन।

News Editor—समाचार संपादक।

News feature—समाचार रूपक।

News magazine—समाचार पत्रिका।

Newspaper chain—समाचार-पत्र श्रृंखला।

Newspaper circulation—समाचार-पत्र परिचालन।

Newspaper documentation—समाचार-पत्र प्रलेखन।

Newspaper entry—समाचार-पत्र प्रविष्टि।

Newspaper file—समाचार-पत्र फाइल।

Newspaper holder—समाचार-पत्र धारक।

Newspaper indexing—समाचार-पत्र सूचीकरण।

Newspaper kiosk—समाचार-पत्र विक्रय केंद्र।

Newspaper rack—समाचार-पत्र रैक।

Newspaper readership—समाचार-पत्र पाठक वर्ग।

Newspaper rod—समाचार-पत्र दंडिका।

Newspaper section—समाचार-पत्र विभाग।

Newspaper stand—समाचार-पत्र स्टैंड।

Newspaper terms—समाचार-पत्र शब्दावली।

News photograph—समाचार-पत्र फोटोग्राफ।

News release—समाचार प्रलेख।

News weekly—समाचार साप्ताहिक।

New titles—नए प्रकाशन।

Nickname—उपनाम।

Niger morocco—काला मोरक्को चमड़ा।

Nihil obstat—निर्बाध।

Nitric acid—नाइट्रिक एसिड।

No. (number)—नंबर, संख्या।

No demand certificate—अनापत्ति प्रमाण-पत्र, बेबाकी प्रमाण-पत्र।

Noise (C.S.)—उद्‌वाचित दोष, अनभिप्रेत संकेत।

एक ऐसा उद्‌वाचित संकेत जो संचार-पद्धति में वांछित संकेत में विघ्न

डालता है।

Noise less zone—शोररहित क्षेत्र।

पुस्तकालय ऐसा ज्ञानपीठ है जिसे शोररहित क्षेत्र माना गया है।

Non-book material—पुस्तकेतर सामग्री, अलिखित सामग्री।

Non-commercial publication—अव्यापारिक प्रकाशन।

Non-consecutive numbering—क्रमहीन पृष्ठांकन।

Non-conventional—अरूढ़।

Non-fiction—कथेतर साहित्य।

Non-formal education—अनौपचारिक शिक्षा।

Non-government documents—गैर-सरकारी दस्तावेज।

Non-government organisation—गैर-सरकारी संगठन।

Non-hierachial notation—अश्रेणीबद्ध अंकन।

Non-issuable—अनिर्गमनीय।

Non-parliamentary papers—असंसदीय पत्र।

Non-resident—अनिवासी, अन्यत्र-वासी।

Non-resident member—अन्यत्रवासी सदस्य।

Non reverse image—सीधा प्रतिबिंब।

Non-transferable—अहस्तांतरणीय।

No place—अनुक्त स्थान।

Normal delivery—सामान्य विवरण।

Normal demand—सामान्य माँग।

Normal readership—सामान्य पाठक वर्ग।

Normal rush—सामान्य भीड़।

Notation—अंकन।

किसी वर्गीकरण-पद्धति में वर्गों को चित्रित करनेवाले वर्गांक।

Notational hospitality—संकेत ग्रहणशीलता।

Notational plane—अंकन स्तर, अंकन तल।

संख्याओं का वह स्तर जो संकल्पना को चित्रित करे।

Notational system—अंकन-पद्धति।

अंक्रों को प्रत्युक्त करनेवाली पद्धति।

Note—टिप्पण।

Note book—अभ्यास पुस्तिका, नोट पुस्तिका।

Noted author—ख्यातिनाम लेखक, प्रख्यात लेखक।

Noted writer—प्रख्यात लेखक।

Note section—टिप्पणी परिच्छेद।

पुस्तक या प्रलेखों के संदर्भ में मुख्य प्रविष्टि का वह परिच्छेद जिसमें माला का नाम या संबद्ध पत्रिकाओं के अथवा पुस्तकों के नाम तथा अन्य प्रकार की सूचना का विवरण दिया जाए।

Not for issue—निर्गम हेतु नहीं।

Notification—अधिसूचना।

Noting—टिप्पण।

Not-transferable—अहस्तांतरणीय।

Number entry—अंक प्रविष्टि।
वह प्रविष्टि जो वर्ग समंक से शुरू हो।

Numbering—संख्यांकन।

Numbering of document—दस्तावेज-संख्यांकन।

Numerals—अंक, संख्या।

Numerical—संख्यात्मक।

Numerical inventory—संख्यावाचक सूची।

Numerical strength—संख्यात्मक जनशक्ति।

Nursery school books—नर्सरी स्कूल पुस्तकें।

Nursery school collection—नर्सरी स्कूल संग्रह।

□

O

Object computer (C.S.)—लक्ष्य कंप्यूटर।

वह अभिकलित्र जिसपर लक्ष्य प्रोग्राम का निष्पादन किया जाता है। वह उससे भिन्न हो सकता है जिसपर वह संकलित होता है।

Objectionable article—आपत्तिजनक लेख।

Objectionable book—आपत्तिजनक पुस्तक।

Objectionable matter—आपत्तिजनक सामग्री।

Objectionable title—आपत्तिजनक रचना।

Objection book—आपत्ति पुस्तक।

Object language—विषयपरक भाषा।

पुस्तकालय विज्ञान में प्रयुक्त होनेवाली तकनीकी भाषा।

Object language (C.S.)—लक्ष्य भाषा।

वह भाषा जिसमें स्रोत अनुदेश रूपांतरित/अनुवादित हों।

Object lens—अभिदृश्यक लेंस।

Object programme (C.S.)—लक्ष्य प्रोग्राम।

पूरी तरह संयोजित या संकलित प्रोग्राम, जो लोड करने और निष्पादन के लिए तैयार हो।

Oblong format—आयत आकार।

Obverse—सम्मुख पृष्ठ, मुख भाग।

Obverse cover—उपरि आवरण।

Octave device—अष्टक विधि, अष्टक युक्ति।

वर्गीकरण-पद्धति में डॉ. रंगनाथन द्वारा दी गई युक्ति, जिसके अनुसार वर्गीकरण में आधार का विस्तार करने के लिए दशमलव-पद्धति में प्रयुक्त संख्याओं के हर आठवें अंक के बाद नौ को छोड़ दिया जाता है और इक्यानबे, बानबे…अठानबे का प्रयोग कर उसे आठवें अंक में वर्णित विषय या वियोजक का संवर्ग बना लिया जाता है।

Octavising digit—अष्टक युक्ति।

Octavo—अष्टांशक, अठपेजी।

पूरे आकार के कागज पर छपा पुस्तक का वह भाग जिसमें तह करने पर आठ पृष्ठ या सोलह पृष्ठ बनते हैं।

Octodecimo—अठारह पेजी।

पुस्तक का वह नाम जिसमें प्रत्येक पन्ना पूरे ताव का अठारहवाँ भाग हो।

Odd copy—अपूर्ण प्रति, अपूर्ण सेट का अंक।

Odd folio—विषम पन्ना।

Oddments—विषयेतर, मूलेतर।

Odd number page—विषम संख्यक पृष्ठ।

Odd sorts—मिश्रित टाइप।

Off-cut—कतरन, कटा रद्दी कागज।

Offensive language—आक्रामक भाषा, आलोचनात्मक भाषा।

Offer of appointment—नियुक्ति प्रस्ताव, नियुक्ति पत्र।

Office—कार्यालय।

Office copy—कार्यालय प्रति, संदर्भ कॉपी।

Office manual—कार्यालय दीपिका, कार्यालय नियमावली।

Official—शासकीय, सरकारी।

Official business—सरकारी काम।

Official capacity—सरकारी हैसियत।

Official card—सरकारी कार्ड, आधिकारिक कार्ड।

Official catalogue—कार्यालय सूची, आधिकारिक सूची।

Official document—सरकारी दस्तावेज।

Official gazette—सरकारी गजट।

Official language—राजभाषा।

Official organ—सरकारी मुखपत्र।

Official record—सरकारी अभिलेख।

Official source—सरकारी स्रोत, राजकीय सूत्र।

Official translation—आधिकारिक अनुवाद।

Officiating librarian—स्थानापन्न पुस्तकालयाध्यक्ष।

Off-its feet (type)—टेढ़ा टाइप।

Off line (C.S.)—असंयोजित।

वह एकक या क्रिया जो केंद्रीय संसाधन एकक के नियंत्रण में न हो।

Off-line processing (C.S.)—असंयोजित संसाधन।

ऐसा संचयन जो केंद्रीय संसाधन एकक के नियंत्रण में न हो।

Off-page bleed—कोरांत छपाई, कोर तक मुद्रण।

Off-print—अनुमुद्रण।

Offset—ऑफसेट मुद्रण।

Offset lithograph—ऑफसेट लिथोग्राफ।

Offset lithography—ऑफसेट लिथोग्राफी।

Offset photo lithography—ऑफसेट फोटो लिथोग्राफी।

Offset printer—ऑफसेट मुद्रक।

Offset printing—ऑफसेट प्रिंटिंग।

Old face—पुराना मुद्रा-मुख।

Omission factor—लोप गुणक।

प्रासंगिक प्रलेखों की कुल संख्या से उन प्रासंगिक प्रलेखों का अनुपात जिनका चयन नहीं किया गया हो।

Omission mark—लोप-चिह्न, लुप्ति-चिह्न।

Omitted—छोड़ा हुआ, छूटा हुआ।

Omnibus review—बहुग्रंथ समीक्षा।

Omnibus volume—ग्रंथावली।

On approbation—अनुमोदनार्थ।

On approval—अनुमोदनार्थ।

On demand—माँग पर।

On deputation—प्रतिनियुक्ति पर।

One card system—एक पत्रक सिद्धांत।

One-line heading—एक पंक्ति शीर्षक।

One-on-sewing—पूर्ण सिलाई।

On-expiration—समाप्ति पर।

On-lay—मुद्रालंकरण।

On line (C.S.)—संयोजित।

ऐसा एकक या क्रिया जो केंद्रीय संसाधित्र द्वारा नियंत्रित हो।

On line central file—संयोजित युगपत् केंद्रीय मिसिल।

दत्त या सूचना की ऐसी फाइल जो संयोजित युक्ति पर प्राप्य हो और जो समयानुसार तुरंत प्रयोग में आ सके।

On line computer library center—संयोजित कंप्यूटर पुस्तकालय केंद्र।

सन् 1967 में ओहियो के कॉलेजों में कंप्यूटर सूचीकरण की समन्वित प्रणाली संस्थापित की गई। अब यह सारे अमेरिका में फैल चुकी है। 5000 अकादमिक पुस्तकालय इस सेवा से लाभान्वित हैं।

On loan—निर्गत, उधार पर।

Only edition—एकमात्र संस्करण।

On order—आदेशपूर्ति पर।

On payment sale—भुगतान पर।

On presentation—प्रस्तुत करने पर।

Onymous—सनाम।

Ooze leather—मखमली चमड़ा।

O.P. (Out of Print)—अप्राप्य।

Op. cit—पूर्वोक्त कृति।

Open access—निर्बाध प्रवेश।

ऐसी व्यवस्था जिसमें पाठक स्वयं पुस्तक संग्रह तक जाकर अपनी रुचि की पुस्तक देख अथवा ले सके।

Open air reading-room—अनावृत वाचनालय, अनावृत अध्ययन कक्ष।

पाठकों के प्रयोग के लिए पुस्तकालय का खुला अध्ययन स्थल।

Open array—सावकाश पंक्ति।

वर्गीकरण में ऐसी पंक्ति जिसमें बहिर्वेशन की क्षमता हो।

Open back—पोली पीठ।

Open edge—खुला किनारा।

Open entry—अपूरित प्रविष्टि, पूरणीय सलेख।

सूची की ऐसी प्रविष्टि जिसमें अधिक सूचना के संभरण की व्यवस्था हो।

Open entry—खुला प्रवेश या अबाधित प्रवेश (पुस्तकालय)।

Open letter proof—रेखित वर्ण प्रूफ।

Open notation—अपूरितांकन।

Open reserve—खुला आरक्षित संग्रह।

Open shelf—खुली निधानी।

Open shelf collection—अबाध प्रवेश संग्रह।

Open shelf library—अबाध प्रवेश पुस्तकालय।

Optical character reader (C.S.)—प्रकाशीय संप्रतीक पठित्र।

वह युक्ति जो प्रकाशीय संप्रतीकों की पहचान के सिद्धांतों के अनुसार स्रोत प्रलेखों का निर्वचन करे।

Optical character recognition (C.S.)—प्रकाशीय संप्रतीक पहचान।

प्रकाशक के प्रति संवेदनशील युक्तियों के द्वारा मुद्रित संप्रतीकों की पहचान।

Optical printer—प्रकाशीय मुद्रक।

Optical printing—प्रकाशीय मुद्रण।

Optical system—प्रकाशीय तंत्र।

Optic disc—अक्षि-चक्रिका।

Optimum—अनुकूलतम, इष्टतम।

Optimum code (C.S.)—इष्टतम कोड।

ऐसी संकेतन प्रणाली जो संचयन युक्ति से किसी वांछित दत्त/सूचना की पुन:प्राप्ति के लिए अपेक्षित समय को न्यूनतम कर देती है।

Optimum coding (C.S.)—इष्टतम कोडन।

कंप्यूटर प्रोग्रामन की तकनीक, जो अभिगम काल को कम-से-कम करती है।

Opus—महान् कृति, महत् रचना।

Opus citatum—पूर्वोक्त कृति।

Opus number—लेखन क्रमांक, कृति संख्या।

Oral literature (Folk literature)—मौखिक साहित्य।

Order—आदेश।

Order card—ऑर्डर कार्ड, रिक्ति कार्ड।

Order department—संप्राप्ति विभाग।

पुस्तकालय में ऐसा प्रशासनिक विभाग जो प्रलेखों के प्राप्त करने के लिए उत्तरदायी हो और जहाँ इससे संबद्ध सब रिकॉर्ड रखे जाते हैं।

Order librarian—ऑर्डर प्रदान करनेवाला पुस्तकालयाध्यक्ष।

Order of array—पंक्ति क्रम।

वर्गीकरण में उत्तरोत्तर लक्षणों की वह संख्या जिसके आधार पर ज्ञान लोक से वर्गों की उत्पत्ति होती है।

Order of chain—शृंखला क्रम।

वर्गीकरण में शृंखला की प्रथम कड़ी का क्रम।

Order of class—वर्ग क्रम।

वर्गीकरण में उत्तरोत्तर लक्षणों के

आधार पर ज्ञान लोक से वर्गों की उत्पत्ति।

Order of complex array isolate—सम्मिश्र पंक्ति वियोजक क्रम।

पंक्ति वियोजकों की संख्या, जिनके मिश्रण से सम्मिश्र पंक्ति की व्युत्पत्ति हो।

Order of complex class—सम्मिश्र वर्ग क्रम।

वर्गीकरण में मूल या मिश्रित वर्गों की संख्या, जिसके मिश्रण से एक सम्मिश्र वर्ग की व्युत्पत्ति हो।

Order of complex isolate—सम्मिश्र वियोजक क्रम।

वर्गीकरण में वियोजकों की संख्या, जिनके मिश्रण से सम्मिश्र वियोजक की व्युत्पत्ति हो।

Order of link—शृंखलांग क्रम।

वर्गीकरण में शृंखला का वह क्रम जो उस वर्ग के क्रम को बताए।

Order of precedence—पूर्वता क्रम।

Order slip—क्रयादेश परची, ऑर्डर स्लिप।

पुस्तकालय में पुस्तक प्राप्त करने तथा पाठकों के उपयोग के लिए प्रस्तुत करने की संपूर्ण कार्य-प्रणाली के रिकॉर्ड की परची।

Ordinal—वर्गांक।

वर्गीकरण-पद्धति में किसी वर्ग की वर्ग संख्या।

Organization file—संस्थासूचक फाइल।

Organization of library services—पुस्तकालय सेवा संगठन।

Organ of a corporate body—समष्टि निकाय अंग।

समष्टि निकाय का अस्वाधीन अंग, जो वैधानिक, कार्यकारी एवं प्रशासनिक रूप में किसी एक विशेष कार्य के लिए, एक विशेष समय तक उत्तरदायी हो। उसे यह कार्य मूल निकाय के प्रक्रम के अनुसार ही करना होता है।

Oriental—प्राच्य।

Oriental division—प्राच्य प्रभाग।

Orientalist—प्राच्यविद्।

Oriental library—प्राच्य पुस्तकालय।

Oriental manuscript—प्राच्य पांडुलिपि।

Orientation division—अभिविन्यास प्रभाग।

पृथ्वी के धरातल अथवा भौगोलिक क्षेत्र का अनुस्थापित लक्षणों के आधार पर विभाजन।

Origin—उद्गम, उद्भव।

Original—मूल, मौलिक।

Original binding—मूल जिल्द।

Original copy—मूल प्रति।

Original cover—मूल आवरण।

Original document—मूल दस्तावेज।

Original edition—मौलिक संस्करण।

Original manuscript—मूल पांडुलिपि।

Original source—मूल सामग्री,

आधार सामग्री।

Original text—मूल पाठ।

Original version—मूल पाठ।

Original works—मौलिक कृतियाँ, मौलिक रचनाएँ।

Orihon—ऑरिहॉन।

Ornamental band—अलंकरण पट्टी।

Ornamental border—अलंकृत किनारा।

Ornamental fillet—सजावटी रेखा, आलंकारिक पट्टिका।

Ornamental inside lining—भीतरी सजावट अस्तर।

Ornaments—मुद्रणालंकार।

Ornate style—अलंकृत शैली।

Orotype—उत्थित टाइप, ओरोटाइप।

Outdoor publicity literature—बाह्य प्रचार सामग्री।

Outer forme—बाहरी फर्मा।

Outer indention—बाहरी हाशिया।

Outer margin—बाहरी मार्जिन, बाह्य हाशिया।

Outer page—बाह्य पृष्ठ, ताव का बाहरी पृष्ठ।

Out guide—बाह्य संदर्शिका।

Out lier library—बाह्य पुस्तकालय।

Outline—रूपरेखा, सारांश।

Out of circulation—परिचालन से निकालना।

Out of date—पुराना, अप्रचलित।

Out of print—अप्राप्य।

Out of stock—स्टॉक रहित, अप्राप्य।

Output (C.S.)—बहिर्गत।

मानव-मन के अनुरूप कंप्यूटर की आंतरिक स्मरण शक्ति का अंतरण।

Output buffer (C.S.)—बहिर्वेश बफर (देखिए Input/output buffer)।

Output channel (C.S.)—बहिर्वेश वाहिका (देखिए Input/output channel)।

Output control (C.S.)—बहिर्वेश नियंत्रक (देखिए Input/output control)।

Output control system (C.S.)—बहिर्वेश नियंत्रण प्रणाली (देखिए Input/output control system)।

Output device (C.S.)—बहिर्वेश उपकरण (देखिए Input/output device)।

Output record (C.S.)—बहिर्वेश अभिलेख।

बहिर्वेश के रूप में उपलब्ध या बहिर्वेश क्षेत्र में संचित अभिलेख।

Output register—बहिर्वेश पंजिका।

Output routine (C.S.)—बहिर्वेश उपप्रोग्राम।

ऐसा उपप्रोग्राम जो किसी बहिर्वेश युक्ति में नियंत्रित रूप में सूचना उपलब्ध कराने के लिए अभिकल्पित हो।

Outsert—बहिर्वेष्टन।

Outside margin—बाहरी हाशिया।

Outside source—बाह्य स्रोत।

Outside user—बाह्य उपयोक्ता।

Outsize—अतिकाय।

Outsize document—बृहद् दस्तावेज।

Outstanding dues—बकाया देय, देनदारी।

Oval halftone—ओवल हाफटोन।

Over development—अधिविकास, अतिप्रस्फुटन।

Overdue book—अतिकालदेय पुस्तक।

Overdue notice—स्मरण-पत्र, कालातिक्रमण सूचना।

पुस्तक की वापसी की तारीख बीत जाने पर पुस्तक लौटाने की सूचना।

Overflow of the title page—मुख्य पृष्ठ व्याप्ति।

यह आख्या पृष्ठ के पूर्व या बाद में दिया रहता है, जिसमें प्राय: आख्या पृष्ठ में दी गई सूचनाओं के कुछ अंश शामिल होते हैं अथवा संस्करण, लेखक, सहकारक, ग्रंथमाला इत्यादि से संबद्ध कुछ विवरण दिए रहते हैं।

Overflow pages—(आख्या के) अतिरेक पृष्ठ।

Overinking—ज्यादा स्याही लग जाना।

Overlay—अतिव्याप्त करना, अतिव्यापन।

Overplus—अधिशेष प्रतियाँ।

Overprint—अधिमुद्रण, छपे पर छपाई।

Overprinting—अधिछपाई।

Overs—फालतू पृष्ठ, अतिरिक्त पन्ने।

Oversewing—ऊपरी सीवन, ऊपरी सिलाई।

Oversize book—बृहदाकार पुस्तक।

Oversold—बहु विक्रीय, बहु विक्रय प्रकाशन।

Overwriting—लेखन पर लेखन, अधिलेखन।

Ownership—स्वामित्व, स्वत्व।

Ownership mark—स्वामित्व चिह्न, स्वत्व चिह्न।

Ownership stamp—स्वत्व मुद्रा।

Oxford corner—ऑक्सफोर्ड कोर।

Ozone paper—ओजोन पेपर, ओजोन कागज।

□

P

Pack—पैक, गड्डी।

Package paper—वेष्टन कागज, पैकिंग कागज।

Packaging—वेष्टन, पैकेज प्रक्रम।

Packaging material—पैकिंग का सामान।

Packet—पैकेट (किताबों या पत्रिकाओं का) पैकेट, पुलिंदा।

Packet device—कोष्ठक युक्ति।
वर्गीकरण में ऐसी अंकन क्रियाविधि जो कि विषय युक्ति में प्रयुक्त होती है ताकि विषय अंक केवल एक ही अंक प्रतीत हो।

Packing desk—पैकिंग डेस्क।

Packing material—पैकिंग सामग्री।

Packing paper—पैकिंग का कागज, वेष्टन पेपर, पैकिंग पेपर।

Packing room—पैकिंग कक्ष।

Padeloup style—पेडेलूप शैली।

Page—पृष्ठ, पन्ना, पेज।

Page break—पृष्ठ विच्छेद।

Page catalogue—पृष्ठ सूची।

Page makeup—पृष्ठ सज्जा।

Page number—पृष्ठ संख्या।

Page proof—पृष्ठ प्रूफ, पेज प्रूफ।

Pager—पेजर।

Page reference—पृष्ठ संदर्भ।

Pagination—पृष्ठ संख्या डालना, पृष्ठ संख्यांकन।

Paleographer—पुरालिपिज्ञ।

Paleographist—पुरालिपिविद्, पुरालिपिज्ञ।

Palimscope—पैलिमस्कोप।

Pallet—पट्टिका।

Pallet knife—पट्टिका छुरी, कतरनी।

Palmette—तालपत्र चित्र, तालपत्र अलंकरण।

Palm leaf—ताड़पत्र, तालपत्र।

Palm leaf manuscript—ताड़पत्र, पांडुलिपि।

Palm leaf record—ताड़पत्र, अभिलेख।

Pamphlet—पैंफलेट, पुस्तिका।

Panel—पट्टिका, फलक।

Panel stamp—दिल्हा मुहर।

Panoramic catalogue—संर्वतोदर्शी सूची।

Pantone—पैंटोन।

Pantone printing—पैंटोन मुद्रण।

Paper—1. पृष्ठ, कागज, पेपर, पत्र; 2. समाचार-पत्र, पत्रिका।

Paper back—पेपर बैक, कागजी जिल्द।

Paper back edition—कागजी जिल्द संस्करण, अल्चमोली पेपर बैक संस्करण।

Paper cutter—कागज कर्तित्र, पेपर कटर, कागज काटनेवाला यंत्र।

Paper dust—कागज धूल।

Paper finish—कागज परिष्करण।

Paper gram—पेपरग्राम।

Paper jacket—कागजी जैकेट।

Paper manufacturer—कागज निर्माता।

Paper substance—कागज भाव।

Paper weight—कागज दाब।

Papyrology—1. पांडुलिपि विज्ञान, 2. कागज का इतिहास।

Papyrus—पेपीरस, पेपाइरस।

Papyrus roll—पेपाइरस कुंडली, पेपाइरस रोल।

Paragon—पैरागन।

Paragraph break—पैराग्राफ विच्छेद, अनुच्छेद समाप्ति।

Paragraph indentation—दूसरा हाशिया, हाशिया देना।

Parallel classification—समानांतर वर्गीकरण।

Parallel computer—समक्रमिक अभिकलित्र।

ऐसा अभिकलित्र जिसमें केंद्रीय संसाधित्र समकालिक संक्रियाएँ करता है।

Parallel edition—समानांतर संस्करण, समकक्ष संस्करण।

ऐसा प्रकाशन जिसमें एक ही कृति या रचना के विभिन्न पाठ एक ही जिल्द में साथ-साथ दिए गए हों।

Parallel translation—समूल अनुवाद, सानुवाद मूलपाठ।

Parallel works—समानांतर कृतियाँ।

Paraph—हस्ताक्षर वैशिष्ट्य।

Parchment—चर्मपत्र, पार्चमेंट।

फिटकरी आदि से परिशोधित और पॉलिश की गई भेड़ या बकरी आदि की खाल, जो स्थायी महत्त्व के प्रलेख लिखने या मजबूत जिल्द बाँधने के काम आती है।

Parchmentization—चर्मपत्रण, पार्चमेंटीकरण।

Parchment paper—पार्चमेंट कागज।

Parchment roll—पार्चमेंट कुंडली, पार्चमेंट रोल।

Parliament—संसद्।

Parliamentary documents—संसदीय दस्तावेज।

Parliamentary publications—

संसदीय प्रकाशन।

Parliament debates—संसद् वाद-विवाद।

Parliament Librarian—संसद् पुस्तकालयाध्यक्ष।

Parliament Library—संसद् लाइब्रेरी।

Parliament reading room—संसद् अध्ययन कक्ष।

Parochial library (Parish library)—पैरिश लाइब्रेरी।

Part—अवयव, अंश, खंड।

Partial bibliography—आंशिक ग्रंथ-सूची।

Partial binding—आंशिक जिल्द।

ऐसी जिल्द जिसमें पीठ कपड़े की और बाकी जिल्द कागज से बनाई गई हो या पीठ और बाकी जिल्द अलग बाँधी गई हो।

Partial contents note—आंशिक विषय विवरण।

Partial title—आंशिक आख्या।

ऐसा शीर्षक जिसमें मुख्य शीर्षक का कुछ गौण भाग ही दिया गया हो।

Participant—सहभागी।

Participating library associations—सहभागी पुस्तकालय संघ।

Part issue—अर्धभाग, अर्ध संपुट।

Part of a fused alphabetical link—वर्णक्रम शृंखलांग भाग।

वर्णक्रम द्वारा प्राप्त शृंखला की अंतिम कड़ी।

Part of a fused chronological link—एकीकृत कालक्रमिक शृंखलांग भाग।

एकीकृत शृंखला की अंतिम कड़ी, जो कालक्रमिक युक्ति द्वारा प्राप्त की गई हो।

Part of a fused geographical link—एकीकृत भौगोलिक शृंखलांग भाग।

एकीकृत शृंखला की अंतिम कड़ी, जो भौगोलिक युक्ति द्वारा प्राप्त की गई हो।

Part of a fused phase link—एकीकृत शृंखलांग भाग।

एकीकृत शृंखला की अंतिम कड़ी।

Part of a packed link—कोष्ठबद्ध शृंखलांग भाग।

कोष्ठबद्ध शृंखला की अंतिम कड़ी।

Part signature (Volume signature)—जिल्द प्रभागांक, अंश प्रभागांक।

Part-time librarian—अंशकालिक पुस्तकालयाध्यक्ष।

Part-time school library—अंशकालिक विद्यालय पुस्तकालय।

Paste—पेस्ट, लेप, लेई।

Paste down—लेपित कागज।

Paste down form—लेपित कागज स्वरूप (पुस्तकालय-सूची का)।

Paste grain—लेपित चर्म।

Paste in—निरासक।

Paster—चिपकानेवाला, विलेपक।

Pastiche—संगृहीत रचना, संगृहीत काव्य।

Pasting—मढ़ाई।

Pasting down—सटाई।

Pasting paper—मढ़ाई कागज।

Past time—विनोद।

Patch—पैबंद, चिप्पी।

Patching—चिप्पी लगाना।

Patch sheet—चिप्पी कागज।

Patent—पैटेंट, एकस्व।

Patents office library—पैटेंट कार्यालय पुस्तकालय।

Patent specification—पैटेंट निर्देशन।

Patron—उपयोक्ता, पाठक।

Pattern book—प्रतिरूप पुस्तक, पैटर्न बुक।

Pebbling—1. रुक्ष परिष्करण, 2. बिंदु चित्रण।

Pedestrian literature—सामान्य साहित्य, घटिया साहित्य, सड़क छाप साहित्य।

Pedestrian work—सामान्य ग्रंथ, सड़कछाप साहित्य।

Pedigree—वंशावली।

Pedigree copy—वंशावली की प्रति।

Pencil dater—पेंसिल डेटर।

Penmanship—लेखन चातुर्य।

Penmen—खुशनसीब लेखक, सुलेखक।

Penny book—टकही पुस्तक।

Penny newspaper—टके का समाचार-पत्र।

Penny periodical—टकही पत्रिका।

Penumbral region—उपच्छाया क्षेत्र।

पाठकों का रुचि के ह्रासमान् क्रम के अनुकूल विषयों का व्यवस्थापन।

Perfect binding—परिनिष्पन्न जिल्द।

Perfect copy—परिनिष्पन्न प्रति।

Perfect edition—परिनिष्पन्न संस्करण।

Perfecting—अपर पृष्ठ मुद्रण।

Perforated document—छिद्रित दस्तावेज।

Perforating—छिद्रण, बेधन।

Perforator—छिद्रक।

Period bibliography—कालिक ग्रंथ-सूची।

ऐसी ग्रंथ-सूची जो किसी निश्चित काल से संबद्ध हो।

Periodical—अवधिकालिक, नियत-कालिक पत्रिका, आवधिक पत्रिका।

Periodical bibliography—आवधिक ग्रंथ-सूची।

ऐसी सूची जो खंडशः प्रकाशित की जाए तथा संचयी विधि द्वारा जिसका संशोधन व परिवर्धन किया जाए।

Periodical case—पत्रिका केस।

Periodical holdings—पत्रिका आधारित सामग्री, पत्रिका धारित सामग्री।

Periodical index—1. पत्रिका अनुक्रमणिका, 2. आवधिक अनुक्रमणिका।

किसी पत्रिका के एक या अधिक खंडों की अनुक्रमणी।

कई पत्रिकाओं की समय-समय पर या निश्चित अवधि के बाद प्रकाशित की जानेवाली अनुक्रमणिका।

Periodical library—पत्रिकागार, पत्रिका पुस्तकालय।

Periodical publication—आवधिक प्रकाशन, सावधि प्रकाशन।

Periodical rack—पत्रिका रैक।

Periodical room—आवधिक कक्ष, पत्रिका कक्ष।

Periodicals check list—पत्रिका जाँच पंजी।

Periodicals clipping—पत्रिका कतरन।

Periodical section—पत्रिका अनुभाग।

Periodicals reading room—पत्रिका अध्ययन कक्ष।

Periodicals register—पत्रिका पंजिका।

Periodicals registration—पत्रिका पंजीयन।

Periodicals stock—पत्रिका भांडार।

Periodicals stock taking—आवधिकों की जाँच-पड़ताल, पत्रिका जाँच-पड़ताल।

Periodicals subject index—पत्रिका विषयानुक्रमणिका।

Periodical unit—पत्रिका एकक।

Periodical verification—आवधिक सत्यापन।

Period printing—कालानुसारी मुद्रण।

Permanent binding—स्थायी जिल्द।

Permanent record film—स्थायी अभिलेख फिल्म।

Permanent retention—स्थायी धारण।

Permission—अनुज्ञा, अनुमति।

Personal catalogue—व्यक्तिपरक सूची।

Personal collection—निजी संग्रह, निजी संकलन।

Personal computer (P.C.)—व्यक्तिपरक कंप्यूटर।

Personal library—निजी पुस्तकालय।

Personal name entry—व्यक्ति नाम प्रविष्टि।

सूची-पत्र में किसी प्रलेख का ऐसा विवरण या अभिलेख जो व्यक्ति विशेष के नाम के अंतर्गत हो।

Personal subject—व्यक्तिगत विषय।

Personnel administration—कार्मिक प्रशासन।

Pertinence factor—प्रासंगिकता गुणक।

प्रलेखों की छँटाई के परिणामस्वरूप अस्वीकृत प्रलेखों का पूर्ण प्रलेखों की संख्या से अनुपात।

Pertinency—प्रासंगिकता।

किसी विषय से संबद्ध होने का गुण।

Pet author—प्रिय लेखक।

Pet name—प्रिय नाम, प्यार का नाम।

Pet subject—प्रिय विषय।

Petty book—छोटी किताब, लघु पुस्तक, ताबीजी किताब।

Pewter plate—प्यूटर प्लेट।

Phase device—कला युक्ति।

वर्गीकरण में ऐसी रचना जिसमें मूल केंद्र को सुस्पष्ट करने के लिए उसी वर्ग का एक और फोकस जोड़ा जाए।

Phase relation—कला संबंध।

वर्गीकरण में सम्मिश्र वर्ग की कलाओं या सम्मिश्र वियोजकों की कलाओं या सम्मिश्र पंक्ति वियोजकों का आपसी संबंध।

Phonogram—ध्वनि-चिह्न।

Phonogram record library—फोनोग्राम रिकॉर्ड पुस्तकालय।

Phonography—ध्वनिलेखन।

Photo black—काला फोटो कागज।

Photo cell—प्रकाश विद्युत् सेल, फोटो सेल।

Photo charger—फोटो चार्जर।

Photo composing machine—फोटो कंपोजिंग मशीन।

Photo copy—फोटो कॉपी।

oto copying—फोटो प्रतिलिपीकरण।

Photo division—फोटो विभाग।

Photo duplication—फोटो अनुलिपीकरण।

Photo gelatine process—फोटो जिलेटिन प्रक्रिया।

Photographer—छविकार, फोटोग्राफर।

Photographic facsimile—फोटो प्रतिकृति।

Photographic film—फोटोग्राफिक फिल्म।

Photographic paper—फोटोग्राफिक पेपर।

Photographic plate—फोटोग्राफिक प्लेट।

Photographic print—फोटोग्राफिक मुद्रण।

Photographic record—फोटोग्राफिक रिकॉर्ड।

Photographic service—फोटोग्राफिक सेवा।

Photographic service division—फोटोग्राफिक सेवा डिवीजन।

Photography—फोटोग्राफी।

Photograver—फोटोग्रेवर, प्रकाश उत्कीर्णक।

Photolithography—फोटोलिथोग्राफी (देखिए Lithophotography)।

Photolitho offset—फोटोलिथो ऑफसेट।

Photo mechanical process—प्रकाशयांत्रिकी प्रक्रम।

Photomicrograph—सूक्ष्म फोटो।

Photomicrographic camera—फोटोमाइकोग्राफिक कैमरा, सूक्ष्मलेखी फोटो कैमरा।

Photomicrography—सूक्ष्म फोटोग्राफी।

Photo officer—फोटो अधिकारी।

Photo offset—फोटो ऑफसेट।

Photo offset printing—फोटो ऑफसेट मुद्रण।

Photo print—फोटो प्रिंट।

Photo record—फोटो अभिलेख।

Photo recorder—फोटो अभिलेखित्र।

Photo report—फोटो रिपोर्ट।

Photo reproduction—फोटो पुनर्मुद्रण।

Photostat—फोटोस्टेट प्रति।

Photostat machine—फोटोस्टेट मशीन।

Photo transmission—फोटो प्रेषण।

Photo type—फोटो टाइप।

PH value—अम्लता मान, पी.एच. वैल्यू।

Physical verification—भौतिक सत्यापन, प्रत्यक्ष सत्यापन, पुस्तकालय संग्रह की जाँच-पड़ताल।

Physical verification of books (PVB)—भौतिक ग्रंथ संग्रह जाँच।

Pictorial—सचित्र, चित्रमय।

Pictorial book—सचित्र पुस्तक।

Pictorial cover—सचित्र आवरण।

Pictorial journalism—सचित्र पत्रकारिता।

Pictorial magazine—सचित्र पत्रिका।

Pictorial map—सचित्र मानचित्र।

Picture book—चित्र पुस्तक, चित्रावली, चित्रमय पुस्तक।

Picture editing—चित्र संपादन।

Picture gallery—चित्र वीथिका, चित्र वीथी।

Picture paper—सचित्र समाचार-पत्र।

Picture story book—सचित्र कथा पुस्तक।

Pigeon hole—खाना, प्रकोष्ठ।

Pigeon hole shelf—खानेदार ताक।

Pigeon hole system—खाना-पद्धति, कोष्ठ-पद्धति।

Pig skin—सूअर-चर्म।

Pilot library project—प्रायोगिक पुस्तकालय योजना।

Pilot readership study—मार्गदर्शी पाठक रुचि अध्ययन।

Pin head morocco—दानेदार मोरक्को (चर्म)।

Pin hole—सूची छिद्र।

Pin mark—सूची चिह्न।

Piracy—चोरी, चोर संस्करण।

Piratical edition—अनधिकृत संस्करण।

चोरी की विषय सामग्री से युक्त संस्करण।

Piratical printer—चोर-मुद्रक।

Piratical publisher—चोर-प्रकाशक।

Placard—प्लेकार्ड, सूचनापत्रक।

Placard catalogue—सूचनापत्रक सूची।

Place of publication—प्रकाशन का स्थान।

Place value—स्थान-मान।

Plagiarism—साहित्यिक चोरी।

Plagiarist—साहित्य चोर।

Plagiarizing material—साहित्यिक चोरी की सामग्री।

Plain title edition (Departmental edition/set)—विभागीय संस्करण।

Plan file—खाका मिसिल।

Plan for library development—पुस्तकालय विकास योजना।

Planning Commission Library—योजना आयोग पुस्तकालय।

Plastic plate—प्लास्टिक प्लेट।

Plasto cowell—प्लास्टो कोवेल।

Plate—प्लेट।

Plate boring machine—प्लेट बेधित्र।

Plate folder—प्लेट फोल्डर।

Plate glazed—पट्टिका काचित।

Plate guarded and hooked—प्लेट रक्षित तथा संलग्न।

Plate mark—प्लेट चिह्न।

Plate paper—प्लेट कागज।

Plate proof—प्लेट प्रूफ, पट्टिका प्रूफ।

Plot resume—वस्तु सार, कथानक सार।

Pneumatic book carrier—वायवीय पुस्तक वाहन।

Pocket—जेब (निर्गम-आगम सूचक तिथि-पत्रक रखने के लिए जेब)।

Pocket atlas—पॉकेट एटलस, जेबी मान चित्रावली।

Pocket book—जेबी पुस्तक, पॉकेट बुक।

Pocket diary—पॉकेट डायरी।

Pocket dictionary—जेबी शब्दकोश, पॉकेट डिक्शनरी।

Pocket edition—जेबी संस्करण।

Pocket map—जेबी मानचित्र, पॉकेट मैप।

Pocket part—जेबी भाग।

Polyglot—1. बहुभाषी ग्रंथ, 2. बहुभाषाविद्।

Polyglot dictionary—बहुभाषी कोश।

Polyglot edition—बहुभाषी संस्करण।

Polyglot keyboard—बहुभाषिक कुंजी पटल।

Polygraph—बहु आलेखित्र, पोलीग्राफ।

Polygraphic—बहुकर्तृक।

Polytopical—बहुविषयक।

Polytych—बहुविषयी।

POPSI (Postulate based Permuted Subject Indexing)—अभ्युपगम आधारित प्रतिवर्त्तित विषय सूचीकरण।

Popular book—चर्चित ग्रंथ।

Popular edition—लोकप्रिय संस्करण।

Popular journalism—लोकप्रिय पत्रकारिता।

Popular library—लोकप्रिय पुस्तकालय।

Popular writing—लोकप्रिय लेखन।

Pork (Reprint)—पुनर्मुद्रण।

Portfolio—पत्राधान, पोर्टफोलियो, पेटिका।

Portolan—नौचालन संदर्शिका।

Portulan—नौचालन संदर्शिका, नौचालन गाइड बुक।

Positive photograph—पॉजिटिव छायाचित्र, पॉजिटिव फोटोग्राफ।

Positive stock—पॉजिटिव (फिल्म) संग्रह, पॉजिटिव फिल्म स्टॉक।

Posterior—पश्च।

Posteriorising common isolate idea—पश्च स्थापक सामान्य वियोजक।

सामान्य वियोजक, जिसके मुख्य वर्ग के साथ जोड़े जाने से प्राप्त वर्ग उनके पश्चात् आए।

Posthumous work—मरणोत्तर कृति, मरणोत्तर प्रकाशन।

ऐसी रचना या कृति जो लेखक की मृत्यु के पश्चात् पहली बार छपी हो।

Postulate—अभिगृहीत, अभ्युपगम।

Postulate of anteriorising quality—पूर्वतासाधक गुण का अभ्युपगम।

Postulate of concreteness—मूर्तता अभ्युपगम।

पाँच मूल संवर्ग का क्रम ह्रासमान मूर्तता के अनुसार पी.एम.ई.एस.टी. ही होना चाहिए।

Postulate of connecting digit—संयोजक अंक का अभ्युपगम।

वियोजक से पहले संयोजक अंकों का प्रयोग इस प्रकार होना चाहिए—

व्यक्तित्व

पदार्थ;

ऊर्जा या क्रिया :

क्रिया

स्थान

समय।

Postulate of isolate facet—वियोजक मुख का अभ्युपगम।

प्रत्येक विषय में एक या अधिक वियोजक मुख हो सकते हैं और वे सब केवल एक ही मूल संवर्ग को अभिव्यक्त करते हैं।

Postulate of level—स्तर-समूह अभ्युपगम।

एक ही मूल संवर्ग के एक ही आवर्त के विभिन्न स्तरों के मुखों को एक साथ रखना चाहिए।

Postulate of level cluster—स्तर-समूह का अभ्युपगम।

Postulate of rounds for personality and matter—व्यक्तित्व द्रव्य का पुनः-पुनः आवर्त।

एक ही आवर्त में व्यक्तित्व और द्रव्य क्रिया के बाद बार-बार व्यक्त किए जा सकते हैं।

Postulate of sequence—अनुक्रम का अभ्युपगम।

Postulate of space and time isolate—देशकाल वियोजक का अभ्युपगम।

Postulates for fundamental categories—मूल संवर्ग का अभ्युपगम।

व्यक्तित्व, द्रव्य, ऊर्जा, स्थान और

समय नाम की मूलभूत कोटियाँ, जो केवल पाँच ही हैं।

Postulates of a basic facet—मूलमुख का अभ्युपगम।

प्रत्येक विषय में एक मूलमुख होता है।

Postulates of a sequence within a round—आवर्त में अनुक्रम का अभ्युपगम।

वर्गीकरण में किसी आवर्त में वियोजक मुखों का क्रम जो अभ्युपगम अनुक्रम के अनुसार हो।

Postulation—अभ्युपगमन।

Potcher—पोचर।

Pottery (paper) tissue—कुंभकारी कागज।

Pounce—आसंजक चूर्ण।

Pouncing paper—छिद्री कागज।

Prayer—प्रार्थना।

Prayer book—प्रार्थना पुस्तक।

Prayer song—प्रार्थना छंद, स्तुतिगान, स्तुति छंद।

Precis—संक्षेपण।

Preface—प्रस्तावना।

Precise edition—परिशुद्ध संस्करण।

Precis writing—संक्षेपण।

Preliminaries—पूर्वांग, पूर्वांग सामग्री, प्रारंभिक सामग्री, प्रारंभिक तैयारी।

किसी पुस्तक के मूल पाठ से पहले का अंश, जिसमें मुख पृष्ठ, समर्पण, भूमिका, विषय-सूची इत्यादि शामिल होते हैं।

Preliminary—प्रास्ताविक, प्रारंभिक।

Preliminary edition—अग्रिम संस्करण, आरंभिक संस्करण।

किसी रचना या पुस्तक का ऐसा अस्थायी संस्करण जो स्थायी संस्करण से पहले समीक्षा आदि के लिए जारी किया जाता है।

Preliminary leaf—प्रारंभिक पृष्ठ।

पुस्तक के प्रारंभ में लगे ऐसे पन्ने जिनपर पृष्ठ संख्या अंकित नहीं होती और जो एक या दोनों ओर छपे होते हैं। ऐसे पन्ने सामान्यतः पृष्ठ संख्या-युक्त पृष्ठों से पहले लगाए जाते हैं।

Preliminary matter—पूर्वांग।

पुस्तक के मूल पाठ से पहले का अंश, जिसमें मुखपृष्ठ, समर्पण, भूमिका, विषय-सूची इत्यादि शामिल होते हैं।

Prelude—उपोद्घात, प्रस्तावना।

Pre-natal cataloguing—प्रकाशन-पूर्व सूचीकरण।

पुस्तक के प्रकाशन से पहले ही मुद्रित सूची कार्ड बना लेना। अमेरिका में लाइब्रेरी ऑफ कांग्रेस ऐसे कार्ड मुद्रित करती है।

Pre-paratory book—प्रारंभिक पुस्तक, प्रवेशिका बाल पोथी, शिशु बोधिनी।

Pre-press—मुद्रण पूर्व।

Pre-primer—प्राक् प्रवेशिका, शिशु बोधिनी।

Pre-print—पूर्व मुद्रण।

Prescribed book—निर्धारित पुस्तक।

Presentation book—उपहार ग्रंथ।

Presentation book plate—उपहार ग्रंथ पट्ट।

Presentation copy—उपहार प्रति, भेंट प्रति।

Presentation title—उपहार ग्रंथ।

Preservation of books—पुस्तक परिरक्षण।

Preservation of library documents—पुस्तकालय अभिलेख परिरक्षण।

Preservation of library property—पुस्तकालय संपदा परिरक्षण।

Pre Served Context Indexing System—प्रेसी, संरक्षित संदर्भ अनुक्रमणीकरण पद्धति।

1. प्रेसी विषय शीर्षक निकालने की पद्धति है। इस पद्धति में किसी प्रलेख के विशिष्ट विषय का विश्लेषण किया जाता है, जिससे अवधारणात्मक शब्दों (कंसेपचुअल टर्म्स) को एक पंक्तिबद्ध रूप में लाया जा सके।

2. कंप्यूटर प्रोगाम द्वारा पंक्तिबद्ध शब्दों को एक निश्चित प्रतिरूप में पार्श्वबद्ध करना।

Press—समाचार-पत्र व्यवस्थापन, प्रेस।

Press book—प्रेस संदर्भिका, प्रेस बुक।

Press number—प्रेस अंक।

Press point—प्रेस पॉइंट।

Press proof—प्रेस प्रूफ।

Press query—छपाई पूछताछ।

Press release—प्रेस विज्ञप्ति।

Press review—प्रेस समीक्षा।

Pressure plate—दाब प्लेट।

Presumed author—संभावित लेखक।

Price—मूल्य, कीमत।

Primary bibliography—आधारभूत ग्रंथ-सूची।

पुस्तकों की मौलिक, विस्तृत या सामान्य ग्रंथ-सूची, जो विषय-वस्तु की दृष्टि से संबद्ध न हो।

Primary binding—प्रथम जिल्द।

Primary chain—प्राथमिक शृंखला।

Primary edition—प्रथम संस्करण।

Primitive book—आदिम ग्रंथ।

Primitive language—आदिम भाषा।

Primitive reading aids—आदिम अध्ययन सामग्री।

Primitive semantics—आदिम शब्दार्थ विज्ञान।

Princeps (Princeps editio)—आद्य संस्करण, प्रथम संस्करण।

Princeps edition (Editio princeps—आद्य संस्करण, प्रथम संस्करण।

Principle of alphabetical sequence—वर्णानुक्रम नियम।

प्रलेख, पुस्तकादि के स्थल विषयों में वर्गीकरण के पश्चात् विभाजित

विषयों को वर्णक्रम में रखते हुए पुनः विषयानुसार उनका वर्गीकरण।

Principle of away from position—स्थानापसरण नियम।

वर्गीकरण में यदि किसी पंक्ति में वियोजक किसी बिंदु विशेष से प्रारंभ होकर अलग हटें तो उन्हें इस प्रकार व्यवस्थित करना कि उस बिंदु से आरंभ होकर वे अपनी पंक्ति पर स्थित रहें।

Principle of bottom upwards—मूलोर्ध्वता नियम।

वर्गीकरण में यदि किसी पंक्ति के वियोजक उर्ध्वता में हों तो उन्हें उसी क्रम में व्यवस्थित करने का नियम।

Principle of canonical sequence—परंपरित अनुक्रमण नियम।

यदि उल्लिखित सिद्धांतों में से कोई भी सिद्धांत उपयुक्त न हो और पंक्ति में वियोजकों का वर्णन परंपरित अनुक्रम में हो तो वही अनुक्रम अपनाना चाहिए।

Principle of classification—वर्गीकरण के सिद्धांत।

वर्गकारों एवं तार्किकों द्वारा वर्गीकरण के लिए सूत्रबद्ध किए गए नियम।

Principle of clockwise direction—प्रदक्षिण नियम।

यदि वर्गीकरण में वियोजकों का प्रयोग चक्र रूप में होता हो तो उनकी व्यवस्था दक्षिणावर्त दिशा में करनी चाहिए।

Principle of exclusiveness—अनन्यता सिद्धांत।

Principle of geographical order—भौगोलिक क्रम सिद्धांत।

Principle of increasing complexity—वर्धमान सम्मिश्रता नियम।

वर्गीकरण में यदि एक पंक्ति के वियोजक विभिन्न अंशों की सम्मिश्रता प्रदर्शित करें तो उन्हें वर्धमान सम्मिश्रता के क्रम में व्यवस्थित करना सहायक होगा।

Principle of increasing concreteness—वर्धमान मूर्तता नियम।

यदि दो वर्गों में एक वर्ग दूसरे वर्ग से अधिक अमूर्त और कम मूर्त हो तो पहले वर्ग को दूसरे वर्ग से पहले आना चाहिए।

Principle of increasing quantity—वर्धमान मात्रा नियम।

यदि वर्गीकरण में प्रयुक्त लक्षण राशि का मान दें तो वियोजकों का क्रम आरोही होना चाहिए।

Principle of inversion—प्रतीपन-नियम।

मूल वर्ग के मुख सूत्र के मुखों का क्रम प्रत्येक आवर्त में मूर्तता के ह्रासमान् क्रम में होना चाहिए।

Principle of later in evolution—विकास अवरता नियम।

यदि वर्गीकरण में वियोजक विकास की विभिन्न अवस्था में है तो वियोजकों का क्रम उनके विकासक्रमानुसार होना चाहिए।

Principle of later in time—काल-अवरता नियम।

वर्गीकरण में यदि वियोजकों की उत्पत्ति विभिन्न नियमों पर हुई हो तो उनकी व्यवस्था उनके उत्पत्ति काल के अनुसार होनी चाहिए।

Principle of left to right—प्रदक्षिणता नियम।

Principle of spatial contiguity—दैशिक सामीप्य नियम।

यदि वर्गीकरण में, पंक्ति में वियोजक स्थान के विचार से समीपस्थ हों तो उनकी व्यवस्था स्थान सामीप्य-क्रम में होनी चाहिए।

Print—1. मुद्रण, छपाई; 2. प्रति, फिल्म प्रति, प्रिंट; 3. प्रिंट करना, प्रति बनाना।

Print collection—प्रति संग्रह, प्रिंट संग्रह।

Printed but not published—मुद्रित किंतु अप्रकाशित।

Printed edge—मुद्रित कोर।

Printed matter—मुद्रित सामग्री।

Printed source—मुद्रित स्रोत।

Printer—मुद्रक।

Printer (C.S.)—प्रिंटर।

कंप्यूटर डिस्क से प्रिंट करनेवाला प्रिंटर।

Printer-publisher—मुद्रक-प्रकाशक।

Printer's device—मुद्रक चिह्न।

Printer's devis—मुद्रक दोष।

Printer's error—मुद्रण त्रुटि।

Printer's fault—मुद्रण दोष।

Printer's flower—मुद्रण पुष्प।

Printer's ink—मुद्रण स्याही।

Printer's mark—मुद्रण चिह्न।

Printer's ornament—मुद्रणालंकरण।

Printer's pie—सम्मिश्रित मुद्रण।

Printer's reader—मुद्रक का प्रूफ शोधक।

Printer's ream—मुद्रक रिम।

Printer's slip—मुद्रक परची।

Printer's trade mark—मुद्रक चिह्न।

Printer's work unit—मुद्रक कार्य एकक मुद्रणालय।

Printery—मुद्रणालय।

Print film—मुद्रण फिल्म।

Print format—मुद्रण प्रारूप।

प्राय: प्रोग्राम विशिष्टीकरण के एक भाग की बजाय सूचना का इस प्रकार वर्णन कि वह मुद्रण में मुद्रित हो सके।

Printing—मुद्रण।

Printing works—छपाई घर, मुद्रणालय, प्रेस।

Print roller—प्रिंट रोलर, प्रिंट बेलन।

Print script—मुद्रण लिपि।

Priority indicator—प्राथमिकता सूचक।

किसी सूचना/दत्त के संचरण या प्रोग्राम के निष्पादन के लिए प्राथमिकताओं को बतानेवाला संप्रतीक समूह।

Prisoner's reading room—बंदी अध्ययन कक्ष।

Prison library—जेल पुस्तकालय, जेल ग्रंथालय।

Private association—गैर-सरकारी संस्था।

Private collection—निजी संग्रह, निजी पुस्तक संग्रह।

Private document—निजी दस्तावेज।

Private era—गुह्य युग।

किसी विषय, व्यक्ति या संस्था की उत्पत्ति की काल गणना करने का समय।

Private gallery—निजी गैलरी, निजी दीर्घा।

Private library—निजी पुस्तकालय, निजी ग्रंथालय।

Privately illustrated—अतिरिक्त चित्रित।

Private mark—निजी चिह्न।

Private press—निजी प्रेस।

Private record—निजी अभिलेख।

Private time—काल, गुह्य काल, निजी काल।

ऐसा समय जिसकी गणना किसी विषय की उत्पत्ति से की जाए।

Private unit of time—गुह्य कालमात्रक।

किसी विषय के अनुरूप समय मात्रक।

Private work—निजी रचना।

Privilege issue—विशिष्ट निर्गमन।

Prize essay—पारितोषिक निबंध।

Prize novel—पारितोषिक उपन्यास।

Prize poem—पारितोषिक काव्य।

Procedure handbook—कार्यविधि पुस्तिका।

Procedure manual—नियम मैन्युअल, कार्यविधि नियमावली।

Process colour print—प्रक्रियात्मक रंगीन मुद्रण।

Processing—प्रक्रमण।

Processing department—प्रक्रमण विभाग, तकनीकी प्रक्रिया विभाग।

पुस्तकालय का वह विभाग जिसपर पुस्तकों के वर्गीकरण, सूचीकरण इत्यादि का उत्तरदायित्व हो। इसी विभाग में पुस्तकें शेल्फ तक पहुँचाने के लिए तैयार की जाती हैं।

Processing section (Processing laboratory and processing station)—प्रक्रमण अनुभाग।

Processing unit—प्रक्रमण एकक।

Process of books—पुस्तक प्रक्रम।

Process of reports—रिपोर्ट-प्रक्रम।

Professional—व्यावसायिक, पेशेवर, वृत्तिक।

Professional article—व्यावसायिक लेख।

Professional cadre—वृत्तिक संवर्ग।

Professional certificate—वृत्तिक प्रमाण-पत्र।

Professional course—वृत्तिक पाठ्यक्रम।

Professional ethics—व्यावसायिक नैतिकता।

Professionalization— व्यवसायीकरण, वृत्तीकरण।

Professional librarian—व्यवसायी ग्रंथालयी, व्यवसायी पुस्तकालयाध्यक्ष।

Professor of library science— पुस्तकालय विज्ञान का आचार्य।

Programme—प्रोग्राम।

कंप्यूटर को स्वीकार्य अनुदेशों या विवरणों की शृंखला, जो वांछित परिणामों की प्राप्ति के लिए तैयार की जाती है।

Programme compatibility— प्रोग्राम संगतता।

एक अभिकलित्र प्रणाली के लिए तैयार वह प्रोग्राम जो बिना संशोधनों के दूसरी अभिकलित्र प्रणाली पर चल सकता हो।

Programme compilation—प्रोग्राम रूपांतरण।

स्रोत भाषा में लिखे गए प्रोग्रामों को यंत्र भाषा में रूपांतरित करना।

Programme control—प्रोग्राम नियंत्रण।

प्रोग्राम द्वारा संयोजित युक्ति का नियंत्रण।

Programme controller—प्रोग्राम नियंत्रक।

केंद्रीय संसाधित्र का वह एकक जो आदेशों को संक्रियात्मक क्रम में निष्पादित करता है।

Programme control unit—प्रोग्राम नियंत्रक एकक (देखिए Programme controller)।

Programme documentation— प्रोग्रामक प्रलेखन।

वह प्रलेखन जिसमें प्रोग्राम से संबद्ध विवरण इत्यादि होते हैं।

Programme language—प्रोग्राम भाषा (देखिए Programming language)।

Programme library—प्रोग्राम संग्रह।

प्रोग्रामों का वह संग्रह जो सामान्यत: प्रयोग में आता है।

Programme specification— प्रोग्राम विनिर्देश।

प्रोग्राम को समझने अथवा प्रयोग में लाने के लिए विशिष्ट विवरण।

Programme testing—प्रोग्राम परीक्षण।

प्रोग्राम में त्रुटियों की जाँच के लिए अभिकलित्र पर प्रोग्राम को चलाना।

Programming—प्रक्रमन, प्रोग्रामन।

प्रोग्राम बनाने की प्रक्रिया।

Programming heuristic—प्रोग्रामन स्वानुभाविक।

वह प्रोग्राम जो सीधे एल्गोरिथ्मी प्रक्रिया से नहीं बल्कि प्रयत्न-त्रुटि की विधि से समस्या का समाधान करता है।

Programming language— प्रोग्रामन भाषा।

कंप्यूटर प्रोग्रामों को तैयार करने के लिए प्रयुक्त कोई विशिष्ट भाषा।

Programming modification—

प्रोग्राम संशोधन।

प्रोग्राम की त्रुटि-सुधार प्रक्रिया।

Progress chart—प्रगति चार्ट।

Progress report—प्रगति विवरण।

Prohibited—निषिद्ध, प्रतिबंधित।

Prohibited article—निषिद्ध लेख, आपत्तिजनक लेख।

Prohibited book—निषिद्ध पुस्तक, प्रतिबंधित पुस्तक।

ऐसा प्रकाशन जो सरकार, संस्था या धार्मिक संगठन द्वारा उसके विषय या लेखक की गतिविधियों के कारण निषिद्ध कर दिया गया हो।

Prohibited paper—निषिद्ध समाचार-पत्र, प्रतिबंधित समाचार-पत्र।

Prohibited issue—निषिद्ध अंक, प्रतिबंधित अंक।

Prohibited journal—निषिद्ध पत्रिका, प्रतिबंधित पत्रिका।

Prohibited magazine—निषिद्ध पत्रिका, प्रतिबंधित पत्रिका।

Projection—प्रक्षेपण, प्रक्षेप।

Projection bulb—प्रक्षेपन बल्ब।

Projection head—प्रक्षेपित्र शीर्ष।

Projection lens—प्रक्षेपक लेंस।

Projection print—प्रक्षेप प्रिंट।

Projection printing—प्रक्षेप मुद्रण।

Projection quality—प्रक्षेप लक्षण।

Projection ratio—प्रक्षेप अनुपात।

Projector (film)—प्रक्षेपित्र (फिल्म)।

Proof—प्रूफ।

Proof correction—प्रूफ शोधन।

Proof reader mark—प्रूफ शोधक चिह्न।

Proof reading—प्रूफ शोधन।

Propaganda literature—प्रचार साहित्य।

Proper channel—उचित माध्यम।

Proprietary library—स्वाम्य पुस्तकालय।

Protection of copyright—कॉपीराइट संरक्षण।

Provisional edition—अनंतिम संस्करण।

Psalm book—स्तोत्र संहिता, स्तोत्र ग्रंथ।

Psalmist—स्तोत्रकार।

Pseudandry—छद्म नाम प्रयोग।

Pseudepigraph—छद्म लेख, जाली लेख, क्षेपक, प्रक्षिप्त रचना।

Pseudogyny—छद्म-स्त्री नाम प्रयोग।

Pseudo literature—छद्म-साहित्य, मिथ्या साहित्य।

Pseudonym—छद्म नाम।

लेखक द्वारा अपना परिचय गोपनीय रखने के लिए प्रयुक्त किया गया कल्पित नाम।

Pseudo weeding—विभागांतरीकरण, स्थलांतरीकरण।

पुस्तकालय संकलन का अंतर विभागीय स्थानांतरण, एक स्थल से दूसरे स्थल पर संयोजन।

Psychological literature—मनोवैज्ञानिक साहित्य।

Publication—प्रकाशन।

Publication branch—प्रकाशन शाखा।

Publication date—प्रकाशन तारीख, प्रकाशन दिनांक (देखिए Date of publication)।

Publication discontinued—बंद प्रकाशन।

Publication Division—प्रकाशन विभाग।

Publication Division Library—प्रकाशन विभाग पुस्तकालय।

Publication exchange unit—प्रकाशन विनिमय एकक।

Publication unit—प्रकाशन एकक।

Public catalogue—सार्वजनिक सूची।
ऐसी पुस्तक सूची जो सीमित आधिकारिक उपयोग के लिए न होकर सर्वसाधारण के उपयोग के लिए हो।

Public document—सरकारी प्रलेख।
ऐसे सरकारी प्रलेख जिनमें रिपोर्ट और आँकड़े आदि दिए गए हों।

Publicity work—प्रचार कार्य, विज्ञापन ग्रंथ, प्रकाशन कार्य।

Public libraries act—सार्वजनिक पुस्तकालय अधिनियम।

Public library—सार्वजनिक पुस्तकालय।

Public relation—जनसंपर्क, लोकसंपर्क।

Publish—प्रकाशित करना।

Published book—प्रकाशित कृति, प्रकाशित पुस्तक।

Published price—प्रकाशित मूल्य।

Publisher—प्रकाशक।

Publisher association—प्रकाशक संघ।

Publisher catalogue—प्रकाशक सूची।

Publisher conference—प्रकाशक सम्मेलन।

Publisher's dummy—प्रकाशकीय डमी।

Publisher's imprint—प्रकाशकीय छप्प चिह्न, प्रकाशक विवरण।

Publishers journal—प्रकाशक-पत्रिका।

Publisher's library—प्रकाशकीय पुस्तकालय।

Publisher's mark—प्रकाशक चिह्न।

Publisher's note—प्रकाशकीय टिप्पण, प्रकाशकीय।

Publisher's presentation copy—प्रकाशकीय उपहार प्रति।

Publishing centre—प्रकाशन केंद्र।

Publishing house—प्रकाशन गृह।

Pulp—लुगदी।

Pulp board—लुगदी गत्ता।

Pulp magazine—घटिया पत्रिका, सस्ती पत्रिका।

Punch—बेधन, पंचित्र।

Punch card—पंच कार्ड, छिद्रित कार्ड।

Punch card charging—पंचकार्ड निर्गमन।

Punch card system—छिद्रित कार्ड पद्धति।

Punched card (C.S.)—छिद्रित कार्ड।

क्रमानुसार छिद्रित वह कार्ड जिससे सूचना का निरूपण होता है।

Punched card interpreter—छिद्रित कार्ड निर्वचित्र।

1. वह मशीन जो छिद्रित कार्ड में छिद्रित छिद्रों का अर्थ बताए और उसके अनुकूल संख्यात्मक एवं अक्षरात्मक अभिलक्षणों को उसी कार्ड पर या अनुवर्ती कार्ड पर मुद्रित करे।

2. वह युक्ति जिसका प्रयोग कार्ड पर छिद्रित सूचना को पढ़ने और तत्संगत संप्रतीकों को उसपर छापने के लिए होता है।

Punched card tabulator—छिद्रित कार्ड सारणी यंत्र।

वह मशीन जो दत्त या सूचनावाले सूचीबद्ध छिद्रित कार्डों का सीधे स्वत: पठन करे और उस सूचना को मुद्रित रूप में प्रस्तुत करे।

Punched card verifier—छिद्रित कार्ड सत्यापित्र।

वह मशीन जो यह निश्चित करे कि छिद्रित कार्ड में दी गई सूचना वही है जो उस मूल प्रलेख में थी जिससे वह सूचना ली गई है।

Punched tape—छिद्रित टेप।

कागज का ऐसा टेप जिसमें छिद्रों के रूप में दत्त या सूचना को संगृहीत किया गया हो।

Punching—बेधन, पंचिंग।

Punching machine—पंचित्र, बेधनी, पंचिंग मशीन।

Purchase order—क्रयादेश।

Purchase price—क्रयमूल्य।

Purchase requisition—क्रय माँग-पत्र।

Purchase section—क्रय-अनुभाग।

Purchase unit—क्रय-एकक।

Purchase wing—क्रय-विभाग।

Pure notation—शुद्धांकन।

ऐसी संकेत-पद्धति जिसमें वर्गीकरण पद्धति के प्रभागों को प्रकट करने के लिए केवल एक ही प्रकार के संकेत चिह्नों का प्रयोग किया जाता है।

□

Q

Quadrangle—चतुष्कोण।

Quadrant—चतुर्थांश।

Quadrille—ग्राफ पेपर।

Qualified heading—विशिष्ट शीर्षक।

Qualified librarian—योग्य पुस्तकालयाध्यक्ष।

Qualified library staff—अर्हता प्राप्त पुस्तकालय कर्मचारी वर्ग।

Quality binding—उच्च श्रेणी जिल्द।

Quality printing—उच्च कोटि की छपाई, उत्तम मुद्रण।

Quality publication—उत्तम प्रकाशन।

Quarterly journal—त्रैमासिक पत्रिका।

Quarterly report—त्रैमासिक रिपोर्ट।

Quarterly statistics—त्रैमासिक संख्यांकन।

Quarto—चौपेजी।

Quarto edition—चौपेजी संस्करण।

Quarto paper—चौपेजी कागज।

Quarto shelling—चौपेजी ग्रंथ निधानी।

Quasi-class—वर्ग तुल्यांक।

कोई भी कृति—धर्मग्रंथ, प्राचीन ग्रंथ, साहित्यिक कृति, पत्रिका या ग्रंथ-संदर्भ सूची, जो ज्ञान लोक की वर्गीकरण व्यवस्था में एक वर्ग की तरह जानी जाए।

Quasi-digit—एकांक तुल्य।

समान अंकों का एकक।

Query—प्रश्न, प्रश्न-चिह्न।

Quick supply (Quick delivery)—शीघ्र आपूर्ति।

Quin quennial—पंचवार्षिक।

Quinternion—पंचपरती।

Quoin key—कोनिया चाबी।

Quorum—कोरम, गणपूर्ति।

Quotable—उदाहरणीय, उद्धरण योग्य।

Quotation—उद्धरण।

Quotation book—उद्धरण पुस्तक।

Quotation box—निवेदित भाव बक्से।

Quotation mark—उद्धरण-चिह्न।

Quotes—उद्धरण-चिह्न।

□

R

Rack—रैक।

Rack adjustment—रैक सही करना।

Radial stack—विकेंद्रित भांडार।

Radiating stacks—विकेंद्रित भांडार।

Radio adaptation—रेडियो रूपांतर।

Radio documentary—रेडियो वृत्तरूपक।

Radio feature—रेडियो फीचर।

Radio listener group—रेडियो आश्रवण समूह।

Radio news—रेडियो समाचार।

Radio photo—रेडियो फोटो।

Radio programme—रेडियो प्रोग्राम।

Radio script—रेडियो लेख।

Rag content paper—गूदड़ कागज।

Rag paper—रैग पेपर, गूदड़ कागज।

Raised bands—उत्थित पट्टियाँ।

Raised book—उत्थित अक्षर पुस्तक।

Ramie—चीन की घास, रेमी।

Random access storage—यादृच्छिक अभिगम संचय।

संचयन की ऐसी युक्ति जिसमें सूचना की प्राप्ति अवधि को अचर रखते हुए संचयन में उसकी स्थिति पर निर्भर नहीं करती।

Range guide—निधानी संदर्शिका।

Range number—निधानी संख्या।

Ranking—श्रेणी, श्रेणीकरण।

Rapport—सामंजस्य, सौहार्द।

Rapporteur—संवक्ता।

Rare book—दुर्लभ ग्रंथ, दुष्प्राप्य पुस्तक।

Rare book call slip—दुष्प्राप्य पुस्तक प्रार्थना परची।

Rare book catalogue—दुष्प्राप्य ग्रंथ-सूची।

Rare book collection—दुष्प्राप्य ग्रंथ संकलन।

Rare book preservation—दुष्प्राप्य ग्रंथ परिरक्षण।

Rare book room—दुष्प्राप्य ग्रंथ कक्ष।

Rate list—दर-सूची।

Rates of reduction—छूट दरें।

Raw film—कच्ची फिल्म।

Raw paper—कच्चा कागज।

Raw stock—कच्ची फिल्मों का स्टॉक।

Readable book—सुवाच्य पुस्तक, पठनीय ग्रंथ।

Readable journal—पठनीय पत्रिका।

Readable matter—सुवाच्य विषय।

Readable type—सुपाठ्य टाइप।

Reader—पाठक।

Reader card—रीडर कार्ड, अध्येता पत्रक।

Reader habit—पाठक अभिरुचि।

Reader habit survey—पाठक अभिरुचि सर्वे।

Reader interest—पाठक रुझान, पाठक रुचि।

Reader's advisor—अध्येता सलाहकार।

Reader's advisory service—अध्येता सलाहकार सेवा।

ऐसी पुस्तकालय सेवा जो संदर्भ विभाग द्वारा पाठकों को अपनी समस्याएँ सुलझाने के लिए दी जाती है। पुस्तकालयाध्यक्ष इस कार्य पूर्ति के लिए चुने प्रलेखों की सूची बनाता है तथा पाठकों को पुस्तकालय एवं उसमें उपलब्ध सामग्री के बारे में जानकारी देता है।

Reader's guide—पाठक मार्गदर्शक।

Reader's proof—प्रारंभिक प्रूफ।

Reader's survey—अध्येता सर्वे।

Reader's ticket—पाठक प्रवेश-पत्र।

Reading—पाठन/वाचन।

Reading aids—पाठन/वाचन सामग्री।

Reading case—पत्रिका केस, पाठ मंजूषा।

Reading circle—पाठक मंडल।

Reading clientele—पाठक वर्ग, पाठक जन।

Reading club—पठन क्लब।

Reading consultant—पठन परामर्शी, पाठक परामर्शदाता।

Reading course—पाठ्यक्रम।

Reading edition—पाठ्य संस्करण।

Reading guidance—पठन निर्देशन।

Reading habit—पठन अभ्यस्तता।

Reading habit survey—पठन अभ्यस्तता सर्वेक्षण।

Reading hour—पठन काल।

Reading list—पठन-सूची।

Reading machine—पठन यंत्र।

Reading material—पाठ्य सामग्री, पठन सामग्री।

Reading public—पाठक गण।

Reading room—अध्ययन कक्ष।

Reading room attendant—अध्ययन कक्ष परिचारक, वाचनालय सेवक।

Reading room guide—वाचनालय गाइड।

Reading table—अध्ययन मेज, पठन मेज।

Real time computer—तात्क्षणिक

अभिकलित्र।

ऐसा अभिकलित्र जो तात्क्षणिक अभिक्रिया करता हो तथा तात्क्षणिक प्रक्रमण सुविधाओं से संयोजित हो।

Ream—रिम।

Rear projection—पश्च प्रक्षेपण।

Rear projection screen—पश्च प्रक्षेप पट्टिका (स्क्रीन)।

Reback—पुन: पृष्ठ योजन।

Rebate—छूट, कटौती।

Rebinding—पुनर्जिल्दीकरण, दुबारा जिल्द बाँधना।

Rebus—चित्र पहेली।

Rebus writing—चित्रलिपि।

Recall—मँगाना, प्रत्याह, वाहन।

किसी अन्य पाठक द्वारा माँग करने पर गृहीता को पुस्तक वापस करने के लिए प्रार्थना करना।

Recasing—पुन: आवरण लगाना।

Recataloguing—पुन: सूचीकरण।

Receipt clerk—प्रतिलिपिक।

Receipts and issue—प्राप्तियाँ और निर्गम।

Receiving desk—प्राप्ति कक्ष।

Reciprocal basics—पारस्परिक आधार।

Reclassification—पुन: वर्गीकरण।

Recommender—संस्तुतिकर्ता।

Recommending board—संस्तुति मंडल।

Recommending committee—संस्तुति समिति।

Reconstructed binding—पुनर्नवीकृत जिल्द।

Record—अभिलेख, वृत्त, रिकॉर्ड।

Record and reference—अभिलेख तथा संदर्भ।

Record and reference division—अभिलेख तथा संदर्भ विभाग।

Record book—वृत्त पुस्तक, अभिलेख ग्रंथ।

Record desk—अभिलेख डेस्क, प्रभिलेख सूचना डेस्क।

Record group—अभिलेख वर्ग, रिकॉर्ड समूह।

Record holding—रिकॉर्ड आधारित सामग्री, अभिलेखधारित सामग्री।

Recording density (C.S.)—अभिलेखन घनत्व।

किसी भी माध्यम में प्रति इकाई लंबाई पर बिट्स की संख्या।

Record management—अभिलेख प्रबंध।

Record office—रिकॉर्ड कार्यालय, अभिलेख कार्यालय।

Record preservation—रिकॉर्ड परिरक्षण, अभिलेख परिरक्षण।

Record room—अभिलेख कक्ष।

Recovering—पुनरावेष्टन।

Recreational reading—मनोविनोदार्थ वाचन।

Recto—दाहिना पृष्ठ।

Red printing—लाल छपाई।

Reduced photo—अल्पीकृत फोटो।

Reduced small size—बहुत छोटा आकार।

Reduced type—विह्रासित टाइप।

Reduction—ह्रासीकरण, लघुकरण।

Reduction photography—अल्पीकृत फोटोग्राफी।

Reduction print—घटाई गई प्रति।

Reduction ratio—लघुकरण अनुपात, तनूकरण अनुपात।

मूल सामग्री के आकार से फोटोग्राफिक प्रतिलिपि का अनुपात।

Reel—चरखी, रील।

Reel gauge—रील गॉज, चरखी गॉज।

Reeling end—चरखी छोर।

Reeling printing—चरखी मुद्रण।

Re-enforced paper—प्रवलित कागज।

Re-entry—पुन:प्रविष्टि।

Re-examination—पुन:परीक्षण, दुबारा जाँच-पड़ताल।

Refer—उल्लेख करना, हवाला देना।

Reference—संदर्भ, प्रसंग, संबंध-निर्देश।

Reference aids—संदर्भ सहायक।

Reference assistance—संदर्भ सहायता।

Reference associate—संदर्भ परामर्शी।

Reference book—संदर्भ पुस्तक।

ऐसा ग्रंथ जिसकी अंतर्वस्तु सूचनात्मक हो, आद्योपांत अध्ययनात्मक नहीं। साधारणतया इसे पुस्तकालय में उपयोग के लिए रखा जाता है।

Reference bureau—संदर्भ ब्यूरो, संदर्भ कार्यालय।

Reference card—संदर्भ पत्रक।

Reference collection—संदर्भ प्रलेख संग्रह।

पुस्तकालय में प्राप्त प्रलेख, पुस्तकादि, जो केवल संदर्भ के लिए हो और पाठकों की सुविधा के लिए एक स्थान पर एकत्र रखी गई हो।

Reference department—संदर्भ विभाग।

पुस्तकालय का वह विभाग जिसमें उपलब्ध पुस्तकों का प्रयोग वहाँ ही किया जाता हो तथा उन पुस्तकों को उस विभाग से बाहर ले जाने की अनुमति न हो।

Reference division—संदर्भ प्रभाग।

Reference librarian—संदर्भ पुस्तकाध्यक्ष।

पुस्तकालय संदर्भ विभाग व प्रभारी अध्यक्ष।

Reference library—संदर्भ पुस्तकालय।

ऐसा ग्रंथालय जहाँ प्राथमिक रूप से सामान्य या विशिष्ट अथवा संदर्भ ग्रंथ का ऐसा संकलन हो जो साधारणतया पाठकों को निर्गत नहीं किया जाता।

Reference list—संदर्भ सूची, अतुलय सूची।

Reference mark—संदर्भ चिह्न, निर्देशन चिह्न।

Reference marker—संदर्भ सूचक, निर्देश सूचक।

Reference material—संदर्भ सामग्री।

Reference media—संदर्भ माध्यम।

Reference officer—संदर्भ अधिकारी।

Reference only—मात्र संदर्भ हेतु।

Reference quality—संदर्भ गुण।

Reference reading list—संदर्भ सूची।

Reference room—संदर्भ कक्ष।

Reference section—संदर्भ अनुभाग।

Reference service—संदर्भ सेवा, अनुलय सेवा।

Reference sources—संदर्भ स्रोत।

Reference works—संदर्भ ग्रंथ, संदर्भ साहित्य।

Referring of document—प्रकाशन/दस्तावेज का निर्देशन।

Reflectography—परावर्त्त लेखन।

Reflex copying (reflection copying/contact printing)—परावर्त्त लेखन, संपर्क मुद्रण।

Refund—धन वापसी।

Registrar General of Newspapers (library)—महापंजीयक समाचार-पत्र (पुस्तकालय)।

Registration of membership—सदस्यता पंजीकरण।

Registry—पंजीकरण।

Reglect—पटरी।

Regular binding—सुव्यवस्थित जिल्दबंदी।

Regular reader—नियमित पाठक।

Regular supply—अबाधित पूर्ति, नियमित पूर्ति।

Regulation—विनियमन।

Regulation handbook—विनियमन हस्तपुस्तिका, विनियमन हैंडबुक।

Reimposition—पुनः पृष्ठ योजन।

Reinforced binding—पक्की जिल्द।

मजबूत जिल्दबंदी के लिए प्रयुक्त शब्द।

Reissue—पुनः निर्गमन, पुनः जारी करना।

Reissued publication—पुनः प्रकाशित प्रकाशन।

Rejected book—अस्वीकृत पुस्तक।

Rejected publication—अस्वीकृत प्रकाशन।

Rejected works—अस्वीकृत ग्रंथ।

Rejects—रद्द प्रतियाँ।

Relative cataloguing—सापेक्ष सूचीकरण।

Relative classification—सापेक्ष वर्गीकरण।

Relative index—सापेक्षिक अनुक्रमणिका।

वर्गीकरण-पद्धति की ऐसी अनुक्रमणिका जो प्रत्येक विषय के आपसी संबंध तथा सब कलाओं को दरशाता हो।

Relative relief map—सापेक्ष उद्भृत

मानचित्र।

Release date—विमोचन तिथि।

Release of publication—ग्रंथ विमोचन।

Relief map—उभरा मानचित्र, उद्भृत मानचित्र।

Relief printing—उद्भृत मुद्रण।

Remarque proof—रिमार्क प्रूफ।

Remedial reading—उपचारार्थ पठन।

Reminder—स्मरण-पत्र, पुस्तक वापसी-पत्र।

Reminder record—पुस्तक वापसी संलेख।

Reminder register—स्मरण पंजिका।

Reminder slip—स्मरण परची, याद परची।

Remodelled—पुन: सज्जित।

Remote console—दूर कंसोल।

किसी दूरस्थ अभिकलन प्रणाली में प्रयुक्त ऐसा टर्मिनल यूनिट जिसमें केंद्रीय संसाधित्र से सूचना लेने या उसको सूचना देने के लिए सुविधाएँ उपलब्ध हों।

Remote control—दूरस्थ नियंत्रण।

Remote processing—दूर प्रक्रमण।

दूरस्थ स्टेशनों के लिए अभिकलित्र द्वारा किया गया काम।

Remote testing—दूर परीक्षण।

ऐसी विधि जो प्रोग्रामों के परीक्षण अथवा दोषमार्जन के लिए किसी कंप्यूटर प्रणाली द्वारा किए जा रहे काम का निर्देश करे और उसके प्रवाह की गति को नियंत्रित करे।

Removal slip—निष्कासन परची।

Removed from circulation—परिचालन से निष्कासित।

Renaissance—पुनर्जागरण/रेनेसाँ।

Renaissance literature—पुनर्जागरण कालीन साहित्य।

Renewal—नवीयन, नवीकरण।

Renewal of book—पुस्तक नवीकरण।

Renewal of copyright—कॉपीराइट का नवीकरण।

Renewal of membership—सदस्यता नवीयन।

Renewal of periodical publication—आवधिक प्रकाशन नवीकरण।

Renewal record—नवीकरण अभिलेख, नवीयन संलेख।

Renewal slip—नवीकरण परची।

ऐसी परची जिसपर पुस्तक के नवीकरण के लिए आवश्यक विवरण लिखा गया हो।

Renovation of library—ग्रंथालय नवीकरण।

Renovation of records—अभिलेख नवीकरण।

Rental book—किराए की पुस्तक, किराया ग्रंथ।

Rental card—सदस्यता पत्रक, सदस्यता कार्ड।

Rental fee—किराया, शुल्क, चंदा।

Rental library—शुल्क ग्रंथागार, किराए पर पुस्तक देनेवाला ग्रंथालय।

Rental publication—किराए का प्रकाशन, किराया प्रकाशन।

Repair—सुधार।

Repair of books—पुस्तक सुधार।

Repair of maps—मानचित्र सुधार।

Repair of publications—प्रकाशन सुधार।

Repeal (of acts)—निरसन।

Repertory—संग्रह।

Repertory catalogue—संग्राही ग्रंथ-सूची, संग्रह-सूची।

Repetition instruction (C.S.)—पुनरावृत्ति अनुदेश।

ऐसा अनुदेश जो एक या एक से अधिक अनुदेशों को प्रेरित कर सके ताकि उन्हें दोहराया जा सके।

Rephotograph (Retake)—पुन: फोटो लेना।

Replacement (of book/document)—प्रतिस्थापन, बदले की प्रति।

Replate—पुनश्च, पुनश्च लेख।

Replica—प्रतिकृति।

Reply coupon—जवाबी कूपन।

Reply letter—जवाबी पत्र।

Report—प्रतिवेदन, रिपोर्ट, रपट।

Report catalogue—रिपोर्ट-सूची, प्रतिवेदन-सूची।

Report classification—प्रतिवेदन वर्गीकरण।

Reporter—प्रतिवेदक, रिपोर्टर।

Reporting authority—रिपोर्ट प्राधिकारी।

Reporting committee—प्रतिवेदन समिति।

Report programme (C.S.)—रिपोर्ट प्रोग्राम।

ऐसा प्रोग्राम जो दत्त फाइल का विश्लेषण मुद्रित करने के लिए अभिकल्पित हो।

Report writing—प्रतिवेदन लेखन, विवरण लेखन।

Repository—संग्रह।

Repository collection—निपेक्ष संग्रह (देखिए 'Depository collection)।

Repository library—निपेक्ष पुस्तकालय, निपेक्ष ग्रंथालय।

Representative—प्रतिनिधि।

Representative collection—प्रतिनिधि संकलन।

Representative works—प्रतिनिधि ग्रंथ।

Reprint—पुनर्मुद्रण (देखिए Depository library)।

पुस्तकों का पुन: मुद्रण जिसमें मूल विचारांश इत्यादि में कोई अंतर न हो।

Reprinted article—पुनर्मुद्रित लेख।

Reprinted book—पुनर्मुद्रित ग्रंथ, पुनर्मुद्रित पुस्तक।

Reprinted edition—सस्ता संस्करण, पुन:प्रकाशन।

Reprinting—पुनर्मुद्रण।

Reproduction—प्रतिलिपि, प्रतिकृति, पुन:प्रस्तुतीकरण।

Republished book—पुन:प्रकाशित पुस्तक।

Republished serial publication—पुन:प्रकाशित ग्रंथमाला।

Request form—निवेदन फॉर्म।

Requirement—आवश्यकता।

Requisite—अपेक्षित, आवश्यक।

Requisition—माँग, अधिग्रहण।

Requisition form—माँग पत्रक, माँग फॉर्म।

Requisition slip—माँग परची।

Re-registration—पुन: पंजीकरण।

Rescript—पुनर्लेख।

Research—अनुसंधान, शोध, गवेषणा।

Research article—शोध लेख।

Research book—शोध ग्रंथ, अनुसंधान पुस्तक।

Research bureau—शोध केंद्र, अनुसंधान केंद्र।

Research carrel—शोध कक्ष, अनुसंधान कक्ष।

Research centre—शोध केंद्र।

Researcher—अनुसंधानकर्ता, शोध-कर्ता, शोधार्थी।

Research fellowship—अनुसंधान शिक्षावृत्ति, शोध शिक्षावृत्ति, शोध फेलोशिप।

Research Libraries Information Network (RLIN)—शोध पुस्तकालय सूचना-पत्र।

सूचना तंत्र और सूचीकरण डेटा प्रणाली को विकसित करने के लिए सन् 1978 में स्टेन फोर्ड विश्वविद्यालय के बेलेट्स (BALLOTS) को अपनाया गया, जिसके प्रारंभ में चार शोध संस्थान सदस्य थे, जिनकी संख्या बढ़कर एक सौ पचास हो गई है।

Research library—अनुसंधान पुस्तकालय।

ऐसा पुस्तकालय जिसमें विशिष्ट विषयों पर अनुसंधान के लिए प्रलेख प्राप्त हो सकें।

Research monograph—शोध विनिबंध, शोध मोनोग्राफ।

Research report—अनुसंधान रिपोर्ट, शोध रपट।

Research scholar—शोध छात्र।

Research student—शोध विद्यार्थी, अनुसंधान छात्र।

Research ticket—शोध टिकट, अनुसंधान पत्रक।

शोधकर्ता को पुस्तकालय द्वारा प्रदत्त अनुमति पत्रक।

Reservation card—आरक्षण कार्ड।

Reservation slip—आरक्षण परची।

पुस्तकालय से निर्गत पुस्तक के लौटने पर या शेल्फ पर उपलब्ध होने पर उसे किसी विशेष सदस्य के लिए उपलब्ध किए जाने के निमित्त दिया जानेवाला आवेदन-पत्र।

Reserve—आरक्षित, संरक्षित।

Reserve card—आरक्षण कार्ड।

पुस्तकालय में प्रकाशन आरक्षित कराने का कार्ड।

Reserve collection—आरक्षित संग्रह।

ऐसा आरक्षित संग्रह जहाँ से सामान्य पाठकों को पुस्तकें निर्गत न की जाती हों।

Reserved book (Assigned book)—आरक्षित पुस्तक।

Reserved book department—आरक्षित पुस्तक विभाग।

Reserved book shelf—आरक्षित पुस्तक निधानी।

Reserved book tray—आरक्षित पुस्तक ट्रे।

Reserved collection—आरक्षित संग्रह।

Reserve price—आरक्षित मूल्य, निर्धारित कीमत, नियत मूल्य।

Reservoir library (Deposit library)—निक्षेप ग्रंथालय।

Reset—पुनः कंपोज करना।

Reset edition—पुनः कंपोज किया गया संस्करण।

Residence hall library—आवासीय पुस्तकालय।

Residual hypo—अवशिष्ट हाइपो।

Resin—रेसिन, राल।

Resin board—रालयुक्त गत्ता।

Resolution—विभेदन।

Resolving-power—खंडन क्षमता।

Resources—संसाधन।

Resource sharing—संसाधन सहभागिता।

पुस्तकालय सहयोग की अवधारणा का मुख्य उद्देश्य ग्रंथालयों के उपलब्ध संसाधनों का परस्पर ऐसा उपयोग करना है जिससे कम लागत पर अधिक तथा समान सेवा प्राप्त हो सके। संसाधन सहभागिता ग्रंथालय सहयोग की भावनाओं, उनकी तकनीकी क्षमताओं, स्रोतों तथा कार्य-प्रणाली की रूपरेखाओं पर आधारित है।

Resources of library—ग्रंथालय संसाधन।

पुस्तकालय परिसर के अनंत ज्ञान को संसाधन माना जाता है।

Resources utilization—संसाधन उपयोग।

Respondent—उत्तरदाता।

Restricted—प्रतिबंधित।

Restricted article—प्रतिबंधित लेख।

Restricted book—प्रतिबंधित पुस्तक।

Restricted circulation—प्रतिबंधित परिचालन, सीमित परिसंचरण।

Restricted entry—प्रतिबंधित प्रवेश।

Restricted loan—प्रतिबंधित परिदाय।

Restriction—प्रतिबंध, रोक।

Resume—सारवृत्त।

किसी कृति के मुख्य लक्षणों का सारांश।

Retail book seller—खुदरा पुस्तक विक्रेता।

Retake—पुनः फोटो लेना।

Retention—प्रतिधारण, धारण।

Retouched—पुनः सज्जित।

Retrieval—उपयोजन, पुनर्प्रापण।

Returnable—वापसी योग्य।

Return and issue—आगम-निर्गम।

Return desk—आगम डेस्क।

Return stamp—वापसी की मुहर।

Reversal process—व्युत्क्रमी प्रक्रम।

Reverse—पृष्ठभाग।

Reverse cover (Back cover)—पृष्ठभाग आवरण।

Reverse image—विपर्यस्त प्रतिबिंब।

Reversing—उलट ब्लॉक।

Review—1. पुनरीक्षण, 2. समीक्षा।

Reviewer—समीक्षक।

Reviewing—पुनरीक्षण/समीक्षण।

Reviewing periodical—1. पत्रिका-समीक्षण, 2. समीक्षण-पत्रिका।

Reviews—समीक्षा।

Revise—परिशोधित प्रूफ।

Revised book—परिशोधित पुस्तक।

Revised budget—पुनरीक्षित बजट।

Revised edition—परिशोधित संस्करण (देखिए Enlarged edition)।

Revised estimates—पुनरीक्षित प्राक्कलन।

Revised impression—परिशोधित पुनर्मुद्रण।

Revised proof—पुनरीक्षित प्रूफ, परिशोधित प्रूफ।

Revolving bookcase—परिक्रामी पुस्तक केस, चक्री पुस्तक केस।

Rewind—उलट लपेटिनी।

Rewinder—उलट लपेट।

Rewind processing—पुनर्वेष्टन प्रक्रम।

Rewind reel—लपेटने की रील।

Reworked—पुन: सज्जित।

Ribbed paper—लहरिया कागज।

Rice paper—झीना कागज, राइस पेपर।

Riddle—प्रहेलिका, पहेली।

Ridge—कोर, टाइप पार्श्व।

Right of free import—नि:शुल्क आयात अधिकार।

Right of publication—प्रकाशन अधिकार।

Right of reproduction—पुन:प्रकाशन अधिकार।

Right of translation—अनुवाद अधिकार।

Right to first publication—प्रथम प्रकाशन अधिकार।

Rigid classification—अपरिवर्तन-शील वर्गीकरण, अपरिवर्त्य वर्गीकरण, स्थिर वर्गीकरण।

Ring binding—छल्लेदार जिल्दबंदी।

Ripper—कर्तक मशीन, कागज काटनेवाली मशीन।

Road map—सड़क मानचित्र।

Roan—भेड़ का नरम चमड़ा, रोन।

Rod—दंड, छड़।

Roll—नामावली।

Roll film—कुंडलित फिल्म।

Rolling case—रोलिंग केस।

Rolling press—रोलिंग प्रेस, बेलन प्रेस।

Roll microcopy on paper—कागज की कुंडलित माइक्रोकॉपी।

Roll microfilm—कुंडलित माइक्रोफिल्म, रोल माइक्रोफिल्म।

Roll of honour—सम्मान सूची।

Roman—सादा टाइप, रोमन।

Roman a clef—छद्मनाम नाटक।

Romanesque—रोम प्रभावित, रोमनैस्क।

Roman figure—रोमन अंक।

Roman index—रोमन अनुक्रमणिका।

Romanization—रोमनीकरण।

Romanized spelling—रोमनीकृत वर्तनी।

Roman numeral—रोमन अंक।

Romantic style—रोमानी जिल्दबंदी, रोमांटिक जिल्दबंदी।

Roman type—रोमन टाइप, सादा टाइप।

Romic—रोमन लिप्यंकन, रोमिक।

Ronde—रोंड।

Roofing paper—छाजन पेपर।

Rope brown—बादामी कागज।

Rosin—रोजिन।

Rotaprint—रोटाप्रिंट।

Rotary—रोटरी।

Rotary camera—रोटरी कैमरा।

Rotary gravure—रोटरी उत्कीर्णन।

Rotary press—रोटरी प्रेस।

Rotary printing—रोटरी प्रिंटिंग, रोटरी मुद्रण।

Rough copy—कच्ची प्रति।

Rough full—कच्चा प्रूफ।

Rough proof—कच्चा प्रूफ।

Rough trimmed—स्थूल रूप से समकृत।

Rough visual—कच्चा खाका।

Round back—गोल पीठ।

Round corner—गोल कोण।

Rounded corners—गोल कोने।

Roundel—चक्रिल, वलयाकार।

Rounding and backing—गोलार्द्ध देना और पीठ निकालना।

Roundlet—सुनहरी वलयिका।

Round letter—गोल अक्षर।

Routine (C.S.)—नित्यक्रम, नेमका।
अभिकलित्र द्वारा स्वीकार्य भाषा में लिखा गया एल्गॉरिथ्म।

Routing—परिसंचरण।
पाठकों को उनकी रुचि या आवश्यकतानुसार पाठ्य सामग्री का नियमित रूप से दिया जाना।

Routing form—परिसंचरण फॉर्म।

Routing slip—परिसंचरण परची।

Row—पंक्ति।

Row binary (C.S.)—पंक्ति बाइनरी।
कार्डों में दत्त सामग्री का ऐसा द्वयंक निरूपण जिसमें प्रत्येक पंक्ति में क्रमागत छिद्रित स्थानों को क्रमागत द्वयंकों के रूप में दिखाया जाता हो।

Roxburghe binding—रोक्सबर्ग

जिल्द।

Royalty—रॉयल्टी।

Rubber stamp mark—रबर स्टांप चिह्न।

Rubric—सुर्खी मुद्रित।

Rubrisher—रंग मुद्रक।

Rule—पट्टिका, शीर्षक।

Rule border—रूल बॉर्डर, रूल किनारा।

Ruled half tone screen—रूलदार हाफटोन परदा।

Ruled line—रूल लाइन।

Ruled paper—लाइनदार कागज।

Rule mark—रूल चिह्न।

Rules and regulations of library—पुस्तकालय नियम-विनियम।

Rule work—रेखिका छपाई।

Run book (C.S.)—रन निदेशिका।

किसी प्रोग्राम विशेष के लिए संकारक अनुदेश।

Run chart (C.S.)—रन चार्ट।

किसी कार्य (जॉब) या रन में प्रोग्रामों और फाइलों के बीच संबंधों को दरशानेवाला प्रवाह चार्ट।

Run diagram (C.S.)—रन डायग्राम (देखिए Run chart)।

Rune—रून (वर्णमाला)।

Running headline—सतत शीर्षक।

Running number—सतत अंक, सतत क्रमांक।

Running title—सतत आख्या।

किसी पुस्तक का ऐसा शीर्षक जो उसके पृष्ठों के ऊपरी या निचले भाग पर दोहराया जाए।

Run up binding—रन अप जिल्द।

Rural library—ग्रामीण पुस्तकालय।

Rural library plan—ग्रामीण पुस्तकालय योजना।

Rural literature—ग्रामीण साहित्य।

Rural weekly paper—ग्रामीण साप्ताहिक पत्र।

Rustic capital—सादा कैपिटल।

Rutherstat—रदरस्टेट।

□

S

Sacred book—धर्मग्रंथ।

Sacred work—धर्मशास्त्र, धर्मग्रंथ।

Sad colour—फीका रंग, बदरंग।

Saddle stiching—बिचली सिलाई।

Safety base—सुरक्षाधार, सुरक्षा अड्डा।

Safety equipment—सुरक्षा उपस्कर।

Safety factor—सुरक्षा कारक।

Sale by auction—नीलामी द्वारा बिक्री, नीलामी विक्रय।

Sale depot—विक्रय डिपो।

Sales branch—विक्रय शाखा।

Sample—नमूना।

Sample back—पीठ पट्टी नमूना।

Sample checking—नमूना जाँच।

कंप्यूटर मशीन द्वारा नियमित पुस्तकालय संग्रह की नमूना जाँच-पड़ताल।

Sample copy—नमूना प्रति।

Sample number—नमूने की प्रति का अंक।

Sample verification—नमूने की जाँच।

Sand paper—रेगमाल।

Satellite processor (C.S.)—अनुषंगी संसाधित्र।

वह संसाधित्र जिसका कार्य उन प्रचालनों का संसाधन करना है जो किसी बृहत्तर अभिकलित्र प्रणाली के मुख्य कार्य के पूरक हों।

Sawn-in-back—पश्च सिलाई, पुट्ठा सिलाई, पुश्त चीरा।

Scale of enlargement—परिवर्धन माप, परिवृद्धि अनुपात।

Scale paper—रेखांकित कागज।

Scenario—पटकथा, सिनेरियो।

Scenarist—पटकथा लेखक।

Schedule—सूची, तालिका, सारणी।

Schedule of classification—वर्गीकरण सूची, वर्गीकरण सारणी।

Scheme of classification—वर्गीकरण योजना।

Scholar—शोधार्थी, अनुसंधान छात्र

Scholarship—पांडित्य।

Scholistic work—पांडित्यपूर्णत कृति, विद्वत्तापरक लेखन।

School edition—छात्र संस्करण।

School librarian—विद्यालय ग्रंथालयी।

School library—विद्यालय पुस्तकालय, विद्यालय ग्रंथालय, स्कूल पुस्तकालय।

School of librarianship—पुस्तकालय विज्ञान शिक्षणशाला।

School of library science—पुस्तकालय विज्ञान विद्यापीठ, पुस्तकालय विज्ञान विद्यालय।

Schrolblatt (Dotted print)—बिंदुकित मुद्रण।

Science editor—विज्ञान संपादक।

Science faculty—विज्ञान संकाय।

Scientific terminology—वैज्ञानिक शब्दावली।

Scintillation—प्रस्फुरण, स्फुलिंग।

Score—प्राप्तांक।

Scraper board—क्षुरक पट्ट, खुरच गत्ता।

Screen—छानना, आवरण, पट।

Screen image—पटस्थ प्रतिबिंब, पट बिंब।

Screening—छानबीन, पृथक्करण, छँटाई।

Scribal copy—लिपिक प्रति।

Scribe—लेखक।

Script—पांडुलिपि, लेख, स्क्रिप्ट।

Scriptorium—लेखन कक्ष।

Script type—हस्तलिपि टाइप, पांडुलिपि टाइप।

Scripture—धर्मग्रंथ।

Script writer—आलेखक।

Scroll—1. कुंडलित लेख, 2. खर्रा, सूची।

पुराने समय की ऐसी पुस्तक जो पेपाइरस या किसी अन्य पदार्थ की पट्टी पर लिखी गई हो तथा डंडे या रॉड पर लपेटी गई हो।

Scroll pointing—कुंडल चित्र, पट चित्र।

Scroll work—पत्रावली।

Seal paper—मुद्रांकित कागज।

Search and reference—खोज तथा संदर्भ।

Secondary bibliography—गौण ग्रंथ-सूची।

Secondary element—गौण अवयव।

Secondary entry—गौण प्रविष्टि।

Secondary language—लिखित भाषा, संस्कृति भाषा।

Secondary school—माध्यमिक विद्यालय।

Secondary school library—माध्यमिक विद्यालय पुस्तकालय।

Secondary source—गौण स्रोतग्रंथ।

पुस्तकें या दूसरी अमुद्रित ऐसे प्रलेख, पुस्तकादि जिनके संकलन में मुख्य या आधार स्रोत ग्रंथों का प्रयोग किया गया है।

Second edition—द्वितीय संस्करण।

Second hand—पुरानी।

Second hand book—पुरानी किताब, पुरानी पुस्तक।

Second hand copy—पुरानी पुस्तक, पुरानी किताब।

Second impression—दूसरा मुद्रण, द्वितीय मुद्रण।

Second indention—दूसरा हाशिया (देखिए Inner indention)।

Second lining—दूसरा अस्तर।

Secret dialect—कूट बोली।

राजनयिक कार्य के लिए प्रयुक्त कूट भाषा।

Secret literature—गूढ़ साहित्य, गोपनीय साहित्य (देखिए Underground literature)।

Secret paper—गुप्त समाचार-पत्र।

Secret publication—गोपनीय प्रकाशन, गुप्त प्रकाशन।

ऐसा प्रकाशन/कृति जो चोरी-छिपे प्रकाशित किया जाता हो।

Section—1. प्रकरण, 2. परिच्छेद, 3. अनुभाग।

Sectionalized index—अनुविभक्त अनुक्रमणिका।

Section work—जुज कार्य।

Sector—खंड, क्षेत्रक, सेक्टर।

Sectoring digit—खंड सूचक अंक।

Seditious material—राजद्रोहात्मक सामग्री, राजद्रोहात्मक लेख/प्रकाशन।

ऐसी प्रकाशित सामग्री जो तत्कालीन शासन व्यवस्था के खिलाफ हो, जिसमें बगावत या राजद्रोह झलकता हो।

Seditious work—राजद्रोहपूर्ण कृति।

Select abstracting service—विशिष्ट सार संक्षेपण सेवा, चयनित संक्षेपित सेवा।

Select article—चयनित लेख।

Select bibliography—विशिष्ट ग्रंथ-सूची।

किसी विशिष्ट दृष्टिकोण से किया गया किसी विषय के साहित्य का चयन।

Selection—चयन, संकलन।

पुस्तकालय के लिए पुस्तक चयन।

Selection committee—चयन समिति।

अधिकारियों/विद्वानों आदि की पुस्तकालय के लिए पुस्तकें चयन करनेवाली अधिकार युक्त समिति।

Selection division—चयन विभाग।

Selection procedure—चयन प्रक्रिया।

Selection section—चयन अनुभाग।

Selective cataloguing—चयनित सूचीकरण, सीमित सूचीकरण।

इस प्रणाली के अंतर्गत किसी भी प्रकाशन के खास-खास, चयनित सूची कार्ड बनाए जाते हैं।

Selective classification—विशिष्ट वर्गीकरण, विशिष्ट विन्यसन।

Selective dissemination of information—चयनित सूचना प्रसार।

Select list—इष्ट सूची, चयनात्मक सूची।

Select list of additions—परिगृहीतियों की चयनित सूची।

पुस्तकालय संकलन में जोड़े गए नए प्रकाशनों की चयनित सूची।

Select list of books—चयनित पुस्तक सूची।

Select list of periodicals—आवधिक प्रकाशन चयनित सूची, पत्रिकाओं की चयन-सूची।

Self bibliography—स्वतोभिलेखी निर्गम-पद्धति।

ऐसी निर्गम-पद्धति जिसमें ग्रहीता स्वयं ही पुस्तकों के निर्गम का पूरा रिकॉर्ड रखे।

Self charging system—स्वतोभिलेखी निर्गम-पद्धति।

Self cover—तदावरण।

ऐसी पुस्तिका जिसमें जिल्द और विषय-वस्तु के लिए एक प्रकार का ही कागज प्रयोग में लाया गया हो।

Seller—विक्रेता।

Seller's price—विक्रेता मूल्य।

Selling price—विक्रेता कीमत, विक्रेता मूल्य।

Semester—अर्ध वार्षिक पाठ्यक्रम।

Semi-annual—अर्ध वार्षिक।

Semi-monthly—अर्ध मासिक।

Seminal isolate idea—बीजभूत वियोजक।

Seminar—संगोष्ठी/सेमिनार।

Seminar papers—संगोष्ठी पेपर, संगोष्ठी संलेख।

Semi-weekly—अर्ध साप्ताहिक।

Senior grade—वरिष्ठ ग्रेड, प्रवर श्रेणी।

Senior librarian—वरिष्ठ पुस्तकालयाध्यक्ष।

Sensitivity—संवेदनशीलता।

Sensitized material—सुग्राहीकृत माल।

Sensitized paper—सुग्राहीकृत कागज।

Separate registration (Branch registration)—शाखा पंजीकरण।

Sequence—अनुक्रम, आनुपूर्व्य (देखिए Filiatory arrangement)।

Sequence of sign—चिह्न अव्युक्रम।

Sequential arrangement—आनुक्रमिक विन्यास।

Serial—क्रमिक।

ऐसा प्रकाशन जो नियमित अंतराल से क्रमशः प्रकाशित किया जाए, जैसे—वार्षिक रिपोर्ट, वार्षिकी आदि अथवा किसी सभा-सम्मेलन का कार्यवृत्त आदि।

Serial catalogue—क्रमिक प्रकाशन सूची।

पुस्तकालय में क्रमिक प्रलेखों की सूची।

Serial number—क्रम संख्या।

Serial publication—क्रमिक प्रकाशन।

Serial record—क्रमिक प्रकाशन अभिलेख।

Serials department—क्रमिक

प्रकाशन विभाग।

Series—माला, ग्रंथमाला, श्रेणी।

विषय-वस्तु की दृष्टि से साधारणतया एक-दूसरे से संबद्ध किसी ग्रंथ की जिल्दें, जो एक-दूसरे के बाद प्रकाशित की जाती हैं, जबकि इनकी प्रकाशन और मुद्रण शैली वही रहती है। समूची माला का संक्षिप्त शीर्षक भी मुख पृष्ठ पर दिया होता है। कई लेखकों द्वारा किसी विशिष्ट विषय पर या एक ही लेखक द्वारा लिखे गए कई निबंधों का क्रमागत प्रकाशन ग्रंथमाला के अंतर्गत आता है।

Series card—ग्रंथमाला कार्ड, माला पत्रक।

Series entry—ग्रंथमाला प्रविष्टि।

सूचीकरण या ग्रंथ-सूची में ऐसी प्रविष्टि जिसपर पुस्तकालय में उपलब्ध माला प्रकाशनों का विवरण दिया गया हो।

Series note—ग्रंथमाला टिप्पणी।

सूचीकरण या ग्रंथ-सूची में ग्रंथेक्षण के बाद दिया गया ऐसा नोट जहाँ लघु कोष्ठक में माला का नाम दिया गया हो।

Series title—ग्रंथमाला शीर्षक।

Serif —सैरिफ, शोशा।

Service—सेवा, तामील।

Service charge—सेवा प्रभार।

Service department—सेवा विभाग।

Service point—वितरण केंद्र।

ऐसे केंद्र, जैसे—शाखा पुस्तकालय, स्कूल पुस्तकालय, चल पुस्तकालय इत्यादि, जिनमें पुस्तकों का वितरण किया जाता हो।

Set and hold—कंपोज करें और रोकें।

Set hand—नियमित लेख।

Set of books—पुस्तकों का सेट।

Set off—पीठ का धब्बा।

Set off paper—रोगनी पेपर, रोगनी कागज।

Set of periodicals—पत्रिकाओं का सेट।

Set of publications—प्रकाशन-सेट।

Set solid—ठोस टाइप।

Settlement of dues—देय निपटान।

Sewed—सिली हुई।

Sewing—सिलाई, सीवन।

Sewing thread—सिलाई धागा।

Sewing through the fold—मोड़ सीवन, व्यावर्त्तक सीवन।

Sexto—छह पेजी, षट्पृष्ठीय।

Sexto decimo—सोलह पेजी।

Shagreen—दानेदार हरा चमड़ा, शाग्रीन।

Shank—जंघा, टाइप-काया।

Shared catalogue—साझी ग्रंथ-सूची।

Shared resources—साझा संसाधन।

Shaved edges—छँटे किनारे, बराबर किए हुए किनारे।

Sheaf binding—स्तबकाम जिल्दबंदी।

Sheaf catalogue—स्तबकाम ग्रंथ-सूची।

Sheaf holder—पत्रबंधित्र।

Sheathing paper—आवरण कागज।

Sheep (skin)—मेषचर्म।

Sheet—पत्र, पृष्ठ, पन्ना, वरक, ताव, चादर।

Sheet and a half—ड्योढ़ा आकार।

Sheet control—कागज नियंत्रण।

Sheet film—शीट फिल्म।

Sheets (in sheets)—अनिबद्ध प्रकाशन, अग्रथित प्रकाशन।

Sheet wise—एकतरफा मुद्रण।

Sheet work—पत्रक मुद्रण, पन्ना छपाई।

Sheffield scheme—शेफील्ड योजना।

Shelf—निधानी, शेल्फ।

दीवार या दो खड़े फट्टों पर लगा लकड़ी या किसी अन्य वस्तु का लंबा, समतल क्षैतिज्ञ टुकड़ा जो पुस्तकें या अन्य सामग्री रखने के काम आता है।

Shelf back (Spine)—पुट्ठा, पीठ, पृष्ठ भाग।

Shelf capacity—ग्रंथालय ग्रंथधारिता।

Shelf department—निधानी विभाग, शेल्फ विभाग।

Shelf dummy—(क्रम में) रिक्ति सूचक।

शेल्फ पर रखा हुआ लकड़ी या गत्ते का टुकड़ा जो गलत क्रम में रखी पुस्तक के बारे में सूचना दे।

Shelf guide—निधानी संदर्शिका।

शेल्फ में रखी पुस्तकों की विषय सूचक संकेत पट्टिका।

Shelf list—निधानी सूची।

शेल्फ पर जिस क्रम में पुस्तकें बनी रहती हैं, उसी क्रम में यह सूची रहती है। प्रत्येक पुस्तक के लिए एक कार्ड होता है जिसमें लेखक, आख्या, खंड की संख्या, बोध संख्या इत्यादि के संबंध में सूचनाएँ या आवश्यक जानकारी दी जाती है। पुस्तक की प्रत्येक प्रति की जानकारी के लिए यह एक महत्त्वपूर्ण अभिलेख है।

Shelf list card—निधानी सूची कार्ड।

Shelf mark—निधानी चिह्न।

Shelf number—निधानी संख्या, शेल्फ संख्या।

Shelf register—निधानी पंजी।

Shelf register approach—शेल्फ पंजिका अभिगम।

शेल्फ में व्यवस्थित पुस्तकों के आधार पर शेल्फ पंजी।

Shelf space—निधानी अंतरक, शेल्फ स्थान।

Shelf upright—ग्रंथाधार स्तंभ।

Shelving—ग्रंथ-विन्यसन।

पुस्तकालय की शेल्फों पर पुस्तकों को ठीक क्रम में रखने की क्रिया।

Shelving arrangement—निधानी विन्यसन, शेल्फ व्यवस्था।

Shelving work—पुस्तक विन्यसन कार्य।

Shining pulp—चमकदार लुगदी।

Shipping department library—नौपरिवहन विभाग पुस्तकालय।

Shipping room (Receiving and shipping room)—प्राप्ति-प्रेषण कक्ष।

Short book—सूक्ष्म किताब, छोटी पुस्तक, लघु पुस्तिका।

Short cataloguing—संक्षिप्त सूचीकरण।

Short hand—आशुलिपि।

Short title—संक्षिप्त आख्या।

सूचीकरण में पुस्तक की पहचान के लिए दिया गया संक्षिप्त शीर्षक।

Shot—छाया चित्रण।

Shoulder—स्कंध।

Shoulder head—पार्श्वशीर्ष।

Shoulder note—स्कंध टिप्पणी, पार्श्व टिप्पणी।

Shutter—शटर, पट, किवाड़, वातायन।

Sic (So thus)—एवमेव, यथामूलम्।

Side—पक्ष, पार्श्व।

Side bearing—पार्श्व अवकाश।

Side head (Marginal head)—उपांत शीर्षक।

Side heading—पार्श्व शीर्षक।

Side note—पार्श्व टिप्पणी।

Side rack—पार्श्व रैक।

Side sewing—बगला धागा सिलाई।

Side stiching—बगली सिलाई।

Side stick—अतिरिक्त पट्टी।

Side wire—पार्श्व तारबंदी।

Sigillography—मोहर विद्या।

Sign—हस्ताक्षर, चिह्न, संकेत।

Signature—प्रभाग, प्रभागांक।

कोई पहचान चिह्न, अक्षर या संख्या अथवा इनका सम्मिश्रण, जो किसी पुस्तक के प्रत्येक दस्ते के (कागज या पुस्तक) पहले पृष्ठ पर लगाया जाता हो।

Signature and catchword line—प्रभागांक-सूचक रेखा।

किसी प्राचीन मुद्रित पुस्तक में जुजबंदी के अभिप्राय से साधारणतया पृष्ठ की अंतिम पंक्ति के नीचे अंकित जुज चिह्न और सूचक शब्द। यदि जुज चिह्न और सूचक शब्द अलग-अलग पंक्तियों में हों तो इसे 'निदेशक रेखा' भी कहते हैं।

Signature mark—जुज चिह्न।

Sign language—संकेत भाषा।

Sign manual—हस्ताक्षर।

Signpost digit—संकेत अंक।

Silk fabric—रेशमी कपड़ा।

Silking—क्षौमीकरण।

Silk paper—रेशमी कागज।

Silvered—रजतित।

Silver foil—रजत पत्र, चाँदी का वरक।

Silver paper—रुपहला कागज।

Simple base—एकरूप आधार।

Simple book—सादा किताब, सामान्य पुस्तक।

Simple publication—सादा प्रकाशन, सामान्य प्रकाशन।

Simplified cataloguing—सरलीकृत सूचीकरण।

सूचीकरण में लागत तथा कार्य कम करने की दृष्टि से प्रविष्टि में न्यूनतम सूचना उस सीमा तक प्रदान करना जिससे प्रलेख की पहचान हो सके।

Single colour machine—एकरंगी मशीन।

Single column headline—एक कॉलमी शीर्षक।

Single perforated film—एकल छिद्रित फिल्म, एक ओर छिद्रित फिल्म।

Single perforated safety base—एक ओर छिद्रित सुरक्षा आधार।

Single personal author—एकल व्यक्तिगत लेखक।

Single quote—एकहरा उद्धरण-चिह्न।

Single reading—एकल पठन, एक बार का पठन।

Six monthly—षणमासिक, छमाही पत्रिका, अर्ध वार्षिक पत्रिका।

Sixteenmo—सोलहवाँ भाग, सोलहपेजी, षोडश पृष्ठीय।

Sixty-fourmo—चौंसठ पेजी।

Size—माड़ी, सरेस।

Size—आकार।

पुस्तक का आकार सेंटी मीटरों, इंचों या अक्षरों के आकर से बताना।

Size card (Cole size card)—कोल आकारी कार्ड।

Size copy (Dummy)—डमी (प्रति), पुस्तकाभास।

Size letters—आकारसूचक अक्षर।

Size milk (Resin milk)—सफेद माड़ी।

Size notation—आकारांकन।

Size rule—आकार पटरी, आकार मापना, आकार मापक।

Sizing of paper—कागज का चिक्कणीकरण।

Sketch—शब्दचित्र, रेखाचित्र।

Skiver—मेषचर्म।

Skiver label—मेषचर्म पट्टी।

Slab serif—सपाट शीशा, सिल अक्षर नोंक।

Slide case—खुलाकेस।

Slide projector—स्लाइड प्रक्षेपित्र।

Sliding shelf—विसर्पी निधानी।

Slip—स्लिप, परची, चिप्पी।

Slip cancel—शोधक चिप्पी।

Slip case—स्लिप केस।

Slip catalogue (Page catalogue)—पृष्ठ-सूची।

Slip proof (Galley proof)—गैली प्रूफ।

Small book—छोटी पुस्तक, लघु किताब।

Small edition (Limited edition)—लघु-संस्करण, सीमित संस्करण।

Small impression—सीमित संस्करण।

Small library—लघु पुस्तकालय।

Small paper copy—लघु आकार प्रति।

Small pica—छोटा टाइप, बारह पॉइंट टाइप।

Small publication—लघु प्रकाशन।

Smoothed edge (Barnished edge)—चमकीला कोर।

Sobriquet—उर्फ, उपनाम।

Social institution—सामाजिक संस्थान।

Social library—सामाजिक पुस्तकालय।

Social library and reading room—सामाजिक पुस्तकालय एवं वाचनालय।

Society journal—समिति पत्रिका, संस्था मुख पत्र।

Society library—समिति (संचालित) पुस्तकालय।

Society paper—संस्था पत्र।

Society publication—संस्था प्रकाशन।

Soft—मृदु, कोमल, नर्म।

Soft copy—हलकी प्रति।

Soft ground etching—मृदु तल निक्षारण।

Soiled—कलुषित।

Solander case—सोलंदर केस।

Sole agent—एकमात्र अभिकर्ता।

Solid—असीसित।

Solid block—सपाट ब्लॉक।

Solid board—ठोस बोर्ड।

Song book—गीत पुस्तक।

Sort—टाइप, अक्षर।

Sorter—शॉर्टर, छँटाईकार।

Sorting tray—छँटाई ट्रे।

Sought link—अन्विष्ट शृंखलांग, इंट कड़ी।

ऐसी कड़ी जहाँ पाठ्य सामग्री खोजने की बहुत संभावना हो।

Source book—स्रोत पुस्तक, आधार ग्रंथ।

Source computer (C.S.)—रूपांतरक अभिकलित्र।

वह अभिकलित्र जो स्रोत प्रोग्राम का रूपांतरण करता है (देखिए Object computer)।

Source index—स्रोत अनुक्रमणिका।

Source language—मूल भाषा, अनुवाद भाषा।

Source language (C.S.)—स्रोत भाषा।

वह भाषा जो प्रोग्राम या नेमका को सुगमता में तैयार करने में प्रयुक्त हो तथा रूपांतरण द्वारा लक्ष्य भाषा में अनुवादित हो।

Source (language) programme—स्रोत प्रोग्राम।

स्रोत भाषा में लिखित प्रोग्राम।

Source list—स्रोत सूची।

Source literature—स्रोत सामग्री, स्रोत साहित्य।

Source material—स्रोत सामग्री।

किसी विषय के संबंध में उसकी जानकारी के लिए मूलभूत तथा प्रामाणिक सामग्री।

Spaced out (Letter spaced)—सांतर।

Space line—लाइन पत्ती, पीतल पत्ती।

Spacing—अंतरालन, अंतरण।

Spanish paper—स्पेनी कागज।

Special classification—विशेष वर्गीकरण।

ज्ञान के किसी शाखा वर्गीकरण के लिए कोई विशिष्ट वर्गीकरण-पद्धति।

Special collection—विशिष्ट संग्रह।

पुस्तकालय में संगृहीत किसी विशेष प्रकार का संकलन, जो किसी विषय, समय या विशेष प्रयोजन से संकलित किया गया हो।

Special course—विशेष पाठ्यक्रम।

Special edition—विशेष संस्करण।

Specialised reading material—विशेषित पठन सामग्री।

Specialised service—विशिष्ट सेवा।

Special isolate idea—विशिष्ट वियोजक भाव।

Special issue—1. विशेषांक, 2. विशेष निर्गम।

Specialized press—विशेषित मुद्रणालय।

Specialist—विशेषज्ञ।

Special library—विशिष्ट पुस्तकालय।

एक विशेष प्रकार का पुस्तकालय, जो विशेष विषय, विशिष्ट सेवा और विशिष्ट पाठकगण के लिए सहायक हो।

Special Library and Information Centres (SLIC)—विशिष्ट पुस्तकालय एवं सूचना केंद्र।

Special Library Association (SLA)—विशिष्ट पुस्तकालय संघ।

Special library edition—विशिष्ट पुस्तकालय संस्करण।

पुस्तकालयों के प्रयोग के लिए ऐसा संस्करण जिसकी जिल्द मजबूत बनाई गई हो।

Special number—विशेषांक।

किसी पत्र-पत्रिका का ऐसा अंक जो विशिष्ट सामग्री और विशेष अवसर पर प्रकाशित हो।

Special paging—विशिष्ट पृष्ठांकन।

Special permission form—विशिष्ट अनुमति फॉर्म।

Special publication—विशेष प्रकाशन।

Special reading room—विशिष्ट अध्ययन कक्ष, विशिष्ट वाचनालय।

Specials—विशेषांक, विशिष्ट अंक।

Special title page—विशेष आख्या पृष्ठ।

ऐसा आख्या पृष्ठ जो साधारणतया किसी बड़ी पुस्तक या माला प्रकाशन के एक भाग के लिए दिया गया हो।

Specification—लक्षण निरूपण।

Specific classing—विशिष्ट अनुवर्गीकरण।

Specific cross reference—विशिष्ट अंतर्निर्देश।

Specific entry—विशिष्ट प्रविष्टि।

1. किसी पुस्तक की ऐसी प्रविष्टि जो उसके विशिष्ट विषय को ध्यान में रखकर बनाई गई हो, न कि किसी ऐसे वर्ग के अंतर्गत जिसमें उस विशिष्ट विषय को शामिल किया गया हो।

2. डॉ. रंगनाथन कृत क्लासिफाइड कोड के अनुसार, विशिष्ट प्रविष्टि साधारणतया प्रथम अनुच्छेद के धारक के नाम पर होती है, जिसे हम 'अनुच्छेद' भी कहते हैं।

Specific index—विशिष्ट अनुक्रमणिका।

Specific subject—विशिष्ट विषय।

Specific subject added entry—विशिष्ट विषय अतिरिक्त संलेख।

Specimen copy—नमूना प्रति, नमूने की कॉपी।

Specimen number—नमूने का अंक।

Specimen page—नमूना पृष्ठ।

Specimen signature—नमूना हस्ताक्षर।

Specimen signature slip—नमूना हस्ताक्षर परची।

Speckled calf—चितकबरा चमड़ा, कर्बुरित वत्सचर्म।

Spencer's classification—स्पेंसर का वर्गीकरण।

Spherical aberration—गोलीय विपथन।

Spindle—तकुआ, तकली, स्पिंडल।

Spine—पीठ, पुट्ठा।

पुस्तक की जिल्द का वह भाग जो जिल्द की सिलाई को छिपाता हो और जिसपर पुस्तक का शीर्षक और कभी-कभी लेखक का नाम भी अंकित किया गया हो।

Spine back—पीठ अस्तर, पश्च अस्तर।

Spiral binding—सर्पिल जिल्द।

Spirex binding—सर्पिल जिल्द।

Split—द्वितीय विभाग का मुख पृष्ठ।

Split board—विपाटित गत्ता।

Split leather—विपाटित चर्म।

Spoiled book—दूषित पुस्तक, दोषपूर्ण पुस्तक।

Spoiled letter—दूषित अक्षर, जीर्ण टाइप।

Sponge—स्पंज।

Sponsor—प्रायोजित करना।

Sponsored programme—प्रायोजित कार्यक्रम।

Sponsored title—प्रायोजित पुस्तक।

Spool gauge—चरखी मापी।

Spotted—धब्बेदार, कलुषित, अस्पष्ट।

Spring back—पोली पीठ।

Spring back binding—पोली पीठवाली जिल्द।

Spring calf—कर्बुरित वत्सचर्म, चितकबरा चमड़ा।

Sprinkled edge—बिंदुचित्रित किनारा।

Sprocket—दाँतेदार पहिया, दाँता।

Square—वर्ग, चौकोर, वर्गाकार, समचतुर्भुज।

Square bracket—वर्गाकार कोष्ठक।

Squared off block—चौरस ब्लॉक।

Squared paper—चौरस पेपर, चौकोर कागज।

Square paper—वर्गांकित कागज।

Stabbed—शलाका स्यूत।

Stabbing—शलाका सिलाई, बगली सिलाई।

Stack—निधानी, भंडार या भांडार कक्ष।

Stack room—भांडार कक्ष।

Staff card—स्टाफ कार्ड।

Staff room—कर्मचारी कक्ष।

Staff training—कर्मचारी प्रशिक्षण।

Staff welfare—कर्मचारी कल्याण।

Stained calf—भूरा वत्सचर्म।

Stained edge—अभिरंजित किनारा।

Stained paper—धब्बेदार कागज।

Stamp—मुहर, मुद्रांक, ठप्पा।

Stamped—मुद्रांकित।

Standard—मानक।

Standard cost—मानक मूल्य।

Standard paper—मानक पेपर, स्तरीय कागज।

Standard press—स्तरीय प्रेस।

Standard procedure—मानक प्रक्रिया।

Standard specification—मानक विशिष्टियाँ।

Standard title—मानक शीर्षक।

विभिन्न शीर्षकोंवाली कृतियाँ, जिनका किसी समावेशी शीर्षक के अंतर्गत सूचीकरण किया गया हो। इसे पारंपरिक या एकरूप शीर्षक भी कहते हैं।

Standard weight—मानक भार।

Standard work—मानक ग्रंथ।

ऐसी पुस्तक जिसे स्थायी मूल्य के रूप में मान्यता प्राप्त हो।

Stapled—स्टैपिल सिलाई, स्टैपिल से सिली (पुस्तक), तारबद्ध।

Star—तारक, चिह्न।

Starch—मंड, माँड़ी।

Starch paper—माँड़ीदार कागज।

Star edition—तारक संस्करण।

Star map—नक्षत्र मानचित्र।

Star signature—तारांक जुज चिह्न।

Starter—आरंभक।

State bibliography—राज्य प्रकाशित ग्रंथ-सूची।

State bureau of text books publication—राज्य पाठ्य पुस्तक (प्रकाशन) ब्यूरो।

State library—राज्य पुस्तकालय, राजकीय ग्रंथालय।

State library extension service—राजकीय पुस्तकालय विस्तार सेवा।

Statement—विवरण।

Statement of issue and return—आगम-निर्गम विवरण।

State publication centre—राजकीय प्रकाशन केंद्र।

Static mark—स्थैतिक चिह्न।

Static title—स्थैतिक शीर्षक।

Statistical Department Library—सांख्यिकीय विभाग पुस्तकालय।

Statue book—विधि पुस्तक, कानून पुस्तक।

Stem—अंग।

Stencil—स्टेंसिल।

Stenographer—आशुलिपि लेखक।

Stenography—स्टेनोग्राफी, आशु-लिपि।

Steno typist—स्टेनो टाइपिस्ट, आशुटंकक।

Step and repeat camera—क्रम आवर्ती कैमरा।

Step index—सोपान सूचक।

Step test—क्रमिक परीक्षण।

Stereo typer—स्टीरियो टंकक, स्टीरियो टाइपकार।

Stereo typing—स्टीरियो टंकन कार्य।

Stiching—सीवन, स्टिच करना।

Stiff paper—पतला कार्ड बोर्ड, कड़ा कागज।

Still—अचल चित्र, स्टिल।

Still photography—अचल चित्रकारी।

Stipple—बिंदु चित्रण।

Stippled tooling—बिंदुकित अलंकरण।

Stipple engraving—बिंदुकित उत्कीर्णन।

Stippling—बिंदु चित्रण।

Stock—भंडार, संग्रह, संकलन।

Stock book—स्टॉक बुक, परिग्रहण पंजिका।

Stock solution—सांद्र घोल, संचित घोल।

Stock taking—संग्रह जाँच, संग्रह पड़ताल (देखिए Stock verification)।

Stock testing—संग्रह निरीक्षण।

पुस्तकालय में पुस्तकों की परिग्रहण पंजी या शेल्फ लिस्ट से मिलान ताकि खोई हुई पुस्तकों के विषय में पता चल जाए।

Stock verification—संग्रह जाँच-पड़ताल।

लेखा-परीक्षण की दृष्टि से प्रतिवर्ष तथा अंतराल से पुस्तकालय संग्रह की जाँच-पड़ताल का कार्य (देखिए Stock testing)।

Stock verifier—स्टॉक या संग्रह जाँचकर्ता।

Stop cylinder machine—बेलन रोक मशीन।

Stop cylinder press—विरामी बेलन प्रेस, स्टॉप सिलिंडर प्रेस।

Stop instructions (C.S.)—विराम अनुदेश।

Stop renewal—नवीकरण निषेध।

Stop supply notice—पूर्ति-रोधक नोटिस।

आवधिक प्रकाशनों की पूर्ति रोकने विषयक पत्र।

Storage—भांडारण, संचयन, संग्रह।

Storage allocation (C.S.)—संचय नियतन।

प्रोग्राम या संचय के विशिष्ट ब्लॉकों में दत्त सामग्री के ब्लॉकों का निर्धारण।

Storage block (C.S.)—संचय खंड।
संचय क़ा कोई भाग जो प्राय: किसी कार्य विशेष के लिए आरक्षित होता है।

Storage capacity—भांडारण क्षमता, संचयन क्षमता।

Storage density (C.S.)—संचय घनत्व।
संचय माध्यम की लंबाई या क्षेत्र की प्रति इकाई में संचित चिह्नों की संख्या।

Storage devices (C.S.)—संचय उपकरण।
वह उपकरण जिसमें दत्त सामग्री को प्रविष्ट तथा सुरक्षित रखा जा सकता है तथा बाद में उपयोग के लिए उद्धृत किया ज़ा सकता है।

Stored programme (C.S.)—संचित प्रोग्राम (देखिए Stored routine)।

Stored routine (C.S.)—संचित प्रोग्राम।
वह प्रोग्राम जो पूर्णतया स्टोर में अंतर्विष्ट हो और जिसका स्टोर में रूपांतरण किया जा सके।

Story hour—कहानी घंटा, कथा का घंटा।

Story method—कथा प्रणाली।

Straight edge—सीधमापी।

Straightening—यथाक्रम स्थापन।

Straight grain leather—ऋजुतंतु चर्म।

Straight grain morocco—ऋजुतंतु मोरक्को (चर्म)।

Straight news—शुद्ध समाचार।

Straight report—सीधी-सादी रिपोर्ट, अनलंकृत रिपोर्ट।

Strap work—फीताबंदी, द्विरेखी सज्जा।

Straw board—दफ्ती, गत्ता।

Straw paper—तृण कागज, स्ट्रॉ पेपर।

Straw pulp—तृण लुगदी।

Stray papers—बिखरे कागज।

Street index—गलीवार सदस्यता सूची।

Street library service—गली पुस्तकालय सेवा।

Strip film (Film strip)—पट्टी फिल्म, फिल्म पट्टिका।

Strip microfilm—पट्टी माइक्रोफिल्म।

Strong room—कोषकक्ष, सुदृढ़ कक्ष।

Stub—अवशीर्ष, स्टब, टोटा।

Student edition—छात्र संस्करण।

Student's library—छात्र पुस्तकालय।

Student's library service—छात्र पुस्तकालय सेवा।

Students section—छात्र अनुभाग।

Student's ticket—छात्र टिकट (सदस्यता)।

Study—अध्ययन।

Study aids—अध्ययन सहायता।

Study circle—अध्ययन मंडल।

Study group—अध्ययन वर्ग।

Study issue—अध्ययनार्थ निर्गम।

Study room—अध्ययन कक्ष।

Style book—शैली पुस्तक।

Style guide—शैली मार्गदर्शिका।

Style manual—मुद्रण पद्धति पुस्तिका, शैली पुस्तिका।

Stylographic pen—स्टेंसिल कलम, स्टेंसिल लेखनी।

Stylus—शलाका, नोकदार लौह लेखनी (स्टेंसिल पर हस्ताक्षर हेतु)।

Subalternate—उपाश्रित।

Subaltern genera—मध्यवर्ती जातियाँ।

Sub-branch—उपशाखा।

Sub-branch library—उपशाखा पुस्तकालय।

Sub-class—उपवर्ग।

Sub-division—उपविभाजन, उपखंड।

Sub-division of library holdings—पुस्तकालय संग्रह उपविभाजन।

Sub-editor—उपसंपादक।

Sub-entry—उपप्रविष्टि।

Sub-head—उपशीर्ष।

Sub-heading—उपशीर्षक।

ऐसा गौण शीर्षक जो किसी विषय के विभाजन में प्रयुक्त हो।

मूल शीर्षक के बाद प्रयुक्त होनेवाले वे शब्द-समूह जो मूल शीर्षक को स्पष्ट करते हैं और बहुधा विराम चिह्न के पश्चात् दिए जाते हैं।

Sub-index—उपसूचक, उपानुक्रमणिका।

Subject—विषय।

किसी पुस्तक का मुख्य या आधार विषय।

Subject analytic—विषय वैश्लेषिक।

Subject analytico classification—विषय वैश्लेषिक वर्गीकरण।

Subject arrangement—विषयानुसार व्यवस्थापन।

Subject authority file—आनुवर्णिक विषयशीर्षक सूची।

Subject bibliography—विषयपरक ग्रंथ-सूची।

ऐसी ग्रंथ-सूची जिसमें एक व्यक्ति या विषय से संबद्ध लेखन-सूची रहती है।

Subject card—विषय कार्ड।

Subject card catalogue—विषय कार्ड सूची।

Subject catalogue—विषयात्मक सूची।

Subject cataloguing—विषयपरक सूचीकरण।

Subject cross reference—विषय अंतर्निर्देश।

एक विषय शीर्षक से दूसरे विषय शीर्षक का दिया गया निर्देश।

Subject fullness (Secondary fullness)—विषय पूर्णता, इतरोल्लेख।

Subject heading—विषय शीर्षक।

ऐसा शब्द या शब्द-समूह जिससे

एक विषय के अंतर्गत आई सारी सामग्री को प्रविष्ट किया जा सके।

Subjective—विषयनिष्ठ, विषय सापेक्ष, कर्तृ संबंधी।

Subjective works—विषयनिष्ठ कृतियाँ।

Subjective writing—विषयनिष्ठ लेखन।

Subject library—विशिष्ट विषय पुस्तकालय।

Subject magazine—विषय-पत्रिका।

Subject reference—विषय-निर्देश (देखिए Subject cross reference)।

Subject series—एकल विषय ग्रंथमाला।

Subject specialists—विषय विशेषज्ञ।

Subject specialization—विषय विशिष्टीकरण।

Subject style (Author style)—विषय शैली।

Subject wise—विषयानुसार।

Subject word entry—विषय शब्द प्रविष्टि।

Sub-librarian—उपपुस्तकालयाध्यक्ष, उपपुस्तकाध्यक्ष, उपग्रंथालयी, सब-लाइब्रेरियन।

Sub-literary reader—अवर साहित्य पाठक।

Sub-ordinate author—अधीनस्थ लेखक।

मुख्य या मूल लेखक के अतिरिक्त संयुक्त लेखक, संपादक, अनुवादक, चित्रकार इत्यादि 'अधीनस्थ लेखक' कहलाते हैं।

Sub-ordination—उपवर्गीकरण।

Sub-region—उपप्रदेश।

Sub-regional library—उपप्रदेशीय पुस्तकालय।

Subroutines (C.S.)—उपप्रोग्राम।

वह प्रोग्राम जिसमें अपेक्षित क्रियाकलाप बताए गए हों और जो वांछित परिणाम प्राप्त करने के लिए एक दूसरे प्रोग्राम में प्रयुक्त किया जाए।

Subscribe—ग्राहक बनना, शुल्क देना।

Subscribed list of periodicals—शुल्कपत्रिका सूची।

पत्रिकाओं की सूची, जिनका शुल्क जमा किया गया है।

Subscriber—सशुल्क सदस्य, ग्राहक।

Subscribers copy—ग्राहक प्रति।

Subscribers edition—ग्राहक संस्करण।

Subscription—शुल्क, अभिदान, चंदा, ग्राहकी।

Subscription library—सशुल्क पुस्तकालय।

Subsidiaries—सहायक सामग्री।

Subsidiary processor (C.S.)—अनुषंगी संसाधित्र (देखिए Satellite processor)।

Subsidiary record—सहायक अभिलेख।

Subsidiary register—सहायक पंजिका।

Subsidiary source—सहायक स्रोत।

Subsidiary word—सहायक शब्द।

Subsidized—आर्थिक सहायता प्रदत्त।

Subsidized book—अर्थ सहायता प्राप्त पुस्तक।

Subsidized library—अर्थ सहयोग प्राप्त पुस्तकालय।

Subsidized paper—अर्थ सहायता प्राप्त कागज।

Subsidy for library—पुस्तकालय हेतु आर्थिक सहायता।

Substandard book—अवमानक पुस्तक।

Substandard literature—अवमानक साहित्य।

Substantial revision—भारी परिवर्तन।

Substantive digit—क्रमिक अंग, मुख्य भागीय अंक।

Sub-system—उपपद्धति, उपव्यवस्था।

Subterranean magazine—गुप्त पत्रिका।

Subtext—निहितार्थ।

Subtitle—उपाख्या।

पुस्तक की आख्या का व्याख्यात्मक अंश।

Sub-urban library—उपनगरीय पुस्तकालय।

Sub-urban paper—उपनगरीय पत्र।

Successful librarian—सफल ग्रंथालयी।

Successor—उत्तरवर्त्ती।

Suffix—पर प्रत्यय।

Suffixing language—पर प्रत्यय योजक भाषा।

Suggestion box—सुझाव पेटिका।

Summary—सारांश, संक्षेप।

Summer card (Summer loan card)—अवकाश कालीन कार्ड।

Summer library workshop—अवकाश कालीन पुस्तकालय कार्यशाला।

Summum genus—पराजाति।

Sunday edition—रविवासरीय संस्करण, इतवारी संस्करण।

Sunk bands (Sunk cords)—दबी पट्टियाँ।

Sunk relief—गहरा उद्‌भृत, निम्नोच्चित्र।

Sunk signature—दबा चिह्न।

Super caster—बड़ा टाइप, सुपर कास्टर।

Super finish—अतिपरिष्कृत।

Super imposed isolate (idea)—आरोपित वियोजक (भाव)।

Superintendent branch—अधीक्षक शाखा।

Superior letters—शीर्षाक्षर।

Super royal—सुपर रॉयल।

Supervisory control (C.S.)—पर्यवेक्षी नियंत्रण।

नियंत्रण प्रोग्राम संक्रिया प्रणाली का वह अंग जो प्रोग्राम के निष्पादन का पर्यवेक्षण करता है।

Supervisory observation—पर्यवेक्षी प्रेक्षण।

Supervisory work—पर्यवेक्षण कार्य।

Supplementary—अनुपूरक।

Supplementary catalogue—अनुपूरक सूची।

Supplementary library budget—अनुपूरक पुस्तकालय बजट।

Supplementary periodical—अनुपूरक पत्रिका।

Supplementary source—अनुपूरक स्रोत, बाह्य स्रोत।

Supplementary table—अनुपूरक सारणी।

Supplement catalogue—अनुपूरक सूचीपत्र।

Supplement facet—अनुपूरक मुख।

Supplement number—अनुपूरक संख्या।

Supplement paper—अनुपूरक पत्र।

Supplier—पूर्तिकर्ता, पूर्तिकार, संभरक।

Supply—पूर्ति, संभरण।

Supra—पूर्वोल्लिखित।

Surname—कुलनाम।

Surplus copies—अधिशेष प्रतियाँ।

Surplus staff—बेशी कर्मचारीगण।

Survey of reader's habit—पाठक रुचि सर्वेक्षण।

Swash letters—स्वाश लेखन शैली।

Syllabic writing—आक्षरिक लेखक।

Syllabi gram—अक्षर लेख।

Syllabus—पाठ्यक्रम।

Syllabus of librarianship—पुस्तकालय विज्ञान पाठ्यक्रम।

Symbol—प्रतीक।

Symbolic language—प्रतीकात्मक भाषा।

Symbolic publication—प्रतीकात्मक प्रकाशन।

Symposium on library development—पुस्तकालय विकास परिसंवाद।

Syncope—अक्षर लोप।

Syndetic catalogue (Connective catalogue)—संयोगी सूची, अंतर्निर्देश सहित सूची।

ऐसी शब्दकोशीय सूची जिसमें प्रविष्टियों को अंतर्निर्देश द्वारा जोड़ा गया हो। निर्देश विस्तृत विषय से कम विस्तृत विषय तक दिए जाते हैं।

Syndicate—सिंडिकेट, अभिषद्।

Syndicated contributor—अभिषद् लेखक।

Syndicated feature—अभिषद् रूपलेख, अभिषद् फीचर।

Syndicated material—अभिषद् सामग्री।

Synonym—पर्यायवाची, समानार्थी, पर्याय, समानार्थक।

Synonymic book—पर्यायवाची पुस्तक, पर्यायवाची ग्रंथ।

Synopsis—सारांश, संक्षेप, विषय

संक्षेप, सार।

किसी ग्रंथ की मुख्य बातों का सार, जिसे शीघ्र विचारार्थ व्यवस्थित किया गया हो।

Synthesis—संश्लेषण।

Synthetic—संश्लिष्ट, सांश्लेषिक।

Synthetic knowledge—कृत्रिम ज्ञान, संश्लेषणात्मक ज्ञान।

Synthetic language—संश्लेषणात्मक भाषा, कृत्रिम भाषा।

Synthetic opinion—संश्लेषणात्मक राय।

System—पद्धति, प्रणाली, व्यवस्था।

System (C.S.)—प्रणाली, तंत्र।

1. पारस्परिक नियंत्रित एकीकृत घटकों का एक समूह।

2. किसी निर्दिष्ट लक्ष्य के लिए संघटकों के संयोजन का ऐसा सुव्यस्थित और समग्र रूप जो नियमबद्ध अंतः क्रियाओं द्वारा जुड़ा हो।

System analysis—व्यवस्था विश्लेषण।

Systematic arrangement—व्यवस्थित, व्यवस्थापन।

Systematic auxiliary schedule—व्यवस्थित सहायक अनुसूची।

Systematic bibliography—व्यवस्थित ग्रंथ-सूची।

संदर्भ एवं अध्ययन के उद्देश्य से पुस्तकों की जाँच और उनसे प्राप्त प्रविष्टियों का एकत्रीकरण इस प्रकार करना कि उनका व्यवस्थापन लाभदायक और तर्कसंगत बन जाए। आवश्यकतानुसार यह व्यवस्थापन साधारण भी हो सकता है या विस्तारपूर्ण भी।

Systematic catalogue—व्यवस्थित सूची।

Systematic isolate (idea)—व्यवस्थित वियोजक।

Systematic library service—व्यवस्थित पुस्तकालय सेवा।

Systematic rich digit—व्यवस्थित आद्य अंक।

Systematic schedule—व्यवस्थित सारणी।

Systematization—व्यवस्थापन।

System design (C.S.)—प्रणाली डिजाइन, तंत्र डिजाइन।

किसी भी तंत्र/प्रणाली के समस्त भागों के बीच उनकी अभिलाक्षणिक क्रियाओं के पदों में उनके कार्यकारी संबंधों का विनिर्देश।

Systems flowchart (C.S.)—प्रणाली प्रवाह-संचित्र।

किसी प्रणाली की संक्रियाओं को दरशानेवाला प्रवाह चार्ट।

System structure (C.S.)—प्रणाली संरचना।

किसी भी तंत्र/प्रणाली के विभिन्न संघटकों के आपसी संबंधों का निरूपण।

□

T

Tab index—टैब सूचक।

Table—सारणी, तालिका।

Table book—फलक ग्रंथ, सारणी पुस्तक।

Table of contents—विषय तालिका।

Tablet—फलक, पट्ट।

Tablet book—फलक पुस्तक।

Tabloid—लघु पत्र, छोटा पत्र।

Tabloid newspaper—लघु समाचार-पत्र।

Tabular work—सारणी कार्य।

Tag—बिल्ला, टैग।

Tag converting unit (C.S.)—टैग परिवर्तक।

टैग पढ़ने की वह मशीन जो भावी उपयोग की दृष्टि से टैग में दी गई सूचना को स्वत: रूपांतरित कर देती है।

Tail—निचला सिरा, पुश्त, तल।

Tail band (Foot band)—तल पट्टिका।

Tail cap—पुश्त मोड़।

Tail edge—तल उपांत, निचला किनारा।

Tailed letter—पुच्छल अक्षर।

Tailed margin—निचला हाशिया।

Tail of sheet—कागज कोर, कागज का छोर।

Tail ornament (Tail pice)—तल अलंकरण।

Talent—गुण।

Talented—गुणी, विद्वान्, गुणवान्।

Talking book—भव्य पुस्तक, ग्रामोफोन रिकॉर्ड पुस्तक।

Tally—प्राप्ति सूचक।

Tally card—मिलान कार्ड।

Talmud—तालमद।

Tape—फीता, टेप।

Tape alternation (C.S.)—टेप रूपांतरण।

बहु टेप फाइलं में संक्रिया के दौरान एक टेप से दूसरे टेप का नियंत्रण स्वत: बदलने की प्रक्रिया।

Tape file (C.S.)—टेप मिसिल।

चुंबकीय टेप पर दत्त/सूचना की फाइल।

Tape labels (C.S.)—टेप लेबल।
टेप पर फाइलों का ब्योरा बताने के लिए चुंबकीय टेप पर शुरू और अंत में दिया गया विशेष रिकॉर्ड।

Tape unit (C.S.)—टेप यूनिट।
ऐसी युक्ति जो कंप्यूटर से दी गई सूचना को टेप से रिकॉर्ड कर सके अथवा टेप में दी गई सूचना को कंप्यूटर में दे सके।

Tassel—फँदना, फीता।

Teacher librarian—अध्यापक पुस्तकाध्यक्ष।

Teacher's card—अध्यापक कार्ड।

Teacher training school library—अध्यापक प्रशिक्षण विद्यालय पुस्तकालय।

Teaching staff of library science—पुस्तकालय विज्ञान का अध्यापन वर्ग।

Technical—तकनीकी, प्राविधिक, पारिभाषिक।

Technical aid—तकनीकी सहायता।

Technical assistant—तकनीकी सहायक।

Technical journal—तकनीकी पत्रिका।

Technical library—तकनीकी पुस्तकालय।

Technical section—तकनीकी अनुभाग।

Technical terms—पारिभाषिक शब्दावली।

Technology—प्रौद्योगिकी।

Technology department—प्रौद्योगिकी विभाग।

Technology librarian—प्रौद्योगिकी पुस्तकाध्यक्ष।

Technology library—प्रौद्योगिकी पुस्तकालय।

T.E.G. (Top Edge Gift)—सुनहरी उपरि कोर, सुनहरी शीर्ष कोर।

Telephoto—टेलीफोटो, दूरचित्र।

Telephotography—दूरचित्रकारी, टेलीफोटोग्राफी।

Teleprinter—टेलीप्रिंटर, दूरमुद्रक।

Teleprinter operator—टेलीप्रिंटर प्रचालक, दूरमुद्रक प्रचालक।

Tele-reference—दूर संदर्भ सेवा।
किसी अप्रत्यक्ष स्थान से सूची के विषय में परामर्श प्राप्त करने की विधि।

Telescope box—दूरवीक्षी मंजूषा, दूरबीनी बक्स।

Telescoped array—अंतर्विद्ध पंक्ति।
वर्गीकरण तालिका में विचार स्तर के दृष्टिकोण से पंक्ति में वे वियोजक जो समकक्ष वर्ग एवं आश्रित वर्गों से बने हों, किंतु अंकन स्तर पर वे समकक्ष वर्ग के हों।

Telescoped facet—अंतर्विद्ध मुख।

Telescopic—दूरदर्शी, टेलिस्कोपी।

Television—दूरदर्शन, टेलीविजन।

Telex system—टेलेक्स व्यवस्था।

Telonism—अंत्याक्षरित, छद्म नाम।

Temporary appointment—

अस्थायी नियुक्ति।

Temporary binding—अस्थायी जिल्द।

Temporary card—अस्थायी कार्ड।

Temporary closing—अस्थायी बंद, अस्थायी (सेवा) विराम।

Temporary disability—अस्थायी अपंगता।

Temporary helper—अस्थायी सहायक।

Temporary library assistant—अस्थायी पुस्तकालय सहायक।

Temporary slip—अस्थायी परची।

Tender—टेंडर, निविदा।

Tender for supply of book—पुस्तक पूर्ति टेंडर।

Tender for supply of periodicals—पत्रिका पूर्ति टेंडर।

Term—पद।

प्राकृतिक भाषा या किसी विशिष्ट भाषा में वर्गीकरण-पद्धति में किसी वर्ग को प्रदर्शित करनेवाला शब्द या शब्द-समूह।

Terminated series—विरमित ग्रंथमाला, पूर्ण ग्रंथमाला।

Termination of agreement—समझौता समापन।

Terminology—पदावली, शब्दावली।

शब्दावली की एक पद्धति।

Terminology of library science—पुस्तकालय विज्ञान शब्दावली।

Terrion (Triad, Trio)—त्रिपत्र, त्रिपर्णी।

Test audit—नमूना लेखा परीक्षा।

Test chart—परीक्षण चार्ट।

Test check—नमूना जाँच (देखिए Test verification of stock)।

Test data (C.S.)—परीक्षण दत्त।

किसी प्रोग्राम या प्रणाली की संपूर्ण व्यवस्था के परीक्षण के लिए विशेष रूप से तैयार कोई दत्त।

Testing programme—परीक्षण कार्यक्रम।

Test object—परीक्षण वस्तु।

Test paper—परीक्षण पत्र।

Test report—परीक्षण रिपोर्ट।

Test run (C.S.)—परीक्षण प्रचालन।

प्रोग्राम का वह निष्पादन, जो परीक्षण दत्त के द्वारा प्रोग्राम की सत्यता सिद्ध करे।

Tetralogy—चतुष्कृति।

Text—पाठ, मूलपाठ, मूलग्रंथ, मूल पाठ्य पुस्तक।

Text book—पाठ्य पुस्तक।

Text book appraisal—पाठ्य पुस्तक मूल्यांकन।

Text book committee—पाठ्य पुस्तक समिति।

Text book edition—पाठ्य पुस्तक संस्करण, छात्र संस्करण।

किसी पुस्तक का ऐसा संस्करण जो विद्यार्थियों के लिए हो।

Text book library—पाठ्य (पुस्तक)

पुस्तकालय।

Textile Ministry library—वस्त्र मंत्रालय पुस्तकालय।

Text title—मूल पुस्तक शीर्षक।

Thermography (printing)—तापमुद्रण, थर्मोग्राफी।

Thesaurus—पर्याय शब्दकोश, थेसारस।

Thesis—शोध प्रबंध, प्रबंध।

Thickness copy (Dummy)—पुस्तकाभास, डमी।

Thick space—स्थूल अंतरक।

Thin booklet—पतली पुस्तिका।

Thin fillet—पतली पट्टी, पतली पट्टिका।

Thin (printing) paper—पतला (मुद्रण) कागज।

Thin space—सूक्ष्म अंतरक।

Third indention—तीसरा हाशिया।

सूचक कार्ड का वह भाग जहाँ से पूर्व निश्चित नियमानुसार विवरण के कुछ अंश शुरू किए जाते हैं या जारी रखे जाते हैं। यह सामान्यत: कार्ड के दूसरे हाशिए से उतनी ही दूरी पर होता है जितना कि दूसरा हाशिया पहले हाशिए से।

Third Internationale (Comintern 1919-1943)—तृतीय इंटरनेशनल।

Third proof (Third reading)—तृतीय प्रूफ, तृतीय वाचन।

Thought—विचार, चिंतन, विचारधारा।

Thought content—विचारांश।

किसी पुस्तक में अभिव्यक्त विषय-वस्तु।

Thought provoking—विचार प्रधान, विचारोत्तेजक।

Threading—धागा सिलाई।

Thread stitched—धागाबद्ध, तंतुबद्ध।

Thread stitching—धागा सिलाई।

Three colour printing—तिरंगी छपाई।

Three colour process—त्रिवर्ण प्रक्रम।

Three colour reproduction—तिरंगी छपाई, त्रिवर्ण मुद्रण।

Three quarter binding—पौनी बँधाई, तीन चौथाई बँधाई।

Three quarter bound—पौन जिल्द।

Three quarter leather—तीन चौथाई चमड़ा जिल्द, पौन चमड़ेवाली जिल्द।

Threshhold of knowledge—ज्ञान-देहली।

Throw—दूरी, प्रसर, प्रक्षेप।

Throw out—बाह्य प्रसूत पत्र, बाह्य प्रसार्य (मानचित्रादि)।

Thumb book—छोटी पुस्तिका, सूक्ष्मपुस्तिका, गुटका, जेबी संस्करण।

Thumb index—अंगुष्ठ अभिसूचक।

किसी पुस्तक के अगले किनारों में से कटे खाँचेदार गोल किनारे जिनपर शब्द, अक्षर या कोई अन्य लक्षण विन्यास बताने के लिए छपे हों।

Ticket (Library card)—टिकट।

T.I.D.U. (Technical Information and Documents Unit)—तकनीकी सूचना सेवा एवं प्रलेख एकक।

Tied letters—युक्ताक्षर।

Tied up—पृष्ठबंधी सामग्री।

Tier—सोपान, सोपानिका।

Tight paper—विज्ञापन बहुल समाचार-पत्र, बहु विज्ञापन-पत्र।

Tilted tab guide (Angle top, Angle tab guide)—अभिनत टैब संदर्शिका।

ऐसी संदर्शिका जिसमें लेबल धारण करने के लिए सैल्यूलोज लगा हो और जिसे 45 डिग्री के कोण पर ऊपरी कोने से लगाया गया हो।

Time—समय, काल।

Timely book—सामयिक पुस्तक।

Timely journalism—सामयिक पत्रकारिता।

Timely publication—सामयिक प्रकाशन।

Time numbers—समयांक।

बिस्को के समयांक या मैरिल के पुस्तकांक।

Timer—समयांकक।

Time record (Date record)—तिथि सूचक, तारीख रिकॉर्ड।

Time recording machine—तिथि सूचक मशीन, समयलेखित्र यंत्र।

Time schedule—समय अनुसूची, समयसारणी।

Time stamp—तिथि सूचक मुहर, समय मुहर।

Timing—समय, कार्य समय।

Tinted paper—रंगीन कागज।

Tinted stock—रंगीन कागज।

Tipped in—भीतर चिपका पन्ना, अंतर्विष्ट पृष्ठ।

एक पन्ना, शुद्धि-पत्र या कोई चित्र, जो पहले पृष्ठ पर चिपकाकर किसी पुस्तक में डाल दिया जाए।

Tissued plate—ऊतिपत्रित चित्र, ऊतिपत्रित प्लेट।

पुस्तक में प्रकाशित ऐसे चित्र जिनकी सुरक्षा के विचार से चित्र और मुद्रित पृष्ठ के बीच में पतला टिशू कागज लगाया जाता है। कभी-कभी इस कागज पर चित्र से संबद्ध कोई शीर्षक या अवतरण भी छपा होता है।

Tissue paper—टिशू पेपर, पतला (पारदर्शी) कागज।

Title—शीर्ष, आख्या, शीर्षक।

Title-a-line catalogue—शीर्षक पंक्ति-सूची, आख्यक पंक्ति-सूची।

ऐसी सूची जिसमें प्रविष्टि में केवल एक पंक्ति हो।

Title analytical entry—आख्या विश्लेष प्रविष्टि।

सूची में ऐसी आख्या प्रविष्टि, जो पुस्तक के किसी भाग या लेख के लिए बनाई गई हो और उस प्रविष्टि में उस पुस्तक का संदर्भ दिया गया

हो, जिसमें वह लेख या भाग समाविष्ट हो।

Title caption—आख्या शीर्ष।

मध्य कालीन पांडुलिपियों या प्राचीन मुद्रित पुस्तकों अथवा उनके खडों के प्रारंभिक शब्द, जिनके द्वारा पुस्तक के शीर्षक, लेखक आदि का परिचय दिया जाए।

Title card—टाइटिल कार्ड, आख्या पत्रक।

Title catalogue—आख्या-सूची, नाम-सूची।

ऐसी सूची जिसकी प्रविष्टियाँ केवल शीर्षक के अंतर्गत बनाई गई हों।

Title catalogue system—नाम-सूची प्रणाली।

Title edition—आख्या पृष्ठ संस्करण।

Title entry—आख्या प्रविष्टि।

किसी पुस्तक की सूची या ग्रंथ-सूची में केवल शीर्षक के अंतर्गत रखा गया आलेख। ऐसी प्रविष्टि शीर्षक के पहले शब्द से शुरू होती है। वह मुख्य या गौण प्रविष्टि हो सकती है।

Title file—आख्या फाइल।

Title heading—आख्या शीर्ष।

Title indention—दूसरा हाशिया।

Title leaf—आख्या पेज, आख्या पृष्ठ।

Title letter (Title mark)—आख्या चिह्न, कृति चिह्न।

Title line—नाम पंक्ति।

Title mark—आख्या चिह्न, कृति चिह्न।

Title of honour—सम्मान उपाधि।

Title page—मुख पृष्ठ, आख्या पृष्ठ।

किसी पुस्तक के शुरू में लगा पृष्ठ जिसपर पुस्तक का पूरा शीर्षक और कभी-कभी लेखक या संपादक का नाम तथा प्रकाशन विवरण भी दिया जाता है।

Title reference—आख्या निर्देश।

सूची में शीर्षक से निर्देश।

Title section—आख्या परिच्छेद।

Title sheet—आख्या पत्रक।

Title statement—आख्या विवरण।

Title vignette—आख्या पृष्ठ अलंकार।

Titling—शीर्षक देना, बड़ा टाइप।

T.L.S. (Typed Letter Signed)—टंकित स्वाक्षरित पत्र।

To come out—प्रकाशनाधीन।

Toggle press—टोगल प्रेस, टोगल मुद्रण यंत्र।

Token charging—टोकन निर्गम।

Tooled edge—अलंकृत कोर।

पुस्तक के किनारे, जिसपर नमूने बने हों।

Toothed rack—दाँतेदार रैक।

Top—सिरा, शीर्ष।

Top edge gilt—ऊपरी कोर मुलम्मा।

Topic—विषय, प्रसंग, प्रकरण।

Topical bibliography—प्राकरणिक ग्रंथ-सूची।

Topical book—प्रासंगिक पुस्तक।

Topical composition—प्रासंगिक रचना।

Topic guide—विषय संदर्शिका।

Top line—शीर्षस्थ, शीर्ष पंक्ति, शीर्ष रेखा।

Top margin (Head margin)—शीर्षोपांत, मुख्य हाशिया, ऊपरी हाशिया।

Topographical catalogue—आंचलिक विवरणिका।

Topographical index—स्थानानुक्रमणिका।

Topographical publication—आंचलिक प्रकाशन।

Topography—स्थलाकृति, स्थलाकृति विवरण।

To print—मुद्रण हेतु, छपाई के लिए तैयार।

To release—लोकार्पण हेतु, विमोचन हेतु।

Torn—फटा हुआ।

Torn book—फटी पुस्तक, जीर्ण-शीर्ण किताब।

Tory style—टोरी शैली, टोरी शैली जिल्द।

Town area library—नगर क्षेत्र पुस्तकालय।

To write off—अपलेखन, संग्रह निष्कासन, रद्दी में डालना।

Tracing—संलेख संकेतिका, संलेख संदर्शिका, मार्गण संलेख।

Tracing section—मार्गण संलेख, संकेतिका संलेख, संलेख संदर्शिका।

कार्ड सूची में ऐसे सभी शीर्षकों का मुख्य प्रविष्टि कार्ड पर लेखा-ज़ोखा, ज़िनके अंतर्गत सूची में कोई रचना दिखाई जाती है। इसमें सभी संबद्ध संदर्भों का भी विवरण होता है। यह विवरण कार्ड के आगे या पीछे अथवा संलग्न कार्ड पर भी दिया जा सकता है।

Tract—निबंधिका, ग्रंथमाला।

Tractarian movement (Oxford movement)—निबंधिका आंदोलन, ऑक्सफोर्ड आंदोलन।

Trade bibliography—व्यापारिक ग्रंथ-सूची।

पुस्तक विक्रेता, प्रकाशक द्वारा प्रकाशित ग्रंथ-सूची।

Trade catalogue—व्यापारिक ग्रंथ-सूची।

पुस्तक विक्रेता (पुस्तक वितरक) तथा प्रकाशक द्वारा प्रकाशित ग्रंथ-सूची।

Trade edition—व्यापारिक संस्करण।

Trade journal—व्यापारिक पत्रिका।

Trade mark—व्यापार-चिह्न, प्रतीक।

Trade paper—व्यापार-पत्र।

Trade publication—व्यापारिक प्रकाशन।

Trading binding—व्यापारिक जिल्द।

Trained assistant—प्रशिक्षित सहायक।

Trained attendant—प्रशिक्षित परिचारक।

Trained library hand—प्रशिक्षित

पुस्तकालय सहायक।

Trainee librarian—प्रशिक्षु पुस्तकाध्यक्ष।

Training in librarianship—पुस्तकालय विज्ञान प्रशिक्षण।

Transactions—गोष्ठी श्रावित रचनाएँ।

Transcript—प्रतिलिपि, प्रतिलेख।

Transcription—प्रतिलेखन, लिप्यंकन।

Transcription centre—प्रतिलेखन केंद्र।

Transcription programme library—रिकॉर्ड कार्यक्रम पुस्तकालय (केंद्र)।

Transfer picture—संक्रामक चित्र।

Transformed title—रूपांतरित शीर्षक, रूपांतरित नाम।

Translated—अनुवादित।

Translation—अनुवाद।

Translation bureau—अनुवाद ब्यूरो।

Translation rights—अनुवाद अधिकार।

Translator—अनुवादक।

Transliteration—लिप्यंतरण। एक लिपि के पाठ को दूसरी लिपि में प्रस्तुत करना।

Translucent screen—पारभासक परदा।

Transmission executive—प्रेषण प्रबंधक।

Transmitted light—पारेषित प्रकाश।

Transparency—पारदर्शिता, पारदर्शिका।

Transparent base—पारदर्शक आधार।

Transparent micro card—पारदर्शक सूक्ष्म कार्ड।

Transport department library—परिवहन विभाग पुस्तकालय।

Trash—असार कृति।

Travelling card—चल कार्ड।

Travelling library—चल ग्रंथालय, चल पुस्तकालय (देखिए Mobile library)।

Travelling library department—चल पुस्तकालय विभाग।

Travelogue—यात्रा वृत्तांत, यात्रावृत्त।

Tray label—ट्रे लेबल।

Treasure room (Rare book room)—दुर्लभ ग्रंथ कक्ष, दुष्प्राप्य ग्रंथ कक्ष।

Treatise—प्रबंध।

Tree calf—जामदानी चर्म, वृक्षाभ चिह्नित चर्म।

Tree of porphyry—पॉरफिरी विभाजन।

Trial binding—परीक्षार्थ जिल्द।

Trial edition—परीक्षार्थ संस्करण।

Trial issue—परीक्षार्थ प्रतियाँ।

Trial proof—परीक्षार्थ प्रूफ।

Trilogy—त्रयी, कृतित्रय।

Trimmed edge—कटी कोर।

Trimming—काट-छाँट।

Trio—त्रिपर्णी।

Triple entry—त्रिप्रविष्टि।

Triple entry charging system—त्रिप्रविष्टि निर्गम-पद्धति।

निर्गमित पुस्तकों का रिकॉर्ड रखने की ऐसी पद्धति जिसमें समय रिकॉर्ड, पुस्तक रिकॉर्ड तथा ग्रहीता के नाम रिकॉर्ड रखा जाए।

Triptych—त्रिफलक, त्रिपट्ट।

Tri-weekly—सप्ताह में तीन बार।

Turned letter (Blacks)—उलटा अक्षर।

Turned sorts—उलटा टाइप।

Turn-in—परिवर्तित आवरणांश।

Twenty-fourmo—चौबीसवाँ, अड़तालीस पेजी।

Twentymo—बीसवाँ भाग, चालीस पेजी।

Twice a week—सप्ताह में दो बार, अर्ध साप्ताहिक।

Two card system—द्विकार्ड पद्धति।

निर्गम की ऐसी पद्धति जिसमें ग्रहीता को दो कार्ड दिए जाते हैं।

Two colour halftone—दुरंगा हाफ्टोन।

Two colour process—दुरंगा प्रक्रम।

Two colour reproduction—दुरंगी छपाई।

Two penny library—टका पुस्तकालय।

Two revolution machine—द्विपरिक्रामी मशीन।

Two sheets on—दो जुजी सिलाई।

Two way paying—द्विक पृष्ठांकन।

Type—टाइप, मुद्राक्षर, मुद्र, छाप।

Type casting machine—टाइप ढलाई मशीन।

Typed manuscript—टंकित पांडुलिपि।

Type facsimile—टाइप अनुलिपि, पूर्वानुरूप मुद्रण।

Type Pulls—टाइप प्रूफ।

Typographer—मुद्रण विद्, टाइप मुद्रण विद्।

Typographical display—टाइप सजावट।

Typographical error—छपाई की भूल, मुद्रण त्रुटि।

टाइप अथवा मुद्रण की गलती।

Typography—मुद्रण कला विद्या, टाइप विन्यास, टाइप मुद्रण।

□

U

U.D.C. (Universal Decimal Classification)—सार्वत्रिक दशमलव वर्गीकरण, यूनिवर्सल डेसिमल क्लासिफिकेशन।

हेनरी ला फांटेन एवं पाल ओटलट ने सन् 1895 में ब्रूसेल्स नगर में 'इंस्टीट्यूट इंटरनेशनल द बिब्लियोग्राफी' नामक संस्था की स्थापना की। सन् 1905 में प्रथम संपूर्ण अंतरराष्ट्रीय संस्करण (फ्रेंच भाषा में) 'मेन्युल द रेपएटायर बिब्लियोग्रैफिक यूनिवर्सल' नाम से प्रकाशित हुआ। दूसरा संपूर्ण संस्करण 1927/33 में 'क्लासिफिकेशन डेसिमल यूनिवर्सल' नाम से (फ्रेंच भाषा में) प्रकाशित हुआ। तब से इसका कार्य आज तक प्रगति पर है।

Ultimate commodity—चरम पण्य।

Ultimate law—चरम नियम।

Ultraviolet rays—पराबैंगनी किरणें।

Umbral region—प्रच्छाया।

पाठकों की प्राथमिक रुचि के अनुकूल विषयों का व्यवस्थापन।

Unbleached paper—अविरंजित कागज।

Under circulation—परिचालित।

Underground literature—गूढ़ साहित्य, गोपनीय साहित्य।

ऐसे प्रकाशन जिनका प्रकाशन एवं मुद्रण गोपनीय ढंग से हुआ हो। यह सामान्यत: राजनीतिक प्रकृति के होते हैं और इनमें सरकार के विरुद्ध बातें होती हैं।

Under issue—निर्गमित, पठन हेतु दी गई पुस्तक।

Underline—अधोरेखांकन, चित्र परिचय।

Under publication—प्रकाशनाधीन, मुद्रणाधीन।

Unequal margin—असमान हाशिया मुद्रण, असम उपांत मुद्रण।

Unexpurgated edition—अपरिष्कृत संस्करण।

Unfinished book—असमाप्त पुस्तक।

Unfinished publication—असमाप्त प्रकाशन, अधूरा प्रकाशन।

Ungathered—असंगृहीत।

Unglazed paper—चमकहीन कागज।

Uniform catalogue—एकरूप सूची।

Uniform classification—एकरूप वर्गीकरण।

Uniform title—एकरूप शीर्षक।

Union bibliography—संघीय ग्रंथ-सूची।

Union catalogue—संयुक्त सूची।

किसी पुस्तकालय संग्रह के सभी प्रलेखों की अथवा किसी देश अथवा उसके किसी भाग के सभी उपलब्ध प्रलेखों की समुच्चित सूची।

Union depository catalogue—संघीय निक्षिप्त पुस्तक सूची।

Union list—संघीय सूची।

Union list of periodicals—संघीय पत्रिका सूची।

Union shelf list—संघीय निधानी सूची।

Union trade catalogue—समेकित व्यापारिक सूची।

Unit—इकाई, एकांश, एकक, यूनिट।

Unitary class—एक विषयक वर्ग।

ऐसा वर्ग जिसमें केवल एक ही सत्ता हो।

Unitary group—एक विषयक समूह।

ऐसा विषय-समूह जिसमें केवल एक और एक ही विषय हो।

Unit card—आधार कार्ड।

मूल सूची कार्ड, जो मुख्य प्रविष्टि के रूप में होता है। इससे अन्य प्रतिकृति तैयार कर और उसके ऊपर वांछित शीर्षक देकर अन्य प्रविष्टियाँ बनाई जा सकती हैं।

Uniterm system (C.S.)—एक पद प्रणाली।

निर्देशक सूचक प्रणाली में सूचक शब्दों के वर्गीकरण पर आधारित एक दत्त अभिलेखन प्रणाली, जो विशेषतया पुस्तकालयों में प्रयुक्त होती है।

Universal bibliography—सार्वत्रिक ग्रंथ-सूची।

विश्व की पुस्तकों की ग्रंथ-सूची। श्री कोनरॉड गेसनेर ने विश्व के महत्त्वपूर्ण प्रकाशनों की सूची तैयार करने का प्रयास किया था। बिब्लियोथिका यूनिवर्सल्स का प्रकाशन भी सन् 1545 में हुआ था। वास्तव में विश्व में उपलब्ध महत्त्वपूर्ण प्रकाशनों की संपूर्ण सूची के अनेक प्रयास किए गए जो कभी पूर्ण नहीं हो पाए। ये प्रयास सार्वत्रिक ग्रंथपरक नियंत्रण के रूप में हैं।

Universal catalogue—सार्वत्रिक सूची।

Universal catalogue code—सार्वत्रिक सूची संहिता।

Universal copyright convention—सार्वत्रिक कॉपीराइट अभिसमय।

Universal decimal classification (UDC)—सार्वत्रिक दशमलव वर्गीकरण।

Universal literature—सार्वभौम साहित्य।

Universal validity—सार्वत्रिक वैधता (सूचीकरण सिद्धांत)।

Universe of knowledge—ज्ञान लोक।

Universe of subjects—विषय लोक।

Universe of wholes—अखंड वस्तुओं की लोक सत्ता।

किसी विशिष्ट प्रकार की सत्ता का संपूर्ण लोक। उदाहरणार्थ—साहित्य लोक, चाहे साहित्य किसी भी भाषा में लिखा हो।

Universe of works—कृति लोक।

University Librarian—विश्वविद्यालय ग्रंथालयी, विश्वविद्यालय पुस्तकालयाध्यक्ष।

University library—विश्वविद्यालय पुस्तकालय।

University library system—विश्वविद्यालय पुस्तकालय प्रणाली।

Unnumbered—संख्या रहित।

Unofficial document—गैर-सरकारी दस्तावेज।

Unofficial publication—गैर-सरकारी प्रकाशन।

Unopened book—अनखुली पुस्तक।

Unopened copy—अनखुली प्रति।

Unopened document—अनखुला दस्तावेज।

Unordered copy—अनादिष्ट प्रति।

Unordered periodical—अनादिष्ट पत्रिका।

बिना मँगाई गई पत्रिका, जो अवलोकनार्थ या भेंट के तौर पर पुस्तकालय को प्राप्त हुई हो।

Unprocessed book—अप्रक्रमित पुस्तक।

Unprocessed copy—अप्रक्रमित प्रति।

पुस्तकालय में आई वह प्रति जिसका वर्गीकरण-सूचीकरण कार्य अभी संपन्न न हुआ हो।

Unpublished—अप्रकाशित।

Unpublished book—अप्रकाशित कृति।

लेखक की वह कृति जो अभी अप्रकाशित हो।

Unrecorded book—अनभिलिखित पुस्तक।

Unrecorded publication—अनभिलिखित प्रकाशन।

Unregistered paper—अपंजीकृत समाचार-पत्र।

ऐसा समाचार-पत्र जिसका भारत के समाचार-पत्र पंजीयक कार्यालय में पंजीयन नहीं हुआ हो।

Unregistered publication—बिना कॉपीराइट प्रकाशन।

बिना कॉपीराइट किया हुआ प्रकाशन।

Unreturned book—वापस न आई पुस्तक।

ऐसी पुस्तक जो पुस्तकालय में अभी वापस न लौटाई गई हो।

Unreturned publication—वापस न आया प्रकाशन।

Unsewn binding—बिना सिलाई की जिल्द।

Unsigned—जुज संकेतहीन।

Unsought link—अनइंट कड़ी।

ऐसी कड़ी जिस पर पाठ्य-सामग्री खोजने की संभावना नहीं होती।

Untouched—अपरिष्कृत।

Untrimmed—असमकृत।

Untrimmed copy—असमकृत प्रति।

Untrimmed edge—असमकृत किनारा।

Upper cover (Front Ever)—मुख आवरण।

Upper link—ऊपरी शृंखलांग।

अंतिम कड़ी के अतिरिक्त कोई भी कड़ी।

Upright stroke—पंक्ति अंत चिह्न, पंक्ति विभाजक चिह्न।

Uptodate (C.S.)—अद्यतन करना।

किसी विशेष प्रक्रिया द्वारा विद्यमान् सूचना को अद्यतन करना।

User—उपभोक्ता, पाठक।

पुस्तकालय के प्रयोगकर्ता, उपभोक्ता अथवा पाठक गण।

□

V

Vacation card—अवकाश कालीन (पुस्तकालय) कार्ड।

Vade mecum—गुटका, पुस्तिका।

Validity of card—कार्ड की वैधता, कार्ड की विधिमान्यता।

Validity of copyright—कॉपीराइट की विधिमान्यता।

Valued book—मूल्यपरक पुस्तक।

Variable frame—परिवर्तनशील फ्रेम।

Variorum edition—पाठालोक्ति संस्करण।

ऐसा संस्करण जिसमें अनेक संपादकों तथा समीक्षकों की टिप्पणियाँ हों।

Vatican code—वेटीकन संहिता।

इटालवी भाषा में सन् 1927 में वेटीकन ग्रंथालय द्वारा प्रकाशित सूचीकरण की पद्धति 'वेटीकन कोड' नाम से प्रसिद्ध हुई।

Vatican library—वेटीकन (रोम) पुस्तकालय।

Vellum finish—कपड़े की जिल्द, वत्सचर्माभाषी कपड़े की जिल्द।

Vellum parchment—चर्मपत्र।

Vellum roll—कुंडलीकृत वत्सचर्म।

Velour—वेलूर कागज।

Velvet finish—मखमली फिनिश।

Vender (Vendor)—विक्रयी, विक्रेता।

Verbatim—शब्दशः।

Verification of library collection (Stock taking)—पुस्तकालय संग्रह का सत्यापन, जाँच-पड़ताल।

Verification of stock—संग्रह-सत्यापन।

Verification standards—सत्यापन मानक।

Vernacular—अवभाषा, मातृभाषा, देशीभाषा, संपर्कभाषा।

Version—अनुवाद, भाषांतरण, भाषांतर।

Verso—बायाँ पृष्ठ।

Vertical—खड़ा, ऊर्ध्वस्तर, विषय स्तर।

Vide supra—पूर्वोल्लिखित देखिए।

Viewer—अन्वीक्षक।

Virkotype process—तापमुद्रण।

Virtuoso—कलाविज्ञ।

Visible cloth joint—कपड़े का उभरा जोड़।

Visible index—सर्वदर्शी सूचक।

Visitor—आगंतुक, पाठक।

Visitor's book—आगंतुक पंजी।

Volume—जिल्द, खंड।

ऐसी पुस्तक जिसकी आख्या, पृष्ठक्रम इत्यादि स्वतंत्र रूप से अपने हों।

Volume facet—जिल्द मुख।

Volume signature—जिल्द प्रभागांक, अंश प्रभागांक।

Voluminous author—बहुग्रंथकार।

Voluminous publication—बहुखंडीय प्रकाशन।

Voucher—वाउचर।

□

W

Waiting list—प्रतीक्षा-सूची।

Wall map—दीवार मानचित्र, भित्ति मानचित्र।

Want list—क्रेय-सूची।

Ward library—वार्ड पुस्तकालय।

War library—युद्ध पुस्तकालय, युद्ध साहित्य ग्रंथालय।

War service library—युद्ध सेवा पुस्तकालय।

Washable binding—धुलाऊ जिल्द।

Wash bath—क्षालन थाली।

Washing—धावन, धुलाई।

Waste paper—रद्दी कागज।

Waste paper disposal—रद्दी निस्तारण।

Waste sheet—फालतू ताव, दूषित ताव।

Waste stuff—सदोष कागज।

Water mark—जल चिह्न, जलांक, वाटर मार्क।

Water strained—आर्द्रता अभिरंजित।

Waxed paper—मोमी कागज।

Wax tablet—मोम फलक।

Web machine—वेब मशीन।

Web press—वेब प्रेस, कागज बेलन।

Weeded out—छँटनी या निष्कासित।

Weeding—छँटाई करना।

अवांछित, अनावश्यक तथा अप्रयुक्त ग्रंथों अथवा अन्य पाठ्य सामग्री को पुस्तकालय-संग्रह से समय-समय पर छाँट देने की क्रिया।

Weekly issue and return—साप्ताहिक निर्गम-आगम।

Weekly paper—साप्ताहिक पत्र।

Weekly publication—साप्ताहिक प्रकाशन।

Weekly report—साप्ताहिक रपट।

Weight of face—मुद्रा मुख की आभा।

Welfare department library—कल्याण विभाग पुस्तकालय।

Wet process—आर्द्र प्रक्रिया।

White back paper—श्वेत-पृष्ठ कागज।

White book—श्वेत पुस्तक।

White paper—श्वेत पत्र।

किसी राष्ट्रीय विषय पर सरकार द्वारा प्रकाशित राष्ट्रीय महत्त्व का दस्तावेज।

Whole number—पूर्ण समंक।

किसी प्रकाशक द्वारा किसी पत्रिका के एक अंक या अन्य सामयिक प्रकाशनों को शुरू से अंत तक दिया गया पूरा अंक, जो पुस्तकों या माला प्रकाशन को दिए गए अंक से भिन्न होता है।

Whole organ principle—अंगागि-न्याय।

यदि 'क' किसी विषय मुख में विषय 'ख' का अंग है तो 'क' को 'ख' से पूर्व स्थान दिया जाता है।

Wholesale—थोक।

Wholesale book seller—थोक पुस्तक विक्रेता।

Wholesale book trade—थोक पुस्तक व्यापार।

Wholesale distributing agent—थोक वितरण अभिकर्ता।

Wholesale distributor—थोक वितरक।

Wholesale price—थोक मूल्य।

Wholesaler—थोक विक्रेता।

Whole stuff—तैयार लुगदी।

Who's who file—जीवन चरित फाइल।

Who's who of librarians—पुस्तकाध्यक्ष जीवन चरित।

Who's who of library world—पुस्तकालय जगत् जीवन चरित।

Wilson card—विल्सन कार्ड।

Wire binding—तारबंदी।

Wire lines—(कागज पर) पतली तार रेखाएँ।

Wire sewing—तार सिलाई।

Wire stitching—तार सिलाई।

With-a-deduction (At reduced price)—घटी कीमत पर।

Withdrawal from issue—निर्गम से निष्कासन, आहरण।

Withdrawal record—आहरण रिकॉर्ड।

Withdrawal register—आहरण पंजिका।

With the compliments (Complimentary copy)—अभिवादन सहित, साभिवादन।

WLN (Washington Library Network)—वाशिंगटन पुस्तकालय तंत्र।

पूरे अमेरिका में वाशिंगटन स्टेट लाइब्रेरी ने ग्रंथ-सूची और सूचीकरण तंत्र का जाल बिखेर दिया है। इसके लिए सॉफ्टवेयर ऑनलाइन डेटा विकसित किया है।

Wood-block—काष्ठ ठप्पा, लकड़ी का ब्लॉक।

Wood-block print—काष्ठ ठप्पा मुद्रण।

Wood cut block—काष्ठ ब्लॉक चित्र।

Wooden board—काष्ठ फलक।

Wood engraving—काष्ठ उत्कीर्णन, काष्ठ तक्षण।

Wooden tablet—काष्ठ फलक।

Wood letter—काष्ठ टाइप।

Word by word alphabetisation—शब्दशः क्रम।

शब्दशः क्रम में लगाना।

Word by word translation—शब्दश: अनुवाद।

Word length (C.S.)—लंबाई।

Word processor (C.S.)—एक कंप्यूटर प्रोग्राम जिसके द्वारा रपटों आदि की रचना संभव है।

Work—कृति।

Work and tumble—अवपात मुद्रण, छापो और मोड़कर उलटो।

Work and turn—पलट मुद्रण।

Work and twist—सिरा मरोड़ मुद्रण।

Work book—कार्य पुस्तक।

Working area (C.S.)—कार्यक्षेत्र। स्मृति का वह भाग जिसमें प्रक्रम के दौरान आँकड़े के मदों को अस्थायी तौर पर स्टोर किया जाता है।

Working author—श्रमजीवी लेखक।

Working journalist—श्रमजीवी पत्रकार।

Work manual—कार्य नियमावली।

Work mark—कृति चिह्न।

Work responsibility schedule—कार्य निर्देशिका, कार्यभार अनुसूची।

Workroom—कार्य कक्ष।

Works—कृतियाँ।

Work slip—कार्य परची।

Work space—कार्य स्थान, काम की जगह।

Work study—कार्य अध्ययन।

Work study norms—कार्य अध्ययन नियम, पद्धति।

Work tape (C.S.)—कार्य टेप। प्रक्रिया के दौरान कंप्यूटर कक्ष में आम उपयोग के लिए रखा गया चुंबकीय टेप।

World Assembly of Librarians—विश्व पुस्तकाध्यक्ष संघ।

World bank library—विश्व बैंक ग्रंथालय, विश्व बैंक पुस्तकालय।

World bibliography—विश्व ग्रंथ-सूची।

World Health Organisation (W.H.O.) Library—विश्व स्वास्थ्य संगठन पुस्तकालय।

World literature—विश्व साहित्य।

Worm—कीट।

Worm bore—कीट छिद्र, कीट रंध्र।

Worm control and spraying (Pest control)—कीट नियंत्रण एवं (रासायनिक) छिड़काव।

Worn binding—जीर्ण जिल्द।

Worn out binding—जीर्ण-शीर्ण जिल्द।

Wrapper—बेठन, आवेष्टन, रैपर।

Wrapper paper—बेठन कागज, आवेष्टन कागज, रैपर कागज।

Wrinkled leaves—शिकनवाले पन्ने, सिकुड़े पृष्ठ।

Write off—निष्कासन, बट्टे खाते डालना, परिचालन से निकालना।

Writer—लेखक।

Writing—लेखन।

Writing material—लेखन सामग्री।

Writing style—लेखन शैली।

□

XYZ

Xerography—शुष्कालेखन, जीरो-ग्राफी।

बिजली के प्रयोग तथा स्थिर विद्युतीकरण से आवेशित प्लेट द्वारा प्रतियाँ बनाने की विधि।

X-height—एक्स ऊँचाई।

XX—दोषपूर्ण।

Xylographer—काष्ठ कलाकार।

Xylographical book—काष्ठ ब्लॉक मुद्रित पुस्तक, काष्ठ फलक मुद्रित पुस्तक।

ऐसी पुस्तकें जो लकड़ी के उत्कीर्णित ब्लॉकों से छापी गई हों।

Xylography—काष्ठोत्कीर्णन कला।

Xylotype—कोष्ठोत्कीर्णन।

Year—वर्ष।

Year book—वार्षिकी, अब्दकोश, आब्दिकी।

Year book and who's who—वार्षिकी एवं जीवन चरित।

Year facet—वर्ष मुख।

Yearly—वार्षिक।

Yearly catalogue—वार्षिक ग्रंथ-सूची।

Yearly number—वार्षिक अंक।

Yearly publication—वार्षिक प्रकाशन।

Yearly publisher's catalogue—वार्षिक प्रकाशक सूची।

Yearly subscription—वार्षिक शुल्क।

Year number—वर्ष संख्या।

Yellow back—सस्ता उपन्यास, घटिया उपन्यास।

Yellow book—सस्ती पुस्तक, पीत पुस्तक।

Yellow journalism—पीत पत्रकारिता, घटिया-सनसनीखेज पत्रकारिता।

Young people's edition—बाल संस्करण।

Young People's library—बाल पुस्तकालय।

Youth Affairs Library—युवा कल्याण पुस्तकालय।

Zero—शून्य (अंक)।

Zinc etching—जस्त निक्षारण।

Zincograph—जस्त मुद्रण।

Zoanon—उत्कीर्ण मूर्ति।

Zonal isolate—मंडलीय विभाजक।

Zonal librarian—मंडलीय पुस्तकाध्यक्ष।

Zonal library—मंडलीय पुस्तकालय।

Zone analysis—मंडल विश्लेषण।

□□□